《乡土中国》

整本书阅读与检测

费孝通 —— 著

李新武 —— 主编

本作品中文简体版权由湖南人民出版社所有。
未经许可,不得翻印。

图书在版编目(CIP)数据

《乡土中国》整本书阅读与检测 / 费孝通著；李新武主编. -- 长沙：湖南人民出版社, 2025. 5. -- ISBN 978-7-5561-3854-8

Ⅰ. C912.82

中国国家版本馆CIP数据核字第2025ZB4939号

《乡土中国》整本书阅读与检测

《XIANGTU ZHONGGUO》ZHENGBENSHU YUEDU YU JIANCE

著　　者：费孝通
主　　编：李新武
出 版 人：张勤繁
产品经理：秦　青　曹　煜　王心悦
责任编辑：傅钦伟　吴　静
责任校对：夏丽芬
封面设计：霍雨佳

出版发行：湖南人民出版社［http://www.hnppp.com］
地　　址：长沙市营盘东路3号　　邮　编：410005　　电　话：0731-82683327

印　　刷：三河市中晟雅豪印务有限公司
版　　次：2025年5月第1版　　　　　　　　　　印　次：2025年5月第1次印刷
开　　本：787 mm × 1092 mm　　1/16　　　　　印　张：13.5
字　　数：267千字
书　　号：ISBN 978-7-5561-3854-8
定　　价：48.00元

营销电话：0731-82683348（如发现印装质量问题请与出版社调换）

目 录

第一部分　阅读指南

对话读者
如何阅读《乡土中国》？ 　　001

编者的话
本书的使用方法 　　004

品读指津
旧著《乡土中国》重刊序言 　　007

第二部分　批读

第一章　**乡土本色** 　　010
第二章　**文字下乡** 　　021
第三章　**再论文字下乡** 　　032
第四章　**差序格局** 　　042
第五章　**系维着私人的道德** 　　056

第六章	家族	069
第七章	男女有别	080
第八章	礼治秩序	093
第九章	无讼	106
第十章	无为政治	117
第十一章	长老统治	127
第十二章	血缘和地缘	136
第十三章	名实的分离	147
第十四章	从欲望到需要	157
后记		167

第三部分　真题测评

/ 真题测评 /　　　　　　　　　　　　　　　175

第四部分　参考答案

/ 参考答案 /　　　　　　　　　　　　　　　186

第一部分　阅读指南

/ 对话读者 /

如何阅读《乡土中国》？

　　读一本好书，让它真正成为自己的营养品，要找到合适的方法。读《乡土中国》，下面的几种方法可供使用。

　　第一种方法，结合语境，理解每章的核心概念。

　　初读《乡土中国》，读者可能会感到很多概念新鲜难解。作为杰出的社会学者，费孝通先生提出了很多独创性的概念。结合他具体阐述的文字，真正理解他提出来的概念，是理解其思想的重要方法。

　　如在第四章《差序格局》中，他提出了极为重要的概念"差序格局"。可以说这个概念是整本书的核心概念。结合文章，人们可以概括出这个概念的一些特点：

　　围绕一个人，形成一个网络。以"己"为中心，像水的波纹一般，推到的人，就和这个人构成联系。一圈圈推出去，愈推愈远，关系也越来越远。在这个格局中，社会关系是逐渐从一个一个人推出去的，是私人关系的增加，社会范围是由一根根私人联系的线所构成的网络。

　　读到这些阐释，"差序格局"就比较好理解了。这个概念高度概括了中国社会结构的基本特性。理解了概念，理解了书的内容，我们会逐步从社会学的角度认识我们周围的人际关系，认识我们生活的社会环境。

　　类似需要反复琢磨才能理解的概念，还有"团队格局""小家族""教化权力"等等，这些概念都需要认真阅读相应章节的内容，结合具体的语境来理解。而一旦理解了概念，如同掌握了破译难题的密码，整篇文章就很容易读懂了。

　　第二种方法，梳理层次，理清思路，把握观点。

以第一章《乡土本色》为例。这是初步了解乡土中国特点的一章，可以说是进入乡土中国的第一站。阅读的时候，我们可以逐段找出中心句，进而合并段落，理清文章的思路。经过分析，大体上以下句子能够概括各段的主要内容：

第一段　从基层上看去，中国社会是乡土性的。
第二段　乡下人离不了泥土。
第三段　"土"在我们这种文化里占着重要的地位。
第四段　土气是因为不流动而发生的。
第五段　以农为生的人，世代定居是常态。
第六段　乡村人口中的"老根"是不常动的。
第七段　乡土社会的人是孤立和隔膜的。
第八段　大多数的农民是聚村而居。
第九段　中国农民聚村而居的原因。
第十段　孤立、隔膜是以村与村之间的关系而说的。
第十一段　乡土社会是一个"熟悉"的社会。
第十二段　乡民平素所接触的是生而与俱的人物。
第十三段　熟悉就具有亲密的感觉。
第十四段　在乡土社会中人们因为熟悉而彼此信任。
第十五段　生下根的人能够从容地去摸熟每个人的生活。
第十六段　从熟悉里得来的认识是个别的，并不是抽象的普遍原则。
第十七段　在乡土社会中所养成的生活方式有很多的流弊。

我们将上述十七个句子"合并同类项"，可以这样分层次概括：第一段总说乡土社会的特点，二、三两段谈土地的重要，四到六段谈人口的不流动，七到十段谈孤立与隔膜，十一到十六段谈人与人之间的熟悉，最后一段谈流弊。全文分别从土地重要、人口不流动、村之间孤立、村民熟悉、乡土社会流弊很多等五个方面讨论乡土中国的特点。此一章让读者简要全面地了解乡土中国，为阅读后面的章节具体了解乡土中国诸多特点打下基础。

每一章的内容都按照这个思路去梳理，相信读者不但可以比较快地把握其内容，还能初步解决一个难题：对阅读学术作品的畏难心理。

第三种方法，结合现实生活，进一步理解文章。

我们知道，费孝通先生的文字，一个重要的来源是对社会现实的调查。而我们理解这些文字的好方法，就是来一个逆向思维，将理论的知识结合我们的生活实际来理解。前者是由现实而文章，我们来把它变成由文章而现实。你会发现，原本阅读时候的很多困惑变得容易理解。

所以调查了解社区中的很多具体情况，你会发现文章其实就是对社区生活的高度概括。而文章中的内容，由社区的现实去解读，会变得鲜活生动。

所以，编者的一个建议是：不要死读书，而是读一读然后去联系实际，从书本里跳出来。书本的文字，仿佛就有了生命力，在你面前跃舞起来。

如《男女有别》一章，写出了乡土社会中我们民族男女关系的突出特点。男女之间也许不是很亲密，彼此之间很少直白地表达爱意。为什么会这样呢？调查你周围的实际情况，包括社区的历史，你会发现，原来，以前的男女之间是讲究授受不亲的，男女似乎有了鸿沟。相反，在一个家庭之中，男性之间，比如父子，是有很深厚的情感的。而夫妻的情感，则不是那么浓情蜜意。这就是费孝通先生讲述的男女有别。

第四种方法，把阅读作为和费孝通先生的对话，大胆提出疑问，提出自己的见解。

读《乡土中国》，我们感到，费孝通先生在画一幅乡土中国的风情画：辽阔的土地，有人们生于斯长于斯的家园；大家聚村而居，老人行使着教化权力，在他说话的时候，子孙们纷纷颔首；男女之间各有分工，又界限分明；而整个社会又在不断发生潜滋暗长的变化。

我们在欣赏、学习之余，还要学会分析内容，最好要有自己的想法。

谈到自己的作品，费孝通先生一直持有谦和与开放的态度。1948年，他在《乡土中国》的后记中说："他们限期限日地催稿，使我不能等很多概念成熟之后才发表，其中有很多地方是还值得推考。这算不得是定稿，也不能说是完稿，只是一段尝试的记录罢了。"当作品受到很多人批评的时候，费孝通先生在他的另一部作品《乡土重建》中，这样予以答复："其实我所规划给自己所做的工作早就超过我的能力。如果为了我自己打算，最好是等自己的思想长成了，好像树上的果子结得熟透了，再摘下来，给人家尝，不至于生涩难堪。但是我并不想这样做，反而愿意这样生涩涩地拿出来，甚至给人吐弃了也甘心，那是因为我相信，思想这个东西是社会性的，不但得之于社会，而且只有在社会中才能成长，并不能关了门让它壮大。"他甚至曾经准备将批评他的人所写的文章编成一本讨论集，只是因为容量太大才作罢。几十年过去了，1984年，费孝通先生在《乡土中国》的重刊序言中又说："我愿意把这不成熟的果实贡献给新的一代年轻人。这里所述的看法大可议论。"费孝通先生在他的文章里显示了其谦虚与包容，按照他一以贯之的思想，相信青年读者大胆提出的想法，是会得到他的鼓励和欣赏的。

/ 编者的话 /

本书的使用方法

  《乡土中国》是一本既有内涵又有趣味的学术著作，让读者能够读进去，又能走出来，是我们编写《〈乡土中国〉整本书阅读与检测》这本书的总体目标。

  所以我们设置的每个环节都在考虑，怎样让你理解《乡土中国》这本书，并打心眼里热爱阅读它。

  融注释、旁批、研习、实践、写作于一体，是本书的一大特点。下面我结合本书的几个环节具体解释一下。

  对话读者。在自己无数次阅读的基础之上，编者把阅读《乡土中国》的行之有效的方法交给你，让你快速进入书的美妙意境中。同时让你了解本书的体例和使用方法，帮助你最大限度地使用这本搭建阅读桥梁的书。

  品读指津。这个环节的目的是把阅读原著的趁手工具交到你手中。为减少学生阅读学术作品的困难，在费孝通先生的正文之外，我们想增加几个方面的内容。一个是注解，这是必不可少的。为便于读者使用，我们把它放置在正文下方的位置，借助注释读文章，这是学生熟悉适用的方式。理解词语才能理解句子乃至篇章。如第一章《乡土本色》中作者用了"抛井离乡"一词，实际上我们经常写的是背井离乡。无论是"抛井"还是"背井"，"井"都是一个重要的词语。它显然指的不是"水井"的"井"，而是"井田"的"井"。这样看来，抛井就是离开家乡的土地。理解到这一点，你看是不是对这一章也会理解得比较好了呢？另一个是旁批。我们知道，中国古人读书，有随手写批注的传统，可以记下阅读时头脑中的闪光点，以及作者、读者思想碰撞的火花。在正文的一侧，将我们阅读的感悟随手写下，作为旁批。在这个环节，我们刻意留下空白，是希望你在阅读的时候，随手写下自己的感悟。你甚至可以不同意我们的旁批，写下独属于你自己的独到的见解。我们认为这个做法是行之有效的，你个人的旁批可以记录下独属于你的阅读的足迹。一本书读罢，通过这些旁批，可以看出你领悟的过程。几乎在每一章，都有费孝通先生提出的新概念，理解这些概念,往往是理解本章内容的关键,我们在正文之后,设置了理解与思考这个小环节。理解,就是帮助学生对重要概念进行阐释;而思考,则是围绕每章的核心内容,设计几个问题,引导学生理解该章的重点与难点。

研习任务。我们把《乡土中国》每一章核心内容的相关段落,和其他作品的内容进行比较阅读。其他的内容,可以是古今中外的小说,也可以是学术作品。如果把费孝通先生的文章视作理论的指导,另一篇文章则是生活的实证。两者结合,会进一步理解《乡土中国》,也会对我们民族的特点有更加深入地了解。通过认真分析文章后面几道思考题,读者也能逐步增强现代文的阅读能力。

写作宝库。我们知道《乡土中国》这本书不是艰涩的学术著作,费孝通先生谈观点时经常采用引用、比喻等诸种方法,有时还会插入一个个生动的小故事或场面的描写。而且,每一个段落和章节,费孝通都特别注重上下文的联系,启承转合的章法运用得特别好。读者读之,如读章回体的小说,能感觉一篇文章之中以及几篇文章之间的巧妙的设计。每章都有很多学生平时写作可直接引用或作为范例的段落。我们在每章文字之中拣选了若干段落,分析其立意的若干角度,并写出一段示范文字,教给学生如何运用这一个语段。我们相信,如果读者可以背诵费孝通笔下的绝妙文字,恰到好处地运用到自己的作文中,结合作文的主题适当阐述,对提高写作水平也是大有裨益的。读书的最终目的是运用,读写结合,也是阅读《乡土中国》的一个重要环节。

参考答案。顾名思义,我们组织的答案,是为了学生参考之用。在自己思考组织完答案之后,可以与我们的答案相比较,看哪些内容是自己没有想到的。我们也欢迎学生研习时有自己的思路。需要特别提示的是,梳理答题的思路比知道具体的答案更加重要。我们希望,通过研究答案,你既可以了解《乡土中国》每章文字的思路,也可以理清现代文阅读主观题常见题型的答题基本思路。

这几个环节,如果在第一次阅读《乡土中国》原著的时候,悉数完成,难度是比较大的。所以建议初读时候不必面面俱到,全部采用。可以根据你的阅读进度灵活选取某一个环节。

如果你想深入思考,欲与其他经典名著进行比较阅读,材料题精心设计的比较阅读环节,通过和其他作品的比较,能让你更深刻地感悟《乡土中国》的内涵。

如果你希望得到精彩的写作素材,写作宝库环节精心选择了每章之中或生动或深刻的语段,先是分析本段的审题立意指出应用话题,之后由编者结合该章内容,写一段文字,教给你使用原著材料的具体做法。

如果你想做实践的探究,可以采纳实践活动环节,深入社区,像费孝通先生一样,接触社区里的具体的人,了解和书本内容有关的生活实际状况。

总之，每读一遍《乡土中国》，你都会有新的收获。而在你每一次的阅读中，本书的诸多环节，都可以助你一臂之力。最后，你反复阅读经典，收获到累累硕果，思维能力提升了，语文素养提高了，编者也会有用心编写终有回报的喜悦。这是我们——读者与编者——共同的喜悦。

/ 品读指津 /

旧著《乡土中国》重刊序言

这本小册子的写作经过，在《后记》里已交代清楚。这里收集的是我在40年代后期，根据我在西南联大和云南大学所讲"乡村社会学"一课的内容，应当时《世纪评论》之约，而写成分期连载的十四篇文章。

我当时在大学里讲课，不喜欢用现存的课本，而企图利用和青年学生们的接触机会，探索一些我自己觉得有意义的课题。那时年轻，有点初生之犊的闯劲，无所顾忌地想打开一些还没有人闯过的知识领域。我借"乡村社会学"这讲台来追究中国乡村社会的特点。我是一面探索一面讲的，所讲的观点完全是讨论性的，所提出的概念一般都没有经过琢磨，大胆朴素，因而离开所想反映的实际，常常不免有相当大的距离，不是失之片面，就是走了样。[1]我敢于在讲台上把自己知道不成熟的想法，和盘托出在青年人的面前，那是因为我认为这是一个比较好的教育方法。我并不认为教师的任务是在传授已有的知识，这些学生们自己可以从书本上去学习，而主要是在引导学生敢于向未知的领域进军。作为教师的人就得带个头。至于攻关的结果是否获得了可靠的知识，那是另一个问题。实际上在新闻的领域中，这样要求也是不切实际的。

在教室里讲课和用文字传达，公开向社会上发表，当然不能看作一回事。在教室里，教师是在带领学生追求知识，把未知化为已知。在社会上发表一种见解，本身是一种社会行动，会引起广泛的社会效果。对实际情况不正确的反映难免会引

阅读点拨

[1] 提示我们要以正确的态度研读此书，既要认真理解领会作者的观点，又要以探究的心态，结合社会实际理性思考。

阅读点拨

[1]《乡土中国》成书的背后，隐藏着费孝通救国富民的家国情怀。他曾在文章中写道："我有责任用我学到的知识，多做一些准备工作。那就是科学地去认识中国社会。要认识中国，首先就要认识农民，懂得农民。"

起不良的影响。我是明白这个道理的，在发表这些文章之前，犹豫过。所以该书初次出版时在《后记》中向读者恳切说明：由于刊物的编者"限期限日的催稿，使我不能等很多概念成熟之后再发表"。"这算不得是定稿，也不能说是完稿，只是一种尝试的记录罢了"。尝试什么呢？尝试回答我自己提出的"作为中国基层社会的乡土社会究竟是个什么样的社会"这个问题。

这书出版是在1947年，离今已有三十七年。三联书店为什么建议我把这本小册子送给他们去重刊，我不知道。我同意他们的建议是因为我只把它看成是我一生经历中留下的一个脚印，已经踏下的脚印是历史的事实，谁也收不回去的。现在把它作为一件反映新中国成立前夕一些年轻人在知识领域里猛闯猛攻的标本，拿出来再看看，倒另有一番新的意义。至于本书内容所提出的论点，以我现有的水平来说，还是认为值得有人深入研究的，而且未始没有现实的意义。

这本小册子和我所写的《江村经济》《禄村农田》等调查报告性质不同。它不是一个具体社会的描写，而是从具体社会里提炼出的一些概念。这里讲的乡土中国，并不是具体的中国社会的素描，而是包含在具体的中国基层传统社会里的一种特具的体系，支配着社会生活的各个方面。它并不排斥其他体系同样影响着中国的社会，那些影响同样可以在中国的基层社会里发生作用。搞清楚我所谓乡土社会这个概念，就可以帮助我们去理解具体的中国社会。[1]概念在这个意义上，是我们认识事物的工具。

我这种尝试，在具体现象中提炼出认识现象的概念，在英文中可以用Ideal Type这个名词来指称。Ideal Type的适当翻译可以说是观念中的类型，属于理性知识的范畴。它并不是虚构，也不是理想，而是存在于具体事物中的普遍性质，是通过人们的认识过程而形成的概念。这个概念的形成既然是从具体事物里提炼出来的，那就得不断地在具体事物里去核实，逐步减少误差。我称这是一项探索，又一再说是初步的尝试，得到的还是不成熟的观点，那就是说如果承认这样去做确可加深我们对中国社会的认识，那就还得深入下去，还需要花一番工夫。

这本书最初出版之后，一搁已有三十七年。在这一段时间里，由于客观的条件，我没有能在这方面继续搞下去。当三联书店提出想重刊此书时，我又从头读了一遍。我不能不为当时那股闯劲所触动。而今老矣。回头看，那一去不复返的年轻时代也越觉得可爱。我愿意把这不成熟的果实贡献给新的一代年轻人。这里所述的看法大可议论，但是这种一往无前的探索的劲道，看来还是值得观摩的。让我在这种心情里寄出这份校订过的稿子给书店罢。

费孝通

1984年10月11日

第二部分 批读

第一章 乡土本色

思维导图

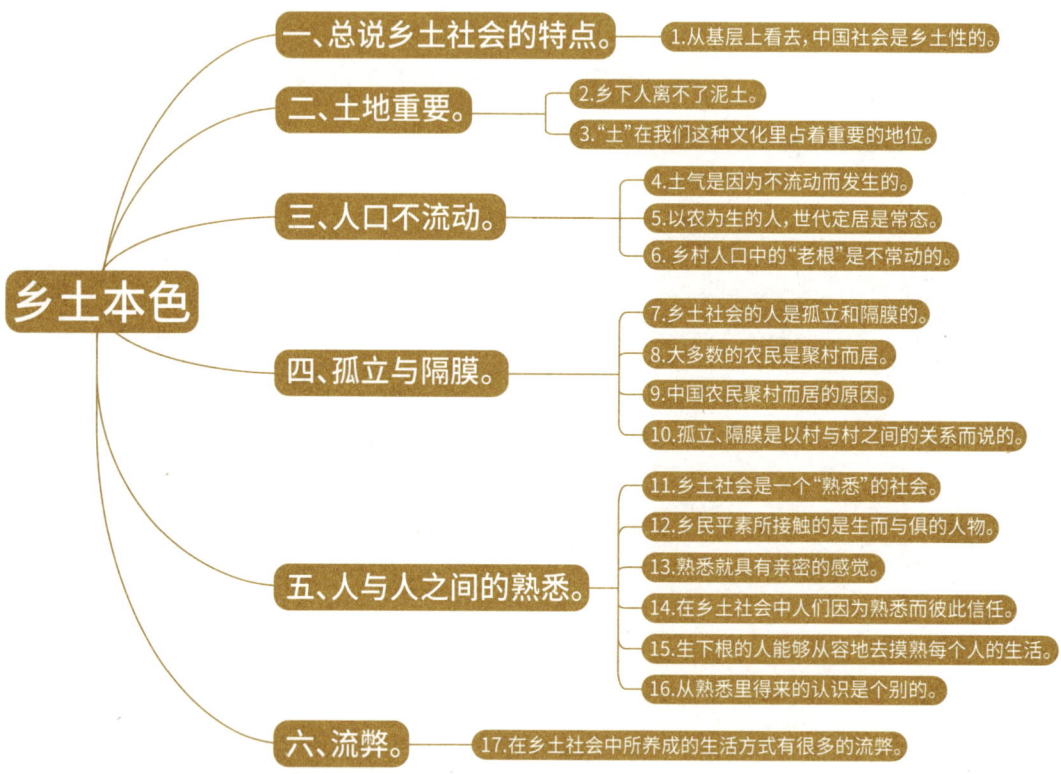

学习任务

1. 分析"乡土性"的具体表现及其对现代社会的影响。
2. 结合现代城乡差异,讨论"熟人社会"的利弊。

关键词

乡土性、不流动性、聚村而居、熟人社会

基本概念

1. 乡土性：以土地为生存核心，人口流动率低，社会关系基于血缘与地缘。
2. 礼俗社会：依靠传统习俗而非法律维持秩序。

内容摘要

中国基层社会的本质是乡土性，表现为对土地的依赖、人口固化、聚村而居和熟人信任机制。社会关系基于长期共同生活形成的默契，与陌生人社会的契约文化形成对比。

从基层上看去，中国社会是乡土性的。[1]我说中国社会的基层是乡土性的，那是因为我考虑到从这基层上曾长出一层和乡土基层不完全相同的社会，而且在近百年来更在东西方接触边缘上发生了一种很特殊的社会。这些社会的特性我们暂时不提，将来再说。我们不妨先集中注意那些被称为土头土脑的乡下人。他们才是中国社会的基层。

我们说乡下人土气，虽则似乎带着几分藐视的意味，但这个"土"字却用得很好。"土"字的基本意义是指泥土。乡下人离不了泥土，因为在乡下住，种地是最普通的谋生办法。在我们这片远东大陆上，可能在很古的时候住过些还不知道种地的原始人，那些人的生活怎样，对于我们至多只有一些好奇的兴趣罢了。以现在的情形来说，这片大陆上最大多数的人是拖泥带水下田讨生活的了。我们不妨缩小一些范围来看，三条大河①的流域已经全是农业区。而且，据说凡是从这个农业老家里迁移到四围边地上去的子弟，也老是很忠实地守着这直接向

① 〔三条大河〕即黄河、长江、珠江三条大河。

阅读点拨

[1] 界定了呈现"乡土性"特征的范围，是"基层"。

阅读点拨

[1] 辩证地道出泥土对中华民族发展正反两面的作用，一方面是赖以生存和发展的物质基础，另一方面又成为一飞冲天的阻碍。

[2] 在理论上对比农业、游牧业和工业的不同，明确"土气"产生的原因。

土里去讨生活的传统。最近我遇着一位到内蒙古旅行回来的美国朋友，他很奇怪地问我：你们中原去的人，到了这最适宜于放牧的草原，依旧锄地播种，一家家划着小小的一方地，种植起来；真像是向土里一钻，看不到其他利用这片地的方法了。我记得我的老师史禄国[①]先生也告诉过我，远在西伯利亚，中国人住下了，不管天气如何，还是要下些种子，试试看能不能种地。——这样说来，我们的民族确是和泥土分不开的了。从土里长出过光荣的历史，自然也会受到土的束缚，现在很有些飞不上天的样子。[1]

靠种地谋生的人才明白泥土的可贵。城里人可以用土气来藐视乡下人，但是乡下，"土"是他们的命根。在数量上占着最高地位的神，无疑的是"土地"。"土地"这位最近于人性的神，老夫老妻白首偕老的一对，管着乡间一切的闲事。他们象征着可贵的泥土。我初次出国时，我的奶妈偷偷地把一包用红纸裹着的东西，塞在我箱子底下。后来，她又避了人和我说，假如水土不服，老是想家时，可以把红纸包裹着的东西煮一点汤吃。这是一包灶上的泥土。——我在《一曲难忘》[②]的电影里看到了东欧农业国家的波兰也有着类似的风俗，使我更领略了"土"在我们这种文化里所占和所应当占的地位了。

农业和游牧或工业不同，它是直接取资于土地的。游牧的人可以逐水草而居，飘忽无定；做工业的人可以择地而居，迁移无碍；而种地的人却搬不动地，长在土里的庄稼行动不得，侍候庄稼的老农也因之像是半身插入了土里，土气是因为不流动而发生的。[2]

直接靠农业来谋生的人是黏着在土地上的。我遇见过一位在张北一带研究语言的朋友。我问他在这一带的语言中有没有受蒙古语的影响。他摇了摇头，不但语言上看不出什么影响，其他方面也很少。他接着说："村子里几百年来老是这几个姓，我从墓碑上去重构每家的家谱，清清楚楚的，一直到现在

---

① 〔史禄国（1887—1939）〕俄罗斯人类学奠基者，是现代人类学的先驱之一。其后半生长期居于中国，绝大部分著作在中国出版。
② 〔《一曲难忘》〕传记剧情片，1945年在美国上映，讲述了波兰作曲家弗里德里克·肖邦与法国女作家乔治·桑的爱情故事。

还是那些人。乡村里的人口似乎是附着在土上的,一代一代地下去,不太有变动。"[1]——这结论自然应当加以条件的,但是大体上说,这是乡土社会的特性之一。我们很可以相信,以农为生的人,世代定居是常态,迁移是变态。大旱大水,连年兵乱,可以使一部分农民抛井离乡;即使像抗战这样大事件所引起基层人口的流动,我相信还是微乎其微的。

当然,我并不是说中国乡村人口是固定的。这是不可能的,因为人口在增加,一块地上只要几代的繁殖,人口就到了饱和点;过剩的人口自得宣泄出外,负起锄头去另辟新地。可是老根是不常动的。这些宣泄出外的人,像是从老树上被风吹出去的种子,找到土地的生存了,又形成一个小小的家族殖民地,找不到土地的也就在各式各样的运命下被淘汰了,或是"发迹①"了。我在广西靠近瑶山的区域里还看见过这类从老树上吹出来的种子,拼命在垦地。在云南,我看见过这类种子所长成的小村落,还不过是两三代的事;我在那里也看见过找不着地的那些"孤魂",以及死了给狗吃的路毙②尸体。

不流动是从人和空间的关系上说的,从人和人在空间的排列关系上说就是孤立和隔膜。孤立和隔膜并不是以个人为单位的,而是以住在一处的集团为单位的。本来,从农业本身看,许多人群居在一处是无须的。耕种活动里分工的程度很浅,至多在男女间有一些分工,好像女的插秧,男的锄地等。这种合作与其说是为了增加效率,不如说是因为在某一时间男的忙不过来,家里人出来帮帮忙罢了。耕种活动中既不向分工专业方面充分发展,农业本身也就没有聚集许多人住在一起的需要了。我们看见乡下有大小不同的聚居社区,也可以想到那是出于农业本身以外的原因了。

乡下最小的社区可以只有一户人家。夫妇和孩子聚居于一处有着两性和抚育上的需要。无论在什么性质的社会里,除了军队、学校这些特殊的团体外,家庭总是最基本的抚育社群。在中国乡下这种只有一户人家的小社区是不常见的。在四

---

① 〔发迹〕指人事业发达,变得有钱有势。
② 〔路毙〕意为倒毙在路上。

阅读点拨

[1] 联系乡村实际,用事实论证乡村"不流动"的特点。

阅读点拨

[1] 乡土社会便是这种"有机的团结",属于"礼俗社会"。

川的山区种梯田的地方,可能有这类情形,大多的农民是聚村而居。这一点对于我们乡土社会的性质很有影响。美国的乡下大多是一户人家自成一个单位,很少屋檐相接的邻舍。这是他们早年拓殖时代,人少地多的结果,同时也保持了他们个别负责、独来独往的精神。我们中国很少类似的情形。

中国农民聚村而居的原因大致说来有下列几点:一、每家所耕的面积小,所谓小农经营,所以聚在一起住,住宅和农场不会距离得过分远。二、需要水利的地方,他们有合作的需要,在一起住,合作起来比较方便。三、为了安全,人多了容易保卫。四、土地平等继承的原则下,兄弟分别继承祖上的遗业,使人口在一地方一代一代地积起来,成为相当大的村落。

无论出于什么原因,中国乡土社区的单位是村落,从三家村起可以到几千户的大村。我在上文所说的孤立、隔膜是就村和村之间的关系而说的。孤立和隔膜并不是绝对的,但是人口的流动率小,社区间的往来也必然疏少。我想我们很可以说,乡土社会的生活是富于地方性的。地方性是指他们活动范围有地域上的限制,在区域间接触少,生活隔离,各自保持着孤立的社会圈子。

乡土社会在地方性的限制下成了生于斯、死于斯的社会。常态的生活是终老是乡。假如在一个村子里的人都是这样的话,在人和人的关系上也就发生了一种特色,每个孩子都是在人家眼中看着长大的,在孩子眼里周围的人也是从小就看惯的。这是一个"熟悉"的社会,没有陌生人的社会。

在社会学里,我们常分出两种不同性质的社会:一种并没有具体目的,只是因为在一起生长而发生的社会;一种是为了要完成一件任务而结合的社会。用Tönnies的话说:前者是Gemeinschaft,后者是Gesellschaft,用Durkheim的话说:前者是"有机的团结",后者是"机械的团结"。用我们自己的话说,前者是礼俗社会,后者是法理社会。[1]——我以后还要详细分析这两种社会的不同。在这里我想说明的是生活上被土地所围①住的乡民,他们平素所接触的是生而与俱的人物,正像

---

① 〔围〕这里指拘束,约束。

我们的父母兄弟一般,并不是由于我们选择得来的关系,而是无须选择,甚至先我而在的一个生活环境。

熟悉是从时间里、多方面、经常的接触中所发生的亲密的感觉。这感觉是无数次的小摩擦里陶炼出来的结果。这过程是《论语》第一句里的"习"字。"学"是和陌生事物的最初接触,"习"是陶炼,"不亦悦乎"是描写熟悉之后的亲密感觉。在一个熟悉的社会中,我们会得到从心所欲而不逾规矩①的自由。这和法律所保障的自由不同。规矩不是法律,规矩是"习"出来的礼俗。从俗即是从心。换一句话说,社会和个人在这里通了家。

"我们大家是熟人,打个招呼就是了,还用得着多说吗?"——这类的话已经成了我们现代社会的阻碍。现代社会是个陌生人组成的社会,各人不知道各人的底细,所以得讲个明白;还要怕口说无凭,画个押,签个字。这样才发生法律。在乡土社会中法律是无从发生的。"这不是见外了吗?"乡土社会里从熟悉得到信任。这信任并非没有根据的,其实最可靠也没有了,因为这是规矩。[1]西洋的商人到现在还时常说中国人的信用是天生的。类于神话的故事真多:说是某人接到了大批瓷器,还是他祖父在中国时订的货,一文不要地交了来,还说着许多不能及早寄出的抱歉话。——乡土社会的信用并不是对契约②的重视,而是发生于对一种行为的规矩熟悉到不假思索时的可靠性。

这自是"土气"的一种特色。因为只有直接有赖于泥土的生活才会像植物一般地在一个地方生下根,这些生了根在一个小地方的人,才能在悠长的时间中,从容地去摸熟每个人的生活,像母亲对于她的儿女一般。[2]陌生人对于婴孩的话是无法懂的,但是在做母亲的人听来都清清楚楚,还能听出没有用字音表达的意思来。

不但对人,他们对物也是"熟悉"的。一个老农看见蚂蚁

---

① 〔从心所欲而不逾规矩〕意为随心所欲而不超出规矩的约束,语出《论语·为政》。
② 〔契约〕双方或者多方共同订立,用来证明买卖、抵押、租赁等关系的文书。

[1] 你所接触过的乡村是否有这种"规矩"的具体表现?

[2] 类比,道出乡土社会中信任产生于熟悉的基本原理。

阅读点拨

[1] 想一想，这里所说的"人和人相处的基本办法"具体是指什么？

在搬家了，会忙着去田里开沟，他熟悉蚂蚁搬家的意义。从熟悉里得来的认识是个别的，并不是抽象的普遍原则。在熟悉的环境里生长的人，不需要这种原则，他只要在接触所及的范围之中知道从手段到目的间的个别关联。在乡土社会中生长的人似乎不太追求这笼罩万有的真理。我读《论语》时，看到孔子在不同人面前说着不同的话来解释"孝"的意义时，我感觉到这乡土社会的特性了。孝是什么？孔子并没有抽象地加以说明，而是列举具体的行为，因人而异地答复了他的学生。最后甚至归结到"心安"二字。做子女的得在日常接触中去摸熟父母的性格，然后去承他们的欢，做到自己的心安。这说明了乡土社会中人和人相处的基本办法。[1]

这种办法在一个陌生人面前是无法应用的。在我们社会的急速变迁中，从乡土社会进入现代社会的过程中，我们在乡土社会中所养成的生活方式处处产生了流弊①。陌生人所组成的现代社会是无法用乡土社会的习俗来应付的。于是，"土气"成了骂人的词，"乡"也不再是衣锦荣归的去处了。

理解与思考

1. 请根据本章内容，解释以下概念。

　　（1）礼俗社会＿＿＿＿＿＿＿＿＿＿＿＿＿＿＿＿＿＿＿＿＿

　　（2）法理社会＿＿＿＿＿＿＿＿＿＿＿＿＿＿＿＿＿＿＿＿＿

2. 作者认为，中国农民聚村而居的原因都有哪些？

---

① 〔流弊〕由某事滋生的或相沿而成的弊病、弊端。

3.本章内容所叙述的"乡土社会"具有哪些特点?

_____

_____

_____

材料题

阅读以下两则材料,回答问题。

材料一

　　无论出于什么原因,中国乡土社区的单位是村落,从三家村起可以到几千户的大村。我在上文所说的孤立、隔膜是就村和村之间的关系而说的。孤立和隔膜并不是绝对的,但是人口的流动率小,社区间的往来也必然疏少。我想我们很可以说,乡土社会的生活是富于地方性的。地方性是指他们活动范围有地域上的限制,在区域间接触少,生活隔离,各自保持着孤立的社会圈子。

　　乡土社会在地方性的限制下成了生于斯、死于斯的社会。常态的生活是终老是乡。假如在一个村子里的人都是这样的话,在人和人的关系上也就发生了一种特色,每个孩子都是在人家眼中看着长大的,在孩子眼里周围的人也是从小就看惯的。这是一个"熟悉"的社会,没有陌生人的社会。

　　…………

　　熟悉是从时间里、多方面、经常的接触中所发生的亲密的感觉。这感觉是无数次的小摩擦里陶炼出来的结果。这过程是《论语》第一句里的"习"字。"学"是和陌生事物的最初接触,"习"是陶炼,"不亦悦乎"是描写熟悉之后的亲密感觉。在一个熟悉的社会中,我们会得到从心所欲而不逾规矩的自由。这和法律所保障的自由不同。规矩不是法律,规矩是"习"出来的礼俗。从俗即是从心。换一句话说,社会和个人在这里通了家。

　　"我们大家是熟人,打个招呼就是了,还用得着多说吗?"——这类的话已经成了我们现代社会的阻碍。现代社会是个陌生人组成的社会,各人不知道各人的底细,所以得讲个明白;还要怕口说无凭,画个押,签个字。这样才发生法律。在乡土社会中法律是无从发生的。"这不是见外了吗?"乡土社会里从熟悉得到信任。这信任并非没有根据的,其实最可靠也没有了,因为这是规矩。西洋的商人到现在还时常说中国人的信用是天生的。类于神话的故事真多:说是某人接到了大批瓷器,还是他祖父在中国时订的货,一文不要地交了来,还说着许多不能及早寄出的抱歉话。——乡土社会的信用并不是对契约的重视,而是发生于对一种行为的规矩熟悉到不假思索时的可靠性。

(选自费孝通《乡土本色》,有删节)

材料二

习俗即习惯与风俗,是有一定流行范围、一定流行时间或流行区域的意识行为。习俗历代相习、积久而成。习俗作为乡村重要的"地方性共识",对农民的家庭生活与社区交往起着引导作用。

乡村习俗是"土生土长"的乡村文化,具有浓厚的"乡土本色"。几千年以来,农民被土地束缚着,很少有机会出门"见世面"和"长见识",世世代代困于村庄,耕种着村庄的土地,因为农业的主要生产资料——土地固定不动的特性,乡村习俗也"土生土长"具有天然的稳定性。因此,由于乡村社会习俗的稳定性而具有独特的运作逻辑,能够自我延续,而这种自我延续的韧性,就来自于乡村社会主体农民的习俗。在当前城镇化加速推进中,乡村常住人口结构发生变化,农民流动带来城镇文化与乡村文化的交流碰撞,使得乡村习俗受到了外来习俗的巨大冲击,乡村的习俗观念也从"乡土本色"向现代性多元演变。

乡土本色的退化与转型。城镇化带来的人口流动,实际上伴随着文明教化与文明重构的过程,是一个人的流动与文化交流逐渐走向文明的复杂过程。在这个过程中,一方面,农民工进城把乡村传统习俗带进大城市,被强大的城市文明冲洗,乡村习俗的"乡土本色"随着农民工代际传递逐渐褪色;另一方面,农民工从城市带回城市文明对乡村习俗进行渗透和改造,加速了乡村习俗现代变迁,"乡土本色"逐渐向"城市本色"转型。

乡土本色的融合与新生。乡村习俗是一种独具地方特色的传统乡土文明,经乡村数千年积聚与发展而形成。一方面,随着乡村人口流动到城市和全国各地,乡村人口的认知视野不断拓展,接受了现代城市文明影响的农民回到乡村,把现代城市文明渗透进入传统习俗,促进乡村习俗与城市文明加速融合。另一方面,一部分接受城市文明的农民工,不再遵循传统的乡村习俗,加速对乡村传统习俗的现代改造与扬弃,使乡土本色与城市本色有机结合,形成新时代的乡村习俗,推动了乡村习俗的城乡融合和新生。

乡土本色的分化与多元化。虽然村落共同体仍在维续,但是,在现代性和市场文化的冲击之下,乡村习俗观念的"乡土本色"正走向分化和多元化。如今,我们在乡村社会也能看到一些传统的、乡土的文化元素,但越来越多的乡土文化成分,如传统的技艺、道德和价值观念渐渐离我们远去,不断变迁的乡村文化已具有了后乡土性的特征。乡土社会经历了一系列改造运动，无论是制度体系，还是经济与社会结构，乃至文化价值观念，都发生了很大的变化，前所未有地改变或冲淡了"乡土本色"。乡村习俗观念不再是一元的，而是被分化了的多元综合性习俗。

随着农民在城乡之间大规模流动，也带动了"乡土本色"的乡村生活方式加快向现代性改变。农民不仅学习了农业以外的技术知识提高了非农生存能力，还增强了社会交往能力，很快地融入城市文明之中。

（选自陈文胜《城镇化进程中乡村文化观念的变迁》①，有删改）

1. 结合材料二简要分析，在当前城镇化加速推进中，乡村的习俗观念从"乡土本色"向现代性多元演变呈现出哪些特点？

2. 我们应该如何看待乡土社会传统习俗在当今时代的转变？结合材料一和材料二内容，谈谈你的看法和认识。

写作宝库

语段一：

我初次出国时，我的奶妈偷偷地把一包用红纸裹着的东西，塞在我箱子底下。后来，她又避了人和我说，假如水土不服，老是想家时，可以把红纸包裹着的东西煮一点汤吃。这是一包灶上的泥土。——我在《一曲难忘》的电影里看到了东欧农业国家的波兰也有着类似的风俗，使我更领略了"土"在我们这种文化里所占和所应当占的地位了。

【应用话题】思念家乡　眷恋故土

---

① 〔《城镇化进程中乡村文化观念的变迁》〕作者陈文胜，《湘潭大学学报》，页109-113，2019年。

【写作示例】

在人生的旅途中，无论我们走得有多远，心中总有一片土地，是永远的牵挂。就像费孝通第一次出国时，奶奶偷偷塞在他箱子底下的那包泥土一样，那是一份深深的眷恋和不舍。这种对故土的眷恋，不仅存在于我们的生活中，更深深烙印在我们的文化里，是一种精神的寄托和文化的传承。无论我们走到哪里，无论我们成为什么样的人，那份对故土的眷恋和思念永远不会改变，那份对故土的眷恋都会伴随着我们，成为人生旅途中最宝贵的财富。

语段二：

一块地上只要几代的繁殖，人口就到了饱和点；过剩的人口自得宣泄出外，负起锄头去另辟新地。可是老根是不常动的。这些宣泄出外的人，像是从老树上被风吹出去的种子，找到土地的生存了，又形成一个小小的家族殖民地，找不到土地的也就在各式各样的运命下被淘汰了，或是"发迹"了。我在广西靠近瑶山的区域里还看见过这类从老树上吹出来的种子，拼命在垦地。

【应用话题】迁徙　艰苦奋斗精神　建设美好家园

【写作示例】

在广袤的中国大地上，中华民族的艰苦奋斗精神如同一股不竭的力量，推动着历史车轮滚滚向前。这里的人们，一代又一代地繁衍生息，扛着锄头离开故土，走向未知的广阔天地。他们宛如从老树上被风吹出去的种子，在新的地方扎根，形成新的家族聚集地。面对陌生而艰苦的环境，他们以顽强的毅力和不屈的精神，开垦荒地，建设家园，用自己的双手，创造一个又一个奇迹，让荒地变成良田，让贫瘠的土地焕发勃勃生机。

中华民族的艰苦奋斗精神，不仅仅体现在开垦荒地上，更体现在我们生活的方方面面。无论是科技领域的创新突破，还是经济建设的蓬勃发展；无论是教育事业的蒸蒸日上，还是文化艺术的繁荣昌盛，都离不开这种精神的支撑和推动。让我们铭记这份精神，传承这份力量。无论时代如何变迁，无论面临多大的困难和挑战，我们都要以艰苦奋斗的精神为指引，勇往直前，不断创造新的辉煌。因为我们知道，只有这样，我们才能不负这片土地，不负这个伟大的民族。

第二章

文字下乡

思维导图

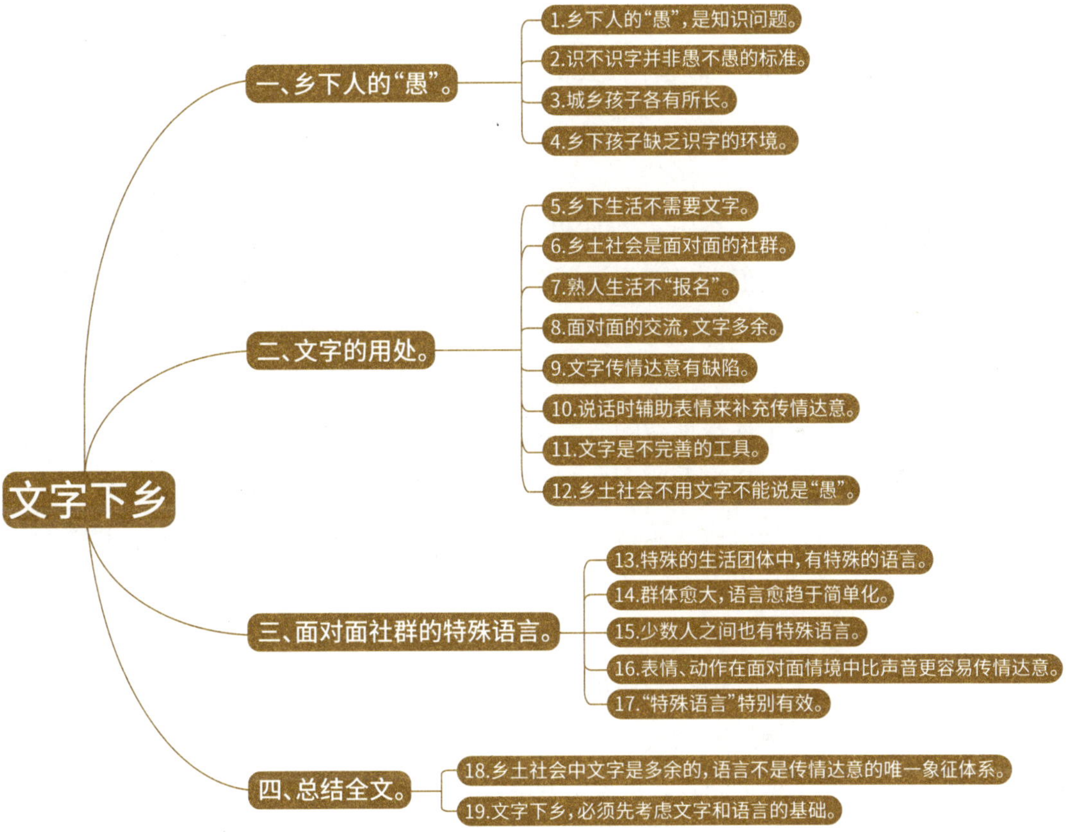

文字下乡
- 一、乡下人的"愚"。
  - 1.乡下人的"愚",是知识问题。
  - 2.识不识字并非愚不愚的标准。
  - 3.城乡孩子各有所长。
  - 4.乡下孩子缺乏识字的环境。
- 二、文字的用处。
  - 5.乡下生活不需要文字。
  - 6.乡土社会是面对面的社群。
  - 7.熟人生活不"报名"。
  - 8.面对面的交流,文字多余。
  - 9.文字传情达意有缺陷。
  - 10.说话时辅助表情来补充传情达意。
  - 11.文字是不完善的工具。
  - 12.乡土社会不用文字不能说是"愚"。
- 三、面对面社群的特殊语言。
  - 13.特殊的生活团体中,有特殊的语言。
  - 14.群体愈大,语言愈趋于简单化。
  - 15.少数人之间也有特殊语言。
  - 16.表情、动作在面对面情境中比声音更容易传情达意。
  - 17."特殊语言"特别有效。
- 四、总结全文。
  - 18.乡土社会中文字是多余的,语言不是传情达意的唯一象征体系。
  - 19.文字下乡,必须先考虑文字和语言的基础。

学习任务

1.探讨乡土社会"文盲非愚"的深层逻辑。

2.设计辩论:文字下乡是否必要?

关键词

空间阻隔、象征体系、社群语言

基本概念

1.象征体系：语言、表情、动作等传递意义的符号系统。
2.社群语言：乡土社会依赖面对面的交流，无需复杂文字。

内容摘要

文字在乡土社会中并非必需，因熟人社群可通过语言、表情直接沟通。文字是应对时空阻隔的产物，其推广需基于社会结构变迁的需求。

阅读点拨

[1] 对比乡下人与城里仕女面对自己不熟悉事物时相似的表现，启发我们理性思考对乡下人"愚"的判断是否合理。

乡下人在城里人眼睛里是"愚"的。我们当然记得不少提倡乡村工作的朋友们，把愚和病贫联结起来去作为中国乡村的症候①。关于病和贫我们似乎还有客观的标准可说，但是说乡下人"愚"，却是凭什么呢？乡下人在马路上听见背后汽车连续地按喇叭，慌了手脚，东避也不是，西躲又不是，司机拉住闸车，在玻璃窗里，探出半个头，向着那土老头儿，啐了一口："笨蛋！"——如果这是愚，真冤枉了他们。我曾带了学生下乡，田里长着包谷②，有一位小姐，冒充着内行，说："今年麦子长得这么高。"旁边的乡下朋友，虽则没有啐她一口，但是微微地一笑，也不妨译作"笨蛋"。乡下人没有见过城里的世面，因之而不明白怎样应付汽车，那是知识问题，不是智力问题，正等于城里人到了乡下，连狗都不会赶一般。如果我们不承认郊游的仕女们一听见狗吠就变色是"白痴"，也就自然没有理由说乡下人不知道"靠左边走"或"靠右边走"等时常会因政令而改变的方向是因为他们"愚不可及"了。[1]"愚"在

---

① 〔症候〕意思是症状。
② 〔包谷〕又名苞谷、玉蜀黍，即玉米。

什么地方呢?

其实乡村工作的朋友说乡下人愚那是因为他们不识字,我们称之曰"文盲",意思是白生了眼睛,连字都不识。这自然是事实。我绝不敢反对文字下乡的运动①,可是如果说不识字就是愚,我心里总难甘服。"愚"如果是指智力的不足或缺陷,那么识字不识字并非愚不愚的标准。[1]智力是学习的能力。如果一个人没有机会学习,不论他有没有学习的能力还是学不到什么的。我们是不是说乡下人不但不识字,而且识字的能力都不及人呢?

说到这里我记起了疏散在乡下时的事来。同事中有些孩子被送进了乡间的小学,在课程上这些孩子样样都比乡下孩子学得快、成绩好。教员们见面时总在家长面前夸奖这些孩子有种、聪明。这等于说教授们的孩子智力高。我对于这些恭维自然是私心窃喜。穷教授别的已经全被剥夺,但是我们还有别种人所望尘莫及的遗传。但是有一天,我在田野里看放学回来的小学生们捉蚱蜢,那些"聪明"而"有种"的孩子,扑来扑去,屡扑屡失,而那些乡下孩子却反应灵敏,一扑一得。回到家来,刚才一点骄傲似乎又没有了着落。

乡下孩子在教室里认字认不过教授们的孩子,和教授们的孩子在田野里捉蚱蜢捉不过乡下孩子,在意义上是相同的。我并不责备自己孩子蚱蜢捉得少,第一是我们无须用蚱蜢来加菜(云南乡下蚱蜢是下饭的,味道很近于苏州的虾干),第二是我的孩子并没有机会练习。教授们的孩子穿了鞋袜,为了体面,不能不择地而下足,弄污了回家来会挨骂,于是在他们捉蚱蜢时不免要有些顾忌,动作不灵活了。这些也许还在其次,他们日常并不在田野里跑惯,要分别草和虫,须费一番眼力,蚱蜢的保护色因之易于生效。——我为自己孩子所作的辩护是不是同样也可以用之于乡下孩子在认字上的"愚"呢?我想是很适当的。乡下孩子不像教授们的孩子到处看见书籍,到处接触着字,这不是他们日常所混熟的环境。教授们的孩子并不见

[1] 指出识字与否,与智力高低不存在必然联系。

---

① 〔文字下乡的运动〕20世纪20年代,南京国民政府曾颁布《识字运动宣传计划纲要》,在全国范围内举行大规模识字运动宣传。

阅读点拨

[1] 前文从分析乡下人是否"愚"入手，列举事实，层层铺垫，直至引出对文字在乡土社会作用的探究。

[2] 举生活中最为常见的例子，使说理深入浅出，通俗易懂。

得一定是遗传上有什么特别善于识字的能力，显而易见的却是有着易于识字的环境。这样说来，乡下人是否在智力上比不上城里人，至少还是个没有结论的题目。

这样看来，乡村工作的朋友们说乡下人愚，显然不是指他们智力不及人，而是说他们知识不及人了。这一点，依我们上面所说的，还是不太能自圆其说。至多是说，乡下人在城市生活所需的知识上是不及城市里人多。这是正确的。我们是不是也因之可以说乡下多文盲是因为乡下本来无须文字眼睛呢？说到这里，我们应当讨论一下文字的用处了。[1]

我在上一篇里说明了乡土社会的一个特点就是这种社会的人是在熟人里长大的。用另一句话来说，他们生活上互相合作的人都是天天见面的。在社会学上我们称之作Face-to-face Group，直译起来是"面对面的社群"。归有光的《项脊轩记》①里说，他日常接触的老是那些人，所以日子久了可以用脚步声来辨别来者是谁。在"面对面的社群里"甚至可以不必见面而知道对方是谁。我们自己虽说是已经多少在现代都市里住过一时了，但是一不留心，乡土社会里所养成的习惯还是支配着我们。你不妨试一试，如果有人在你门上敲着要进来，你问："谁呀？"门外的人十之八九回答你一个大声的"我"。[2]这是说，你得用声气辨人。在"面对面的社群"里一起生活的人是不必通名报姓的。很少太太会在门外用姓名来回答丈夫的发问。但是我们因为久习于这种"我呀！""我呀！"的回答，也很有时候用到了门内人无法辨别你声音的场合。我有一次，久别家乡回来，在电话里听到了一个无法辨别的"我呀"时，的确闹了一个笑话。

"贵姓大名"是因为我们不熟悉而用的。熟悉的人大可不必如此，足声、声气，甚至气味，都可以是足够的"报名"。我们社交上姓名的不常上口也就表示了我们原本是在熟人中生活的，是个乡土社会。

---

① 〔《项脊轩记》〕即《项脊轩志》，作者为明代文学家归有光。

文字发生之初是"结绳记事①"，需要结绳来记事是为了在空间和时间中人和人的接触发生了阻碍。[1]我们不能当面讲话，才需要找一些东西来代话。在广西的瑶山里，部落有急，就派人送一枚铜钱到别的部落里去，对方接到了这记号，立刻派人来救。这是"文字"，一种双方约好代表一种意义的记号。如果是面对面可以直接说话时，这种被预先约好的意义所拘束的记号，不但多余，而且有时会词不达意引起误会的。在十多年前青年们谈恋爱，受着直接社交的限制，通行着写情书，很多悲剧是因情书的误会而发生的。有这种经验的人必然能痛悉文字的限制。

文字所能传的情、达的意是不完全的。这不完全是出于"间接接触"的原因。我们所要传达的情意是和当时当地的外局相配合的。你用文字把当时当地的情意记了下来，如果在异时异地的圜局②中去看，所会引起的反应很难尽合于当时当地的圜局中可能引起的反应。文字之成为传情达意的工具常有这个无可补救的缺陷。于是在利用文字时，我们要讲究文法，讲究艺术。文法和艺术就在减少文字的"走样"。

在说话时，我们可以不注意文法。并不是说话时没有文法，而是因为我们有着很多辅助表情来补充传达情意的作用。我们可以用手指指着自己而在话里吃去一个"我"字。在写作时却不能如此。于是我们得尽量地依着文法去写成完整的句子了。不合文法的字词难免引起人家的误会，所以不好。说话时我们如果用了完整的句子，不但显得迂阔③，而且可笑。这是从书本上学外国语的人常会感到的痛苦。

文字是间接的说话，而且是个不太完善的工具。当我们有了电话、广播的时候，书信文告的地位已经大受影响。等到传真的技术发达之后，是否还用得到文字，是很成问题的。

这样说来，在乡土社会里不用文字绝不能说是"愚"的表

[1] 追溯文字产生的源头，揭示文字在空间和时间两个维度上突破阻碍的作用，这既是文字的益处，也暗含了文字仅适用于特定情境的弊端。

---

① 〔结绳记事〕我国古代文献记载，在文字出现之前，远古时期的人类为记录和传播事实，用不同粗细的绳子结成距离不等的绳结，以代表不同的意思。
② 〔圜局〕这里指情境。
③ 〔迂阔〕意思是过于空泛，不切合实际情况。

[1] 此处强调语言的社会性，指出语言产生的条件，呼应前文"我们绝不能有个人的语言，只能有社会的语言"。

现了。面对面的往来是直接接触，为什么舍此比较完善的语言而采取文字呢？

我还想在这里推进一步说，在"面对面社群"里，连语言本身都是不得已而采取的工具。语言本是用声音来表达的象征体系。象征是附着意义的事物或动作。我说"附着"是因为"意义"是靠联想作用加上去的，并不是事物或动作本身具有的性质。这是社会的产物，因为只有在人和人需要配合行为的时候，个人才需要有所表达；而且表达的结果必须使对方明白所要表达的意义。所以象征是包括多数人共认的意义，也就是这一事物或动作会在多数人中引起相同的反应。因之，我们绝不能有个人的语言，只能有社会的语言。要使多数人能对同一象征具有同一意义，他们必须有着相同的经历，就是说在相似的环境中接触和使用同一象征，因为在象征上附着了同一意义。因此在每个特殊的生活团体中，必有他们特殊的语言，有许多别种语言所无法翻译的字句。

语言只能在一个社群所有的相同经验的一层上发生。[1]群体愈大，包括的人所有的经验愈繁杂，发生语言的一层共同基础也必然愈有限，于是语言也愈趋于简单化。这在语言史上是看得很清楚的。

可是从另一方面说，在一个社群所用的共同语言之外，也必然会因个人间的需要而发生许多少数人间的特殊语言，即所谓的"行话"。行话是同行人中的话，外行人因为没有这种经验，不会懂的。在每个学校里，甚至每个寝室里，都有他们特殊的语言。最普遍的特殊语言发生在母亲和孩子之间。

"特殊语言"不过是亲密社群中所使用的象征体系的一部分，用声音来作象征的那一部分。在亲密社群中可用来作象征体系的原料比较多。表情、动作，在面对面的情境中，有时比声音更容易传情达意。即使用语言时，也总是密切配合于其他象征原料的。譬如，我可以和一位熟人说："真是那个！"同时眉毛一皱，嘴角向下一斜，面上的皮肤一紧，用手指在头发里一插，头一沉，对方也就明白"那个"是"没有办法""失望"的意思了。如果同样的两个字用在另一表情的配合里，意义可以完全不同。

"特殊语言"常是特别有效，因为它可以摆脱字句的固定意义。语言像是个社会定下的筛子，如果我们有一种情意和这筛子的格子不同也就漏不过去。我想大家必然有过"无言胜似有言"的经验。其实这个筛子虽则有助于人和人间的了解，但同时却也使人和人间的情意公式化了，使每一人、每一刻的实际情意都走了一点样。[1]我们永远在削足适履，使感觉敏锐的人怨恨语言的束缚。李长吉①要在这束缚中去求比较切近的表达，难怪他要呕尽心血②了。

于是在熟人中，我们话也少了，我们"眉目传情"，我们"指石相证"，我们抛开了比较间接的象征原料，而求更直接的会意了。所以在乡土社会中，不但文字是多余的，连语言都并不是传达情意的唯一象征体系。

我绝不是说我们不必推行文字下乡，在现代化的过程中，我们已开始抛离乡土社会，文字是现代化的工具。我要辨明的是乡土社会中的文盲，并非出于乡下人的"愚"，而是由于乡土社会的本质。[2]而且我还愿意进一步说，单从文字和语言的角度去批判一个社会中人和人的了解程度是不够的，因为文字和语言，只是传情达意的一种工具，并非唯一的工具；而且这工具本身也是有缺陷的，能传的情、能达的意是有限的。所以提倡文字下乡的人，必须先考虑到文字和语言的基础，否则开几个乡村学校和使乡下人多识几个字，也许并不能使乡下人"聪明"起来。

[1] 总是与实际情境中的真实情意存在一些差距，这是语言表达的局限性。

[2] 结合我们学习过的历史知识，想一想，当时的农民普遍不太识字，除了文字在乡土社会中实际作用有限，是否还存在其他原因？

---

① 〔李长吉〕李贺，字长吉，中唐浪漫主义诗人，诗歌风格凄艳怪诞，被世人称为"诗鬼"。代表作有《雁门太守行》《金铜仙人辞汉歌》等。
② 〔呕尽心血〕相传李贺作诗成痴，每日废寝忘食苦吟不止，其母说他几乎要呕出心来才罢休。

理解与思考

1. 请根据本章内容，解释以下概念。

（1）面对面的社群_____

_____

_____

（2）行话_____

_____

_____

2. 结合全文内容，说说为什么作者认为"在乡土社会中，不但文字是多余的，连语言都并不是传达情意的唯一象征体系"。

_____

_____

_____

3. 作者主要用了哪些方法论证了文字在乡土社会的"不必要性"？

_____

_____

_____

材料题

阅读以下两则材料，回答问题。

材料一

说到这里我记起了疏散在乡下时的事来。同事中有些孩子被送进了乡间的小学，在课程上这些孩子样样都比乡下孩子学得快、成绩好。教员们见面时总在家长面前夸奖这些孩子有种、聪明。这等于说教授们的孩子智力高。我对于这些恭维自然是私心窃喜。穷教授别的已经全被剥夺，但是我们还有别种人所望尘莫及的遗传。但是有一天，我在田野里看放学回来的小学生们捉蚱蜢，那些"聪明"而"有种"的孩子，扑来扑去，屡扑屡失，而那些乡下孩子却反应灵敏，一扑一得。回到家来，刚才一点骄傲似乎又没有了着落。

乡下孩子在教室里认字认不过教授们的孩子，和教授们的孩子在田野里捉蚱蜢捉不过乡下孩子，在意义上是相同的。我并不责备自己孩子蚱蜢捉得少，第一是我们无须用蚱蜢来加菜（云南乡下蚱蜢是下饭的，味道很近于苏州的虾干），第二是我的孩子并没有机会练习。教授们的孩子穿了鞋袜，为了体面，不能不择地而下足，弄污了回家来会挨骂，于是在他们捉蚱蜢时不免要有些顾忌，动作不灵活了。这些也许还在其次，他们日常并不在田野里跑惯，要分别草和虫，须费一番眼力，蚱蜢的保护色因之易于生效。——我为自己孩子所作的辩护是不是同样也可以用之于乡下孩子在认字上的"愚"呢？我想是很适当的。乡下孩子不像教授们的孩子到处看见书籍，到处接触着字，这不是他们日常所混熟的环境。教授们的孩子并不见得一定是遗传上有什么特别善于识字的能力，显而易见的却是有着易于识字的环境。这样说来，乡下人是否在智力上比不上城里人，至少还是个没有结论的题目。

这样看来，乡村工作的朋友们说乡下人愚，显然不是指他们智力不及人，而是说他们知识不及人了。这一点，依我们上面所说的，还是不太能自圆其说。至多是说，乡下人在城市生活所需的知识上是不及城市里人多。这是正确的。我们是不是也因之可以说乡下多文盲是因为乡下本来无须文字眼睛呢？说到这里，我们应当讨论一下文字的用处了。

（选自费孝通《乡土中国·文字下乡》）

材料二

至于我看好戏的时候，却实在已经是"远哉遥遥"的了，其时恐怕我还不过十一二岁。我们鲁镇的习惯，本来是凡有出嫁的女儿，倘自己还未当家，夏间便大抵回到母家去消夏。那时我的祖母虽然还康健，但母亲也已分担了些家务，所以夏期便不能多日的归省了，只得在扫墓完毕之后，抽空去住几天，这时我便每年跟了我的母亲住在外祖母的家里。那地方叫平桥村，是一个离海边不远，极偏僻的，临河的小村庄；住户不满三十家，都种田，打鱼，只有一家很小的杂货店。但在我是乐土：因为我在这里不但得到优待，又可以免念"秩秩斯干幽幽南山"了。

和我一同玩的是许多小朋友，因为有了远客，他们也都从父母那里得了减少工作的许可，伴我来游戏。在小村里，一家的客，几乎也就是公共的。我们年纪都相仿，但论起行辈来，却至少是叔子，有几个还是太公，因为他们合村都同姓，是本家。然而我们是朋友，即使偶尔吵闹起来，打了太公，一村的老老少少，也决没有一个会想出"犯上"这两个字来，而他们也百分之九十九不识字。

我们每天的事情大概是掘蚯蚓，掘来穿在铜丝做的小钩上，伏在河沿上去钓虾。虾是水世界里的呆子，决不惮用了自己的两个钳捧着钩尖送到嘴里去的，所以不半天便可以钓到一大碗。这虾照例是归我吃的。其次便是一同去放牛，但或者因为高等动物了的缘故罢，黄牛水牛都欺生，敢于欺侮我，因此我也总不敢走近身，只好远远地跟着，站着。这时候，小朋友们便不再原谅我会读"秩秩斯干"，却全都嘲笑起来了。

至于我在那里所第一盼望的，却在到赵庄去看戏。赵庄是离平桥村五里的较大的村庄；平桥村太小，自己演不起戏，每年总付给赵庄多少钱，算作合做的。当时我并不想到他们为什么年年要演戏。现在想，那或者是春赛，是社戏了。

就在我十一二岁时候的这一年，这日期也看看等到了。不料这一年真可惜，在早上就叫不到船。平桥村只有一只早出晚归的航船是大船，决没有留用的道理。其余的都是小船，不合用；央人到邻村去问，也没有，早都给别人定下了。外祖母很气恼，怪家里的人不早定，絮叨起来。母亲便宽慰伊，说我们鲁镇的戏比小村里的好得多，一年看几回，今天就算了。只有我急得要哭，母亲却竭力的嘱咐我，说万不能装模装样，怕又招外祖母生气，又不准和别人一同去，说是怕外祖母要担心。

（选自鲁迅《呐喊·社戏》[①]）

1. 结合本书的第一、二章内容，说说材料二中的"平桥村"具有乡土社会的哪些特点。

2. 结合材料一，分析"小朋友们便不再原谅我会读'秩秩斯干'，却全都嘲笑起来了"背后的社会原因。

写作宝库

语段一：
如果一个人没有机会学习，不论他有没有学习的能力还是学不到什么的。

---
① 〔《呐喊·社戏》〕鲁迅著，商务印书馆，页154-155，2021年。

【应用话题】抓住机遇
【写作示例】

在这个快速变化的时代,抓住机遇成为每个人实现自我价值和梦想的重要途径。费孝通先生在《乡土中国》中曾说:"如果一个人没有机会学习,不论他有没有学习的能力还是学不到什么的。"可见机遇对于个人的成功至关重要。就像种子需要土壤、水分和阳光才能生长一样,我们也需要珍惜和重视每一个学习和成长的机遇,不断拓展视野,积累知识技能,提升综合素质,书写美好青春。

语段二:

乡下孩子不像教授们的孩子到处看见书籍,到处接触着字,这不是他们日常所混熟的环境。教授们的孩子并不见得一定是遗传上有什么特别善于识字的能力,显而易见的却是有着易于识字的环境。

【应用话题】重视成长的环境　理性思考
【写作示例】

成长环境对孩子的影响深远而持久。一个良好的成长环境可以为孩子提供丰富的学习资源和机会,激发他们的好奇心和求知欲;而一个不良的成长环境则可能限制孩子的发展空间和潜力,甚至使其误入歧途。费孝通先生曾对比过乡下孩子和教授子女在识字水平方面的差异,推究其原因,还是两者身处的成长环境显著不同。所以即便是同等智力水平的孩子,如果在不同环境中成长起来,他们身上必然会带有深刻的环境烙印,在心理特质、认知水平、技能掌握和职业发展等各方面显露出不同的倾向。

无论是在工作决策还是日常生活中,理性思考都非常重要。所谓的"理性思考",即在面对问题和决策时,我们要根据事实和证据、内在的逻辑和规律等,进行具体而深入的分析和判断,独立思考,形成自己的见解,使其最接近事物的真相,而不能只看表象,武断结论,更不可盲目跟从他人意见,人云亦云。恰如费孝通在面对乡村孩子和教授子女识字水平不同的现象时,不像其他人一口断定乡下人"愚",而是结合生活实际理性思考,得出两者成长环境不同的科学论断,凸显了一名社会学家的严谨和智慧。可见,理性思考能够帮助我们更接近真理,远离谬误,提高认知和决策的准确性。

第三章
再论文字下乡

思维导图

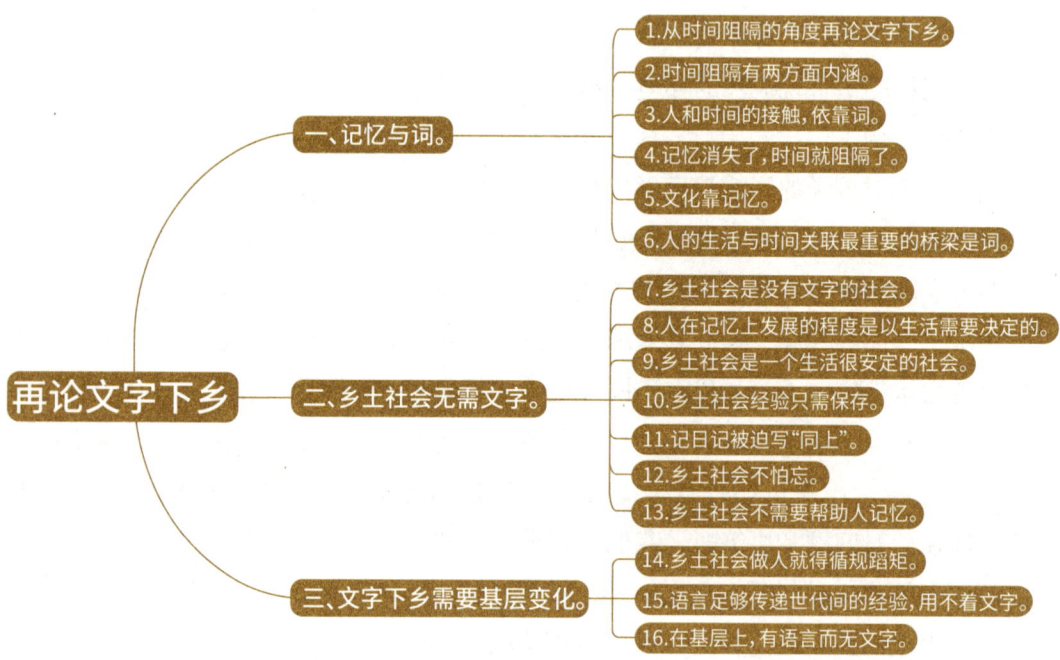

学习任务

1. 对比"今昔之隔"与"世代之隔"对文化传承的影响。
2. 撰写调查报告：现代乡村文字使用现状。

关键词

时间阻隔、记忆传承、经验固化

基本概念

1. 世代之隔：乡土社会经验代际重复，无需文字记录。
2. 定型生活：传统经验足以应对稳定环境中的问题。

内容摘要

乡土社会的稳定性和经验重复性使文字在时间维度上失去必要性，语言足以传递世代经验。文字下乡需以社会流动性和知识复杂性为前提。

在上一篇"文字下乡"里，我说起了文字的发生是在人和人传情达意的过程中受到了空间和时间的阻隔的情境里。可是我在那一篇里只就空间阻隔的一点说了些话。乡土社会是个面对面的社会，有话可以当面说明白，不必求助于文字。这一层意思容易明白，但是关于时间阻隔上怎样说法呢？在本文中，我想申引这一层意思了。

所谓时间上的阻隔有两方面：一方面是个人的今昔之隔，一方面是社会的世代之隔。让我先从前一方面说起。

人的生活和其他动物所不同的，是在他富于学习的能力。他的行为方式并不固执地受着不学而能的生理反应所支配。所谓学就是在出生之后以一套人为的行为方式作模型，把本能的那一套方式加以改造的过程。学的方法是"习"。习是指反复地做，靠时间中的磨炼，使一个人惯于一种新的做法。因之，学习必须打破个人今昔之隔。这是靠了我们人类的一种特别发达的能力，时间中的桥梁，记忆。在动物的学习过程中，我们也可以说它们有记忆，但是它们的"记忆"是在简单的生理水准上。一个小白老鼠在迷宫里学得了捷径，它所学得的是一套新的生理反应。和人的学习不相同的是它们并不靠一套象征体系的。人固然有很多习惯，在本质上是和小白老鼠走迷宫一般的，但是他却时常多一个象征体系帮他的忙。所谓象征体系中最重要的是"词"。我们不断地在学习时说着话，把具体的情境抽象成一套能普遍应用的概念，概念必然是用词来表现的，

阅读点拨

[1] 揭示人类使用词语在空间和时间维度上的本质意义，一是社群成员之间的横向交流，二是社群内部记忆的纵向传承。

[2] 揭示文化的社会属性以及文化的重要价值意义。

于是我们靠着词，使我们从特殊走上普遍，在个别情境中搭下了桥梁；又使我们从当前走到今后，在片刻情境中搭下了桥梁。[1] 从这方面看去，一个动物和时间的接触，可以说是一条直线的，而人和时间的接触，靠了概念，也就是词，却比一条直线来得复杂。他有能力闭了眼睛置身于"昔日"的情境中，人的"当前"中包含着从"过去"拔萃①出来的投影，时间的选择累积。

在一个依本能而活动的动物不会发生时间上阻隔的问题，它的寿命是一连串的"当前"，谁也不能剪断时间，像是一条水，没有刀割得断。但是在人却不然，人的当前是整个靠记忆所保留下来的"过去"的累积。如果记忆消失了、遗忘了，我们的"时间"就可说是阻隔了。

人之所以要有记忆，也许并不是因为他的脑子是个自动的摄影箱。人有此能力是事实，人利用此能力，发展此能力，还是因为他"当前"的生活必需有着"过去"所传下来的办法。我曾说人的学习是向一套已有的方式的学习。唯有学会了这套方式才能在人群中生活下去。这套方式并不是每个人个别的创制，而是社会的遗业。小白老鼠并不向别的老鼠学习，每只老鼠都得自己在具体情境里，从"试验错误"的过程中，得到个别的经验。它们并不能互相传递经验，互相学习，人靠了他的抽象能力和象征体系，不但累积了自己的经验，而且还可以累积别人的经验。上边所谓那套传下来的办法，就是社会共同的经验的累积，也就是我们常说的文化。文化是依赖象征体系和个人的记忆而维护着的社会共同经验。这样说来，每个人的"当前"，不但包括他个人"过去"的投影，而且还是整个民族的"过去"的投影。历史对于个人并不是点缀的饰物，而是实用的、不可或缺的生活基础。人不能离开社会生活，就不能不学习文化。[2] 文化得靠记忆，不能靠本能，所以人在记忆力上不能不力求发展。我们不但要在个人的今昔之间筑通桥梁，而且在社会的世代之间也得筑通桥梁，不然就没有了文化，也没有了我们现在所能享受的生活。

---

① 〔拔萃〕这里指精选。

我说了这许多话，也许足够指明了人的生活和时间的关联了。在这关联中，词是最主要的桥梁。有人说，语言造成了人，那是极对的。《圣经》上也有上帝说了什么，什么就有了，"说"是"有"的开始。这在物质宇宙中尽管可以不对，但在文化中却是对的。没有象征体系也就没有概念，人的经验也就不能或不易在时间里累积，人要生活也不能超过禽兽。

但是词却不一定要文。文是用眼睛可以看得到的符号，就是字。词不一定是刻出来或写出来的符号，也可以是用声音说出来的符号——语言。一切文化中不能没有"词"，可是不一定有"文字"。[1]我这样说是因为我想说明的乡土社会，大体上，是没有"文字"的社会。在上篇，我从空间格局中说到了乡下人没有文字的需要，在这里我是想从时间格局中说明同一结果。

我说过我们要发展记忆，那是因为我们生活中有此需要。没有文化的动物中，能以本能来应付生活，就不必有记忆。我这样说，其实也包含了另一项意思，就是人在记忆上发展的程度是依他们生活需要而决定的。我们每个人，每一刻，所接触的外界是众多复杂，但是并不尽入我们的感觉，我们有所选择。和我们眼睛所接触的外界我们并不都看见，我们只看见我们所注意的，我们的视线有焦点，焦点依着我们的注意而移动。注意的对象由我们选择，选择的根据是我们生活的需要。对于我们生活无关的，我们不关心，熟视无睹。我们的记忆也是如此，我们并不记取一切的过去，而只记取一切过去中极小的一部分。我说记取，其实不如说过后回忆为妥当。"记"带有在当前为了将来有用而加以认取的意思，"忆"是为了当前有关而回想到过去经验。[2]事实上，在当前很难预测将来之用，大多是出于当前的需要而追忆过去。有时这过程非常吃力，所以成为"苦忆"。可是无论如何记忆并非无所为的，而是实用的，是为了生活。

在一个乡土社会中生活的人所需记忆的范围和生活在现代都市的人是不同的。乡土社会是一个生活很安定的社会。我已说过，向泥土讨生活的人是不能老是移动的。在一个地方出生的就在这地方生长下去，一直到死。极端的乡土社会是老子

[1] 作者在这里将"词"和"语言"等同起来，通过对比"词"和"文字"的细微差别，解释为什么乡土社会在缺少文字参与的情况下依然有对历史文化的传承。

[2] 通过具体分析"记""忆"二字的内涵，帮助我们深刻理解记忆在社会生活中的意义。

阅读点拨

[1] 了解一下中国历史上曾经发生过哪些人口大规模迁移事件，阅读相关史料中记载的具体细节。

所理想的社会，"鸡犬相闻，老死不相往来①"。不但个人不常抛井离乡，而且每个人住的地方常是他的父母之邦。"生于斯，死于斯②"的结果必是世代的黏着。这种极端的乡土社会固然不常实现，但是我们的确有历世不移的企图，不然为什么死在外边的人，一定要把棺材运回故乡，葬在祖茔③上呢？[1] 一生取给于这块泥土，死了，骨肉还得回入这块泥土。

历世不移的结果，人不但在熟人中长大，而且还在熟悉的地方上生长大。熟悉的地方可以包括极长时间的人和土的混合。祖先们在这地方混熟了，他们的经验也必然就是子孙们所会得到的经验。时间的悠久是从谱系上说的，从每个人可能得到的经验说，却是同一方式的反复重演。同一戏台上演着同一的戏，这个班子里演员所需要记得的，也只有一套戏文。他们个别的经验，就等于世代的经验。经验无需不断累积，只需老是保存。

我记得在小学里读书时，老师逼着我记日记，我执笔苦思，结果只写下"同上"两字。那是真情，天天是"晨起，上课，游戏，睡觉"，有何可记的呢？老师下令不准"同上"，小学生们只有扯谎了。

在定型生活中长大的有着深入生理基础的习惯帮着我们"日出而起，日入而息④"的工作节奏。记忆都是多余的。"不知老之将至⑤"就是描写"忘时"的生活。秦亡汉兴，没有关系。乡土社会中不怕忘，而且忘得舒服。只有在轶出⑥于生活常轨的事，当我怕忘记时，方在指头上打一个结。

指头上的结是文字的原始方式，目的就是用外在的象征，

---

① 〔鸡犬相闻，老死不相往来〕出自《老子·第八十章》，意思是（国与国之间彼此能够望见），鸡和狗的鸣叫之声都能互相听见，老百姓直到老死也不相互来往。
② 〔生于斯，死于斯〕出自元代刘岳申《申斋集》中的《王遵墓志铭》，意思是生在这里，死在这里。
③ 〔祖茔〕即祖坟。
④ 〔日出而起，日入而息〕出自先秦《击壤歌》，意思是太阳升起就起床劳作，太阳落山就回家休息。
⑤ 〔不知老之将至〕不知道老年即将来到。
⑥ 〔轶出〕意思是超出、逾越。

利用联想作用，帮助人的记忆。在一个常常变动的环境中，我们感觉到自己记忆力不够时，方需要这些外在的象征。从语言变到文字，也就是从用声音来说词，变到用绳打结，用刀刻图，用笔写字，是出于我们生活从定型到不定型的过程中。在都市中生活，一天到晚接触着陌生面孔的人才需要在袋里藏着本姓名录、通信簿。在乡下社会中黏着相片的身份证，是毫无意义的。在一个村子里可以有一打①以上的"王大哥"，绝不会因之认错了人。

在一个每代的生活等于开映同一部影片的社会中，历史也是多余的，有的只是"传奇"。一说到来历就得从"开天辟地②"说起；不从这开始，下文不是只有"寻常"的当前了么？都市社会里有新闻；在乡土社会，"新闻"是稀奇古怪、荒诞不经的意思。在都市社会里有名人，乡土社会里是"人怕出名猪怕壮"。不为人先，不为人后，做人就得循规蹈矩③。这种社会用不上常态曲线④，而是一个模子里印出来的一套。[1]

在这种社会里，语言是足够传递世代间的经验了。当一个人碰着生活上的问题时，他必然能在一个比他年长的人那里问得到解决这问题的有效办法，因为大家在同一环境里，走同一道路，他先走，你后走；后走的所踏的是先走的人的脚印，口口相传，不会有遗漏。哪里用得着文字？时间里没有阻隔，拉得十分紧，全部文化可以在亲子之间传授无缺。

这样说，中国如果是乡土社会，怎么会有文字的呢？我的回答是中国社会从基层上看去是乡土性，中国的文字并不是在基层上发生。最早的文字就是庙堂性的，一直到目前还不是我们乡下人的东西。我们的文字另有它发生的背景，我在本文所需要指出的是在这基层上，有语言而无文字。不论在空间和时间的格局上，这种乡土社会，在面对面的亲密接触中，在反

---

① 〔一打〕一种英制单位的计量标准，一打就是12个。
② 〔开天辟地〕指中国古代神话传说中盘古开天地的故事。
③ 〔循规蹈矩〕即遵守规矩。
④ 〔常态曲线〕即常态分布曲线，一种形状对称的可以用来描述数据分布情况的钟形曲线。

[1] 作者认为，与现代都市不同，乡土社会崇尚整齐划一和重复，并不主张彰显个性，如果就某项指标进行统计，数据很有可能会高度集中，不符合正态分布的曲线。

[1] 联系实际想一想,现在的中国农村对文字的使用情况有哪些变化,为什么?

复地在同一生活定型中生活的人们,并不是愚到字都不认得,而是没有用字来帮助他们在社会中生活的需要。我同时也等于说,如果中国社会乡土性的基层发生了变化,也只有发生了变化之后,文字才能下乡。[1]

理解与思考

1. 请根据本章内容,解释以下概念。

(1) 学习

(2) 文化

2. 作者认为,"词"和"文字"有什么区别?

3. 结合本章内容,说说作者为什么认为中国的乡土社会"有语言而无文字"?

材料题

阅读下列两则材料,回答问题。

材料一

但是词却不一定要文。文是用眼睛可以看得到的符号,就是字。词不一定是刻出来或写出来的符号,也可以是用声音说出来的符号——语言。一切文化中不能没有

"词",可是不一定有"文字"。我这样说是因为我想说明的乡土社会,大体上,是没有"文字"的社会。在上篇,我从空间格局中说到了乡下人没有文字的需要,在这里我是想从时间格局中说明同一结果。

我说过我们要发展记忆,那是因为我们生活中有此需要。没有文化的动物中,能以本能来应付生活,就不必有记忆。我这样说,其实也包含了另一项意思,就是人在记忆上发展的程度是依他们生活需要而决定的。我们每个人,每一刻,所接触的外界是众多复杂,但是并不尽入我们的感觉,我们有所选择。和我们眼睛所接触的外界我们并不都看见,我们只看见我们所注意的,我们的视线有焦点,焦点依着我们的注意而移动。注意的对象由我们选择,选择的根据是我们生活的需要。对于我们生活无关的,我们不关心,熟视无睹。我们的记忆也是如此,我们并不记取一切的过去,而只记取一切过去中极小的一部分。我说记取,其实不如说过后回忆为妥当。"记"带有在当前为了将来有用而加以认取的意思,"忆"是为了当前有关而回想到过去经验。事实上,在当前很难预测将来之用,大多是出于当前的需要而追忆过去。有时这过程非常吃力,所以成为"苦忆"。可是无论如何记忆并非无所为的,而是实用的,是为了生活。

在一个乡土社会中生活的人所需记忆的范围和生活在现代都市的人是不同的。乡土社会是一个生活很安定的社会。我已说过,向泥土讨生活的人是不能老是移动的。在一个地方出生的就在这地方生长下去,一直到死。极端的乡土社会是老子所理想的社会,"鸡犬相闻,老死不相往来"。不但个人不常抛井离乡,而且每个人住的地方常是他的父母之邦。"生于斯,死于斯"的结果必是世代的黏着。这种极端的乡土社会固然不常实现,但是我们的确有历世不移的企图,不然为什么死在外边的人,一定要把棺材运回故乡,葬在祖茔上呢?一生取给于这块泥土,死了,骨肉还得回入这块泥土。

历世不移的结果,人不但在熟人中长大,而且还在熟悉的地方上生长大。熟悉的地方可以包括极长时间的人和土的混合。祖先们在这地方混熟了,他们的经验也必然就是子孙们所会得到的经验。时间的悠久是从谱系上说的,从每个人可能得到的经验说,却是同一方式的反复重演。同一戏台上演着同一的戏,这个班子里演员所需要记得的,也只有一套戏文。他们个别的经验,就等于世代的经验。经验无需不断累积,只需老是保存。

(选自费孝通《乡土中国·再论文字下乡》)

材料二

呼兰河就是这样的小城,这小城并不怎样繁华,只有两条大街,一条从南到北,一条从东到西,而最有名的算是十字街了。十字街口集中了全城的精华。十字街上有金银首饰店、布庄、油盐店、茶庄、药店,也有拔牙的洋医生。那医生的门前,挂着很大的招牌,那招牌上画着特别大的有量米的斗那么大的一排牙齿。这广告在这小城里边无乃太不相当,使人们看了竟不知道那是什么东西,因为油店、布店和盐店,它们都没有什么广告,也不过是盐店门前写个"盐"字,布店门前挂了两张怕是自古亦有之的布幌子。其余的如药店的招牌,也不过是把那戴着花镜的伸出手去在小枕头上号着妇女们的脉管的医生的名字挂在门外。比方那医生的名字叫李永春,那药店也就叫"李永春"。人们凭着记忆,哪怕就是李永春摘掉了他的招牌,人们也都知李永春是在那里。不但城里的人这样,就是从乡下来的人也多少都把这城里的街道和街道上尽是些什么都记熟了。用不着什么广告,用不着什么招引的方式,要买的比如油盐、布匹之类,自己走进去就会买。不需要的,你就是挂了多大的牌子,人们也是不去买。那牙医生就是一个例子,那从乡下来的人们看了这么大的牙齿,真是觉得稀奇古怪,所以那大牌子前边,停了许多人在看,看也看不出什么道理来。假若他正在牙痛,他也绝对地不去让那用洋法子的医生给他拔掉,也还是走到李永春药店去,买二两黄连,回家去含着算了吧!因为那牌子上的牙齿太大了,有点莫名其妙,怪害怕的。

所以那牙医生,挂了两三年招牌,到那里去拔牙的却是寥寥无几。

后来那女医生没有办法,大概是生活没法维持,她兼做了收生婆。

城里除了十字街之外,还有两条街,一条叫做东二道街,一条叫做西二道街。这两条街是从南到北的,五六里长。

这两条街上没有什么好记载的,有几座庙,有几家烧饼铺,有几家粮栈。

(选自萧红《呼兰河传》[①])

1. 材料二中,为什么呼兰河的十字街上用不着广告?

2. 材料二中关于十字街的描述可以支撑材料一中的哪些观点?

---

① 〔《呼兰河传》〕萧红著,安徽教育出版社,页13-14,2015年。

写作宝库

语段一：

历史对于个人并不是点缀的饰物，而是实用的、不可或缺的生活基础。人不能离开社会生活，就不能不学习文化。文化得靠记忆，不能靠本能，所以人在记忆力上不能不力求发展。我们不但要在个人的今昔之间筑通桥梁，而且在社会的世代之间也得筑通桥梁，不然就没有了文化，也没有了我们现在所能享受的生活。

【应用话题】传统文化

【写作示例】

中国的优秀传统文化，是构成国民的精神底色、维系社会凝聚力的关键因素之一，是促进内部团结的力量源泉，更是连接中华民族过去与未来、沟通世代、联通世界各民族文化的桥梁，在维系和传承文明中发挥着核心作用。

从长远来看，中国传统文化对于中华民族的伟大复兴具有举足轻重的作用。历史上每一次重大变革背后都有深厚的文化底蕴支撑；在未来探索未知领域的过程中，也需要借鉴前人智慧以启迪新思路。我们只有珍视并传承好传统文化这份宝贵遗产，才能在今昔和世代之间筑通桥梁，携手共创更加辉煌灿烂的未来。

语段二：

这种极端的乡土社会固然不常实现，但是我们的确有历世不移的企图，不然为什么死在外边的人，一定要把棺材运回故乡，葬在祖茔上呢？一生取给于这块泥土，死了，骨肉还得回入这块泥土。

【应用话题】眷恋故土　安土重迁

【写作示例】

眷恋故土，是深深植根于人类心中的情感。尽管现代社会的流动性和全球化趋势使得人们越来越多地离开自己的出生地，追求更广阔的天地，但那份对故乡的深情厚意却始终难以割舍。费孝通曾说，乡土社会死在外边的人，一定要把棺材运回故乡，葬在祖茔上。即使身体消逝，也希望能将最后的一切都归还给这片养育了我们的土地，这一行为背后，是对故土的极端眷恋和尊重。它不仅仅是一种物质上的回归，更是精神层面的归宿和安宁。这种历世不移的企图，实际上反映的是人类对于根源和归属感的深层需求。因此，眷恋故土并非简单的怀旧情绪，而是一种深植于人类灵魂深处的文化认同和生命哲学。它告诉我们，无论走得多远，我们的根始终扎在那块熟悉的土地上。

第四章
差序格局

思维导图

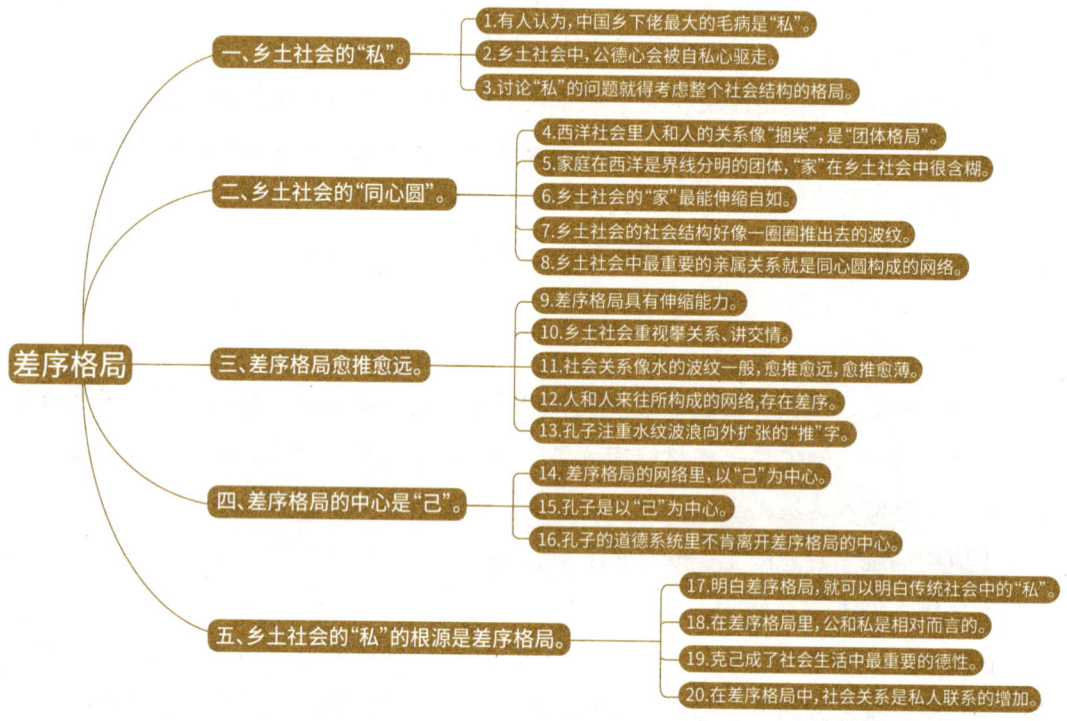

学习任务

1. 绘制"差序格局"与"团体格局"对比图。
2. 分析"自我主义"在现代社会中的表现。

关键词

差序格局、团体格局、自我中心、伸缩性

基本概念

1. 差序格局：以个人为中心向外推延的亲疏关系网络，如"水波纹"。
2. 团体格局：西方社会明确的团体边界与平等契约。

内容摘要

中国社会的人际关系以"己"为中心，形成弹性极大的差序网络；道德与权利因关系远近而异，与西方契约式团体格局形成根本差异。

在乡村工作者看来，中国乡下佬最大的毛病是"私"。说起私，我们就会想到"各人自扫门前雪，莫管他人屋上霜"的俗语。谁也不敢否认这俗语多少是中国人的信条。其实抱有这种态度的并不只是乡下人，就是所谓城里人，何尝不是如此。扫清自己门前雪的还算是了不起的有公德的人，普通人家把垃圾往门口的街道上一倒，就完事了。苏州人家后门常通一条河，听起来是最美丽也没有了，文人笔墨里是中国的威尼斯，可是我想天下没有比苏州城里的水道更脏的了。[1]什么东西都可以向这种出路本来不太畅通的小河沟里一倒，有不少人家根本就不必有厕所。明知人家在这河里洗衣洗菜，却毫不觉得有什么需要自制的地方。为什么呢？——这种小河是公家的。

一说是公家的，差不多就是说大家可以占一点便宜的意思，有权利而没有义务了。小到两三家合住的院子，公共的走廊上照例是尘灰堆积，满院生了荒草，谁也不想去拔拔清楚，更难以插足的自然是厕所。没有一家愿意去管"闲事"，谁看不惯，谁就得白服侍人，半声谢意都得不到。于是像格兰亨姆的公律①，坏钱驱逐好钱一般，公德心就在这里被自私心

 阅读点拨

[1] 联系当时社会背景下苏州河脏乱的事实，说明不少中国人思想中存在"私"的观念。当然，这仅是当时的苏州，今天的中国必然已经不是这般模样。

---

① 〔格兰亨姆的公律〕即"格雷钦法则"，是经济学领域的"旧币驱逐新币"理论。指日常生活中，不少人会把新钱币留起来，先花旧钱币，造成新币的流通不如旧币频繁，就像是旧币把新币赶出了流通市场。此理论后来被引申到其他方面，泛指不好的东西把好的排挤出去。

[1] 类比手法，形象地说明人们在日常生活中遭遇公与私的矛盾时，常为满足个人私欲而收起公德心，对公众利益持冷漠态度。

[2] 将西洋社会组织形式比作捆柴，突出其界限分明的特点，生动形象，通俗易懂。

驱走。[1]

从这些事上来说，私的毛病在中国实在是比愚和病更普遍得多，从上到下似乎没有不害这毛病的。现在已成了外国舆论一致攻击我们的把柄了。所谓贪污无能，并不是每个人绝对的能力问题，而是相对的，是从个人对公家的服务和责任上说的。中国人并不是不善经营，只要看南洋那些华侨在商业上的成就，西洋人谁不侧目？中国人更不是无能，对于自家的事，赚起钱来，拍起马来，比哪一个国家的人能力都大。因之这里所谓"私"的问题却是个群己、人我的界线怎样划法的问题。我们传统的划法，显然是和西洋的划法不同。因之，如果我们要讨论私的问题就得把整个社会结构的格局提出来考虑一下了。

西洋的社会有些像我们在田里捆柴，几根稻草束成一把，几把束成一扎，几扎束成一捆，几捆束成一挑。[2]每一根柴在整个挑里都属于一定的捆、扎、把。每一根柴也可以找到同把、同扎、同捆的柴，分扎得清楚不会乱的。在社会，这些单位就是团体。我说西洋社会组织像捆柴就是想指明：他们常常由若干人组成一个个的团体。团体是有一定界限的，谁是团体里的人，谁是团体外的人，不能模糊，一定分得清楚。在团体里的人是一伙，对于团体的关系是相同的，如果同一团体中有组别或等级的分别，那也是事先规定的。我用捆柴来比拟，有一点不太合适，就是一个人可以参加好几个团体，而好几扎柴里都有某一根柴当然是不可能的，这是人和柴不同的地方。我用这譬喻是在想具体一些，使我们看到社会生活中人和人的关系的一种格局。我们不妨称之为团体格局。

家庭在西洋是一种界限分明的团体。如果有一位朋友写信给你说他将要"带了他的家庭"一起来看你，他很知道要和他一同来的是哪几个人。在中国，这句话是含糊得很。在英美，家庭包括他和他的妻以及未成年的孩子。如果他只和他太太一起来，就不会用"家庭"。在我们中国"阖第光临"虽则常见，但是很少人能说得出这个"第"字究竟应当包括些什么人。

提到了我们的用字，这个"家"字可以说最能伸缩自如了。"家里的"可以指自己的太太一个人，"家门"可以指伯叔侄子一大批，"自家人"可以包罗任何要拉入自己的圈子，表示亲热的人物。自家人的范围是因时因地可伸缩，大到数不清，真是天下可成一家。

为什么我们这个最基本的社会单位的名词会这样不清不楚呢？在我看来却表示了我们的社会结构本身和西洋的格局是不相同的，我们的格局不是一捆一捆扎清楚的柴，而是好像把一块石头丢在水面上所发生的一圈圈推出去的波纹。[1]每个人都是他社会影响所推出去的圈子的中心。被圈子的波纹所推及的就发生联系。每个人在某一时间某一地点所动用的圈子是不一定相同的。

我们社会中最重要的亲属关系就是这种丢石头形成同心圆波纹的性质。亲属关系是根据生育和婚姻事实所发生的社会关系。从生育和婚姻所结成的网络，可以一直推出去包括无穷的人，过去的、现在的和未来的人物。我们俗语里有"一表三千里①"，就是这个意思，其实三千里者也不过指其广袤②的意思而已。这个网络像个蜘蛛的网，有一个中心，就是自己。我们每个人都有这么一个以亲属关系布出去的网，但是没有一个网所罩住的人是相同的。在一个社会里的人可以用同一个体系来记认他们的亲属，所同的只是这体系罢了。[2]体系是抽象的格局，或是范畴性的有关概念。当我们用这体系来认取具体的亲亲戚戚时，各人所认的就不同了。我们在亲属体系里都有父母，可是我的父母却不是你的父母。再进一步说，天下没有两个人所认取的亲属可以完全相同的。兄弟两人固然有相同的父母了，但是各人有各人的妻子儿女。因之，以亲属关系所联系成的社会关系的网络来说，是个别的，每一个网络有个"己"作为中心，各个网络的中心都不同。

在我们乡土社会里，不但亲属关系如此，地缘关系也是如

---

① 〔一表三千里〕俗语"一表三千里，一堂五百年"，指人们之间的表亲关系相较同宗族的亲属有所疏远。
② 〔广袤〕形容广阔无边，也可指土地面积，从东到西的长度为"广"，从南到北的长度为"袤"。

阅读点拨

[1] 用比喻手法，突出差序格局的特点：以个人为圈子的中心，关系由近及远，呈波纹状向外延伸，不同的圈层亲疏关系不同，所以可以推断其利益也不尽相同。

[2] 即每个人作为个人圈子的中心，其身负的社会关系类别就格局体系来说基本相同，但每一种关系所对应的具体的人肯定不同。此圈非彼圈，圈子与圈子中心不同，于是圈子之间利益必然存在矛盾。

阅读点拨

[1] 本段举了农村实际例子，对比不同势力人家的圈子范围大小不同，又举《红楼梦》贾府亲属圈子因其盛衰而发生的变化，证明差序格局的"伸缩性"。

此。现代的保甲制度①是团体格局性的，但是这和传统的结构却格格不相入。在传统结构中，每一家以自己的地位作中心，周围画出一个圈子，这个圈子是"街坊②"。有喜事要请酒，生了孩子要送红蛋，有丧事要出来助殓、抬棺材，是生活上的互助机构。可是这不是一个固定的团体，而是一个范围。范围的大小也要依着中心的势力厚薄而定。有势力的人家的街坊可以遍及全村，穷苦人家的街坊只是比邻的两三家。这和我们的亲属圈子是一般的。像贾家的大观园里，可以住着姑表林黛玉、姨表薛宝钗，后来更多了，什么宝琴、岫烟，凡是拉得上亲戚的，都包容得下。可是势力一变，树倒猢狲散，缩成一小团。到极端时，可以像苏秦潦倒归来，"妻不以为夫，嫂不以为叔③"。中国传统结构中的差序格局具有这种伸缩能力。在乡下，家庭可以很小，而一到有钱的地主和官僚阶层，可以大到像个小国。中国人也特别对世态炎凉有感触，正因为这富于伸缩的社会圈子会因中心势力的变化而大小。[1]

在孩子成年了住在家里都得给父母膳宿费的西洋社会里，大家承认团体的界限。在团体里的有一定的资格。资格取消了就得走出这个团体。在他们不是人情冷热的问题，而是权利问题。在西洋社会里争的是权利，而在我们却是攀关系、讲交情。

以"己"为中心，像石子一般投入水中，和别人所联系成的社会关系，不像团体中的分子一般大家立在一个平面上的，而是像水的波纹一般，一圈圈推出去，愈推愈远，也愈推愈薄。在这里我们遇到了中国社会结构的基本特性了。我们儒家最考究的是人伦，伦是什么呢？我的解释就是从自己推出去的和自己发生社会关系的那一群人里所发生的一轮轮波纹的

---

① 〔保甲制度〕这里指国民党政府在20世纪30年代重新编组并通令全国推行的保甲制度，规定10户为甲，10甲为保，将全国百姓按户数编入保甲，从而形成了严密的社会控制网络。
② 〔街坊〕即邻居。
③ 〔妻不以为夫，嫂不以为叔〕语出《战国策·苏秦始将连横》，原文为"妻不以我为夫，嫂不以我为叔"，意思是"妻子不把我当丈夫，嫂嫂不把我当小叔"。

差序。《释名》①于"沦"字下也说"伦也,水文相次有伦理也②"。潘光旦③先生曾说:凡是有"仑"作公分母的意义都相通,"共同表示的是条理,类别,秩序的一番意思"。(见潘光旦《说伦字》,《社会研究》第十九期)。

伦重在分别,在《礼记·祭统》④里所讲的十伦:鬼神、君臣、父子、贵贱、亲疏、爵赏⑤、夫妇、政事、长幼、上下,都是指差等。"不失其伦"是在别父子、远近、亲疏。伦是有差等的次序。在我们现在读来,鬼神、君臣、父子、夫妇等具体的社会关系,怎能和贵贱、亲疏、远近、上下等抽象的相对地位相提并论?其实在我们传统的社会结构里最基本的概念,这个人和人往来所构成的网络中的纲纪,就是一个差序,也就是伦。[1]《礼记·大传》⑥里说:"亲亲也,尊尊也,长长也,男女有别,此其不可得与民变革者也。⑦"意思是这个社会结构的架格是不能变的,变的只是利用这架格所做的事。

孔子最注重的就是水纹波浪向外扩张的"推"字。他先承认一个己,推己及人的己,对于这己,得加以克服于礼,克己⑧就是修身。顺着这同心圆的伦常,就可向外推了。"本立而道生⑨","其为人也孝悌,而好犯上者鲜矣,不好犯上

[1] 在一个圈子内部,亲疏远近和上下等都是相对而言的,这是差序格局的差等性。

---

① 〔《释名》〕一部训解词义的书,作者为汉末刘熙。
② 〔伦也,水文相次有伦理也〕伦,水的波纹一层层扩散就有了伦的条理。
③ 〔潘光旦〕(1899—1967),字仲昂,江苏宝山人,著名社会学家,在社会学、民族学、优生学、家谱学、教育思想等众多领域有重要贡献,代表作有《优生原理》《开封的中国犹太人》《明清两代嘉兴的望族》等。
④ 〔《礼记·祭统》〕西汉戴圣所作,内容主要为典章制度。
⑤ 〔爵赏〕意思是爵禄与赏赐。
⑥ 〔《礼记·大传》〕《礼记》中的一章,杂记宗法制度以及祭法和服制。
⑦ 〔亲亲也,尊尊也,长长也,男女有别,此其不可得与民变革者也〕语出《礼记·大传》,意思是同族之间要相亲近,尊祖敬宗,以年长为长辈,男女要区分对待,这些规范不能让百姓改变。
⑧ 〔克己〕约束自己。
⑨ 〔本立而道生〕语出《论语·学而》,意思是君子应致力于根本,如果根本稳固,做人做事的原则和方法就会产生。

而好作乱者，未之有也①"。从己到家，由家到国，由国到天下，是一条通路。《中庸》②里把五伦作为"天下之达道"。因为在这种社会结构里，从己到天下是一圈一圈推出去的，所以孟子说他"善推而已矣"。

在这种富于伸缩性的网络里，随时随地是有一个"己"作中心的。这并不是个人主义，而是自我主义。个人是对团体而说的，是分子对团体。在个人主义下，一方面是平等观念，指在同一团体中各分子的地位相等，个人不能侵犯大家的权利；一方面是宪法观念，指团体不能抹杀个人，只能在个人所愿意交出的一分权利上控制个人。这些观念必须先假定了团体的存在。在我们中国传统思想里是没有这一套的，因为我们所有的是自我主义，一切价值是以"己"作为中心的主义。

自我主义并不限于拔一毛而利天下不为的杨朱③，连儒家都该包括在内。杨朱和孔子不同的是杨朱忽略了自我主义的相对性和伸缩性。他太死心眼儿，一口咬了一个自己不放；孔子是会推己及人的，可是尽管放之于四海，中心还是在自己。子曰："为政以德，譬如北辰，居其所，而众星拱之。"④这是很好的一个差序格局的譬喻，自己总是中心，像四季不移的北斗星，所有其他的人，随着他转动。孔子并不像耶稣，耶稣是有超于个人的团体的，他有他的天国，所以他可以牺牲自己去成全天国。孔子呢？不然。

---

① 〔其为人也孝悌，而好犯上者鲜矣，不好犯上而好作乱者，未之有也〕语出《论语·学而》，意思是做人孝顺父母、顺从兄长，却喜好触犯上层的人，这种人是很少的，不喜好触犯上层却喜好造反，这种人是没有的。
② 〔《中庸》〕儒家经典著作之一，中国古代论述人生修养境界的道德哲学专著，原属《礼记》第三十一篇，相传作者为战国时期的子思。南宋朱熹将它与《大学》《论语》《孟子》并列为"四书"。
③ 〔杨朱〕字子居，魏国（一说秦国）人，战国初期思想家、哲学家，道家杨朱学派的创始人，主张"贵己""重生""人人不损一毫，人人不利天下"的思想。
④ 〔为政以德，譬如北辰，居其所，而众星拱之。〕语出《论语·为政》，意思是以仁德治理国家，就如同北极星，处在一定的位置，所有星辰都会围绕着它。

子贡曰:"如有博施于民,而能济众,何如?可谓仁乎?"子曰:"何事于仁,必也圣乎!尧舜其犹病诸?夫仁者,己欲立而立人,己欲达而达人,能近取譬,可谓仁之方也已。"①

孔子的道德系统里绝不肯离开差序格局的中心,"君子求诸己,小人求诸人。②"因之,他不能像耶稣一样普爱天下,甚至而爱他的仇敌,还要为杀死他的人求上帝的饶赦——这些不是从自我中心出发的。孔子呢?

或曰:"以德报怨,何如?"子曰:"何以报德?以直报怨,以德报德。"③

这是差序层次,孔子是决不放松的。孔子并不像杨朱一般以小己来应付一切情境,他把这道德范围依着需要而推广或缩小。他不像耶稣或中国的墨翟④,一放不能收。[1]

我们一旦明白这个能放能收、能伸能缩的社会范围就可以明白中国传统社会中的私的问题了。我常常觉得:"中国传统社会里一个人为了自己可以牺牲家,为了家可以牺牲党,

阅读点拨

[1] 儒家和墨家思想中都涉及"爱",但是孔子主张有等级有差别的仁爱,墨子主张无差别的"兼爱"。

---

① 〔子贡曰……可谓仁之方也已〕语出《论语·雍也》。子贡说:"如果广泛给民众施加好处,而能救济众人,怎么样?这样可以算是仁人吗?"孔子说:"何止是仁人,一定是圣者了啊!尧舜在这方面都不及。所谓仁,就是自己想有所成就,也要帮助他人成就,自己想通达,也要帮助他人通达,如果能够推己及人,就可以说是实践仁的方法了。"
② 〔君子求诸己,小人求诸人〕语出《论语·卫灵公》,意思是君子要求自己,小人要求别人,即君子遇到问题会从自身找原因,而小人总会把责任推卸到别人身上,撇清自己。
③ 〔或曰:"以德报怨,何如?"子曰:"何以报德?以直报怨,以德报德。"〕语出《论语·宪问》。有的人问:"用恩德来报答怨恨,怎么样?"孔子说:"(如果这样的话),用什么来报答恩德呢?要用正直回报怨恨,用恩德报答恩德。"
④ 〔墨翟〕春秋战国之际宋国人,战国时期著名思想家、军事家、科学家,墨家学派创始人,主要思想主张有"兼爱""非攻"。墨子的弟子根据其生平事迹收集其语录,编著《墨子》。

为了党可以牺牲国,为了国可以牺牲天下。"这和《大学》①的"古之欲明明德于天下者,先治其国;欲治其国者,先齐其家;欲齐其家者,先修其身……身修而后家齐,家齐而后国治,国治而后天下平②"在条理上是相通的,不同的只是内向和外向的路线,正面和反面的说法,这是种差序的推进形式,把群己的界线弄成了相对性,也可以说是模棱两可③了。这和西洋把权利和义务分得清清楚楚的社会,大异其趣④。

为自己可以牺牲家,为大家可以牺牲族……这是一个事实上的公式。在这种公式里,你如果说他私呢,他是不能承认的,因为当他牺牲族时,他可以为了家,家在他看来是公的。当他牺牲国家为他小团体谋利益、争权利时,他也是为公,为了小团体的公。在差序格局里,公和私是相对而言的,站在任何一圈里,向内看也可以说是公的。[1]其实当西洋的外交家在国际会议里为了自己国家争利益,不惜牺牲世界和平和别国合法利益时,也是这样的。所不同的,他们把国家看成了一个超过一切小组织的团体,为这个团体,上下双方都可以牺牲,但不能牺牲它来成全别种团体。这是现代国家观念,乡土社会中是没有的。

在西洋社会里,国家这个团体是一个明显的也是唯一特殊的群己界线。在国家里做人民的无所逃于这团体之外,像一根柴捆在一束里,他们不能不把国家弄成个为每个分子谋利益的机构,于是他们有革命、有宪法、有法律、有国会等等。在我们传统里群的极限是模糊不清的"天下",国是皇帝之家,界限从来就是不清不楚的,不过是从自己这个中心里推出去的

阅读点拨

[1] 在差序格局中,公和私是相对而言的,并没有明确界限。根源还是差序格局存在有差等的次序,关系的亲疏远近都是相对而言。

---

① 〔《大学》〕本属《礼记》第四十二篇,主要内容论述儒家修身齐家治国平天下的思想。
② 〔古之欲明明德于天下者,先治其国;欲治其国者,先齐其家;欲齐其家者,先修其身……身修而后家齐,家齐而后国治,国治而后天下平〕这是《大学》开篇提出的"三纲领",即明明德、亲民、止于至善,以及"八条目",即格物、致知、诚意、正心、修身、齐家、治国、平天下,强调个人道德修养与治国、平天下之间的一致性。
③ 〔模棱两可〕对事情的态度、主张不置可否,既不肯定,也不否定,含含糊糊,不给出明确意见。
④ 〔大异其趣〕彼此之间大不相同、差异非常明显。

社会势力里的一圈而已。所以可以着手的，具体的只有己，克己也就成了社会生活中最重要的德性，他们不会去克群，使群不致侵略个人的权利。在这种差序格局中，是不会发生这问题的。

在差序格局中，社会关系是逐渐从一个一个人推出去的，是私人联系的增加，社会范围是一根根私人联系所构成的网络，[1]因之，我们传统社会里所有的社会道德也只在私人联系中发生意义。——这一点，我将留在下篇里再提出来讨论了。

> **阅读点拨**
> [1] 形象地表现差序格局在整个社会中存在的样态。

理解与思考

1. 请根据本章内容，解释以下概念。
   （1）团体格局
   （2）差序格局
   （3）伦

2. 作者认为，个人主义和自我主义有什么不同？

3. 在本章中，作者叙述了中国乡土社会"差序格局"的哪些特点？

材料题

阅读以下两则材料，回答问题。

材料一
在这种富于伸缩性的网络里，随时随地是有一个"己"作中心的。这并不是个人主义，而是自我主义。……我们所有的是自我主义，一切价值是以"己"作为中心的主义。

自我主义并不限于拔一毛而利天下不为的杨朱，连儒家都该包括在内。杨朱和孔子不同的是杨朱忽略了自我主义的相对性和伸缩性。他太死心眼儿，一口咬了一个自己不放；孔子是会推己及人的，可是尽管放之于四海，中心还是在自己。子曰："为政以德，譬如北辰，居其所，而众星拱之。"这是很好的一个差序格局的譬喻，自己总是中心，像四季不移的北斗星，所有其他的人，随着他转动。孔子并不像耶稣，耶稣是有超于个人的团体的，他有他的天国，所以他可以牺牲自己去成全天国。孔子呢？不然。

子贡曰："如有博施于民，而能济众，何如？可谓仁乎？"子曰："何事于仁，必也圣乎！尧舜其犹病诸？夫仁者，己欲立而立人，己欲达而达人，能近取譬，可谓仁之方也已。"

孔子的道德系统里绝不肯离开差序格局的中心，"君子求诸己，小人求诸人。"因之，他不能像耶稣一样普爱天下，甚至而爱他的仇敌，还要为杀死他的人求上帝的饶恕——这些不是从自我中心出发的。孔子呢？

或曰："以德报怨，何如？"子曰："何以报德？以直报怨，以德报德。"

这是差序层次，孔子是决不放松的。孔子并不像杨朱一般以小己来应付一切情境，他把这道德范围依着需要而推广或缩小。他不像耶稣或中国的墨翟，一放不能收。

我们一旦明白这个能放能收、能伸能缩的社会范围就可以明白中国传统社会中的私的问题了。我常常觉得："中国传统社会里一个人为了自己可以牺牲家，为了家可以牺牲党，为了党可以牺牲国，为了国可以牺牲天下。"这和《大学》的"古之欲明明德于天下者，先治其国；欲治其国者，先齐其家；欲齐其家者，先修其身……身修而后家齐，家齐而后国治，国治而后天下平"在条理上是相通的，不同的只是内向和外向的路线，正面和反面的说法，这是种差序的推进形式，把群己的界线弄成了相对性，也可以说是模棱两可了。这和西洋把权利和义务分得清清楚楚的社会，大异其趣。

为自己可以牺牲家，为大家可以牺牲族……这是一个事实上的公式。在这种公式里，你如果说他私呢，他是不能承认的，因为当他牺牲族时，他可以为了家，家在他看来是公的。当他牺牲国家为他小团体谋利益、争权利时，他也是为公，为了小团体的公。在差序格局里，公和私是相对而言的，站在任何一圈里，向内看也可以说是公的。

（选自费孝通《乡土中国·差序格局》，有删改）

材料二

现在是满街都在议论上海的战事了。小伙计们夹在闹里骂"东洋乌龟！"竟也有人当街大呼："再买东洋货就是忘八！"林小姐听着，脸上就飞红了一大片。林先生却还不动神色。大家都卖东洋货，并且大家花了几百块钱以后，都已经奉着特许："只要把东洋商标撕去了就行。"他现在满店的货物都已经称为"国货"，买主们也都是"国货，国货"地说着，就拿走了。在此满街人人为了上海的战事而没有心思想到生意的时候，林先生始终在筹虑他的正事。他还是不肯花重利去借庄款，他去和上海号家的收账客人情商，请他再多等这么一天两天。他的寿生极迟明天傍晚总该会到。

"林老板，你也是明白人，怎么说出这种话来呀！现在上海开了火，说不定明后天火车就不通，我是巴不得今晚上就动身呢！怎么再等一两天？请你今天把账款缴清，明天一早我好走。我也是吃人家的饭，请你照顾照顾罢！"

上海客人毫无通融地拒绝了林先生的情商。林先生看来是无可商量了，只好忍痛去到恒源钱庄去商借。他还恐怕那"钱猢狲"知道他是急用，要趁火打劫，高抬利息。谁知钱庄经理的口气却完全不对了。那痨病鬼经理听完了林先生的申请，并没作答，只管捧着他那老古董的水烟筒卜落落卜落落地呼，直到烧完一根纸吹，这才慢吞吞地说：

"不行了！东洋兵开仗，上海罢市，银行钱庄都封关，知道他们几时弄得好！上海这路一断，敝庄就成了没脚蟹，汇划不通，比尊处再好的户头也只好不做了。对不起，实在爱莫能助！"

林先生呆了一呆，还总以为这痨病鬼经理故意习难，无非是为提高利息作地步，正想结结实实说几句恳求的话，却不料那经理又逼进一步道：

"刚才敝东吩咐过，他得的信儿，这次的乱子恐怕要闹大，叫我们收紧盘子！尊处原欠五百，二十二那天，又是一百，总共是六百，年关前总得扫数归清；我们也算是老主顾，今天先透一个信，免得临时多费口舌，大家面子上难为情。"

"哦——可是小店里也实在为难。要看账头收得怎样。"

林先生呆了半晌，这才呐出这两句话。

"嘿！何必客气！宝号里这几天来的生意比众不同，区区六百块钱，还为难吗？今天是同老兄说明白了，总望扫数归清，我在敝东跟前好交代。"

痨病鬼经理冷冷地说，站起来了。林先生冷了半截身子，瞧情形是万难挽回，只好硬着头皮走出了那家钱庄。他此时这才明白原来远在上海的打仗也要影响到他的小铺子了。今年的年关当真是难过：上海的收账客人立逼着要钱，恒源里不许宕过年，寿生还没回来，知道他怎样了，镇上的账头，去年只收起八成，今年瞧来连八成都捏不稳——横在他前面的路,只有一条:"暂停营业,清理账目!"而这条路也就等于破产,他这铺子里早已没有自己的资本,一旦清理,剩给他的,光景只有一家三口三个光身子!

(选自茅盾《林家铺子》①,有删改)

1.材料二中哪些细节可以体现材料一中"差序格局"的特征?

_____
_____
_____

2.结合材料二小说内容,谈谈你对中国乡土社会"差序格局"特点的看法。

_____
_____
_____

写作宝库

语段一:

以"己"为中心,像石子一般投入水中,和别人所联系成的社会关系,不像团体中的分子一般大家立在一个平面上的,而是像水的波纹一般,一圈圈推出去,愈推愈远,也愈推愈薄。

【应用话题】亲情友情　人际关系

【写作示例】

在探讨个人与社会关系的复杂网络时,我们不妨借用一个生动的比喻:将"己"比作投入水中的一颗石子。当这颗石子落入平静的水面,与之相邻的水面便会荡起涟漪。

在亲友关系中,我们每个人都是这个关系网络的核心,我们的行为、思想乃至情感,都如同石子落入水中,会影响周遭的世界;我们的每一次行动,无论是微小如日常问候,还是重大如人生决策,都会像波纹一样,或远或近地触动着与我们相连的每一个人。我们最亲近的家人和朋友,就像是紧挨着石子落点的水面,他们受到的影响最为直接和强烈,给予我们的反馈也最为重要和直接。亲友的关怀、支持和帮助,是

---

① 〔《林家铺子》〕茅盾著,页019-020,商务印书馆,2021年。

我们背后最强大的精神力量。

语段二：

孔子最注重的就是水纹波浪向外扩张的"推"字。他先承认一个己，推己及人的己，对于这己，得加以克服于礼，克己就是修身。

【应用话题】提升个人道德修养　营造和谐人际关系

【写作示例】

论及营造和谐的人际关系，孔子所提出的"推己及人"思想便闪烁着智慧的光芒，是我们应该积极倡导和实践的道德准则。"推己及人"不仅体现个人道德修养的重要性，也强调人与人之间相互理解和尊重的必要性。它意味着凡事要先从自身做起，注重自我认知和自我体验，进而更好地理解他人的需求和感受，关心和帮助他人，设身处地为他人着想，既能做到"己所不欲，勿施于人"，也能实现"己欲立而立人，己欲达而达人"，从而共同营造一个和谐美好的社会环境。

第五章
系维着私人的道德

思维导图

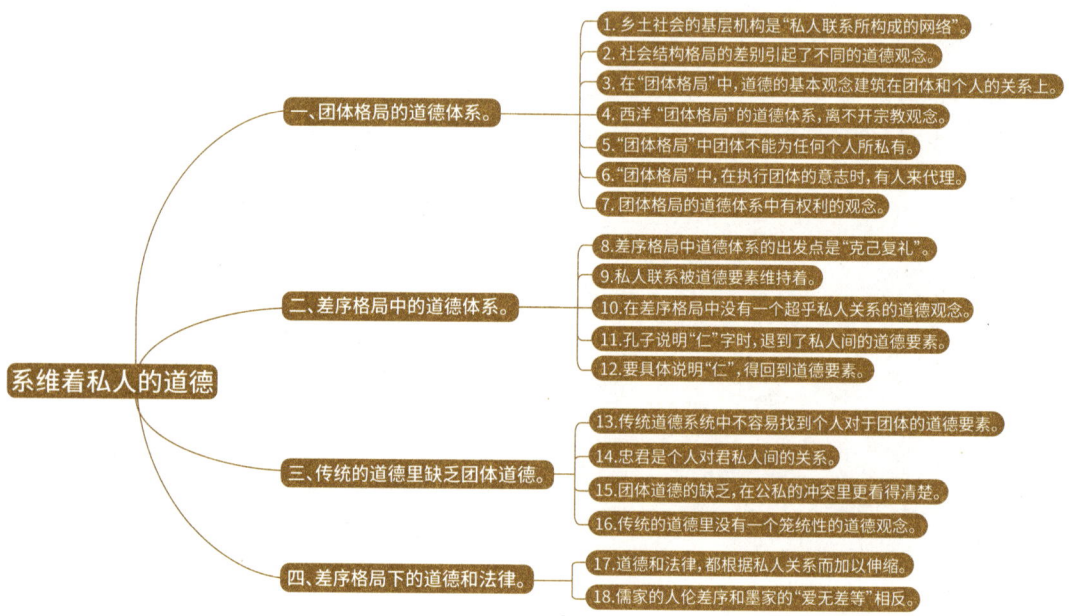

学习任务

1. 对比中西道德体系的哲学基础。
2. 讨论"私人道德"对法治建设的挑战。

关键词

私人道德、普遍道德、儒家伦理

基本概念

1. 私人道德：基于差序格局的伦理，如孝、悌、忠。
2. 普遍道德：西方基于宗教与法律的普适性规范。

内容摘要

乡土社会的道德依附于私人关系，缺乏超血缘的普遍标准；儒家伦理强调"推己及人"，与基督教"平等博爱"形成对比。

中国乡土社会的基层机构是一种我所谓"差序格局"，是一个"一根根私人联系所构成的网络"。这种格局和现代西洋的"团体格局"是不同的。[1]在团体格局里个人间的联系靠着一个共同的架子；先有了这架子，每个人结上这架子，而互相发生关联。"公民"的观念不能不先有个"国家"。这种结构很可能是从初民①民族的"部落"形态中传下来的。部落形态在游牧经济中很显著的是"团体格局"的。生活相依赖的一群人不能单独地、零散地在山林里求生。在他们，"团体"是生活的前提。可是在一个安居的乡土社会，每个人可以在土地上自食其力地生活时，只在偶然的和临时的非常状态中才感觉到伙伴的需要。在他们，和别人发生关系是后起和次要的，而且他们在不同的场合下需要着不同程度的结合，并不显著地需要一个经常的和广被的团体。因之他们的社会采取了"差序格局"。

社会结构格局的差别引起了不同的道德观念。[2]道德观念是在社会里生活的人自觉应当遵守社会行为规范的信念。它包括行为规范、行为者的信念和社会的制裁。它的内容是人和人关系的行为规范，是依着该社会的格局而决定的。从社会观点说，道德是社会对个人行为的制裁力，使他们合于规定下的形式行事，用以维持该社会的生存和绵续②。

> **阅读点拨**
>
> [1] 中西方不同的生活形态决定了不同的社会结构格局。
>
> [2] 中西方不同的社会结构格局又引起了不同的道德观念。

---

① 〔初民〕指远古原始时代的人。
② 〔绵续〕绵延赓续，形容时间的流逝或某种状态的延续，强调了事物长久存在或持续进行的特点。

[1] 西洋团体格局道德基本观念建筑在团体和个人关系上，注重平等和公道。

[2] 上帝、国家象征神或团体，牧师、政府属于"代理者"，执行上帝意志或团体权力。

在"团体格局"中，道德的基本观念建筑在团体和个人的关系上。团体是个超于个人的"实在"，不是有形的东西。我们不能具体地拿出一个有形体的东西来说这是团体。它是一束人和人的关系，是一个控制各个人行为的力量，是一种组成分子生活所依赖的对象，是先于任何个人而又不能脱离个人的共同意志……这种"实在"只能用有形的东西去象征它、表示它。在"团体格局"的社会中才发生笼罩万有的神的观念。团体对个人的关系就象征在神对于信徒的关系中，是个有赏罚的裁判者，是个公正的维持者，是个全能的保护者。

我们如果要了解西洋的"团体格局"社会中的道德体系，[1]决不能离开他们的宗教观念的。宗教的虔诚和信赖不但是他们道德观念的来源，而且还是支持行为规范的力量，是团体的象征。在象征着团体的神的观念下，有着两个重要的派生观念：一是每个个人在神前的平等，一是神对每个个人的公道。

耶稣称神是父亲，是个和每一个人共同的父亲，他甚至当着众人的面否认了生育他的父母。为了要贯彻这"平等"，基督教的神话中，耶稣是童贞女所生的。亲子间个别的和私人的联系在这里被否定了。其实这并不是"无稽之谈"，而是有力的象征，象征着"公有"的团体，团体的代表——神，必须是无私的。每个"人子"，耶稣所象征的"团体构成分子"，在私有的父亲外必须有一个更重要的与人相共的"天父"，就是团体。——这样每个个人人格上的平等才能确立，每个团体分子和团体的关系是相等的。团体不能为任何个人所私有。在这基础上才发生美国《独立宣言》①中开宗明义的话："全人类生来都平等，他们都有天赋不可夺的权利。"

可是上帝是在冥冥之中，正象征团体无形的实在；但是在执行团体的意志时，还得有人来代理。"代理者"Minister是团体格局的社会中一个基本的概念。执行上帝意志的牧师是Minister，执行团体权力的官吏也是Minister，都是"代理者"，而不是神或团体的本身。这上帝和牧师、国家和政府的分别是不容混淆的。[2]在基督教历史里，人们一度再度地要求直接和

---

① 〔《独立宣言》〕是北美洲十三个英属殖民地宣告大不列颠王国独立，并组成独立的美利坚合众国的纲领性文件。

上帝交通，反抗"代理者"不能真正代理上帝的意旨。同样地，实际上是相通的，也可以说是一贯的，美国《独立宣言》可以接下去说："人类为了保障这些权利，所以才组织政府，政府的适当力量，须由受治者的同意中产生出来；假如任何政体有害于这些目标，人民即有改革或废除任何政体之权。这些真理，我们认为是不证自明的。"

神对每个个人是公道的，是一视同仁的，是爱的；如果代理者违反了这些"不证自明的真理"，代理者就失去了代理的资格。团体格局的道德体系中于是发生了权利的观念。人对人得互相尊重权利，团体对个人也必须保障这些个人的权利，防止团体代理人滥用权力，于是产生了宪法。宪法观念是和西洋公务观念相配合的。国家可以要求人民的服务，但是国家也得保证不侵害人民的权利，[1]在公道和爱护的范围内行使权力。

我说了不少关于"团体格局"中道德体系的话，目的是在陪衬出"差序格局"中道德体系的特点来。从它们的差别上看去，很多地方是刚刚相反的。在以自己作中心的社会关系网络中，最主要的自然是"克己复礼①"，"壹是皆以修身为本②"。——这是差序格局中道德体系的出发点。[2]

从己向外推以构成的社会范围是一根根私人联系，每根绳子被一种道德要素维持着。社会范围是从"己"推出去的，而推的过程里有着各种路线，最基本的是亲属：亲子和同胞，相配的道德要素是孝和悌。"孝悌也者，其为仁之本欤。③"向另一路线推是朋友，相配的是忠信。"为人谋而不忠乎？与朋友交而不信乎？④""主忠信，无友不如己者。⑤"孔子曾总结

[1] 团体格局的道德体系中又陆续发生了权利、宪法、公务等概念。

[2] 注意乡土社会差序格局的道德体系的出发点和两条推进路线，及与之相配的道德要素。

---

① 〔克己复礼〕语出《论语·颜渊》。"克己复礼为仁"，指约束自我，使言行归复于先王之礼。
② 〔壹是皆以修身为本〕语出《大学》。人人一律都要把修养自身品德作为根本。壹是，一概，一律。
③ 〔孝弟（tì）也者，其为仁之本欤〕语出《论语·学而》。孝敬父母，尊敬兄长，这就是仁道的根本吧。弟，音义同"悌"（tì）。
④ 〔为人谋而不忠乎，与朋友交而不信乎〕语出《论语·学而》。为别人办事是不是尽心竭力了呢？同朋友交往是不是做到诚实可信了呢？
⑤ 〔主忠信，无友不如己者〕语出《论语·学而》。君子应该以忠诚和守信为主要信仰，不要和（在忠和信的准则坚守上）不如自己的人交朋友。

说:"弟子入则孝,出则悌,谨而信,泛爱众,而亲仁。①"

在这里我得提一提这比较复杂的观念"仁"。依我以上所说的,差序格局中并没有一个超乎私人关系的道德观念,这种超己的观念必须在团体格局中才能发生。孝、悌、忠、信都是私人关系中的道德要素。但是孔子却常常提到那个"仁"字。《论语》中对于"仁"字的解释最多,但是也最难捉摸。一方面他一再地要给"仁"字明白的解释,而另一方面却又有"子罕言利,与命与仁②"。孔子屡次对于这种道德要素"欲说还止"。

司马牛问仁。子曰,"仁者其言也讱。③"曰,"其言也讱,斯谓之仁已乎?"子曰:"为之难,言之得无讱乎?"④

子曰:"我未见好仁者。……盖有之矣,我未之见也。⑤"

孟武伯问:"子路仁乎?"子曰:"不知也。"又问。子曰:"由也,千乘之国,可使治其赋也,不知其仁也。""求也何如?"子曰:"求也,千室之邑,百乘之家,可使为之宰也,不知其仁也。""赤也何如?"子曰:"赤也,束带立于朝,可使与宾客言也,不知其仁也。"

孔子有不少次数说"不够说是仁",但是当他积极地说明"仁"字是什么时,他却退到了"克己复礼为仁""恭宽信敏惠"⑥这一套私人间的道德要素了。他说:"能行五者于天下

---

① 〔弟子入则孝,出则悌,谨而信,泛爱众,而亲仁〕语出《论语·学而》。一个年轻人,在家要孝顺父母,出门要敬顺兄长,谨慎而有信用,博爱众人而亲近有仁德的人。
② 〔子罕言利,与命与仁〕语出《论语·子罕》。孔子很少谈到功利,却赞成天命,赞许仁德。
③ 〔仁者其言也讱(rèn)〕语出《论语·颜渊》。仁人出言缓慢谨慎。
④ 〔其言也讱……言之得无讱乎〕司马牛说:"出言缓慢谨慎,这就是仁吗?"孔子说:"(照着说出去的话)做事情很难,说话怎么能不缓慢谨慎呢?"
⑤ 〔我未见好仁者……我未之见也〕语出《论语·里仁》。孔子说:"我没有见过喜爱仁德的人。……大概这种人还是有的,但我没见过。"
⑥ 〔恭宽信敏惠〕语出《论语·阳货》,指子张问仁于孔子,孔子提出的关于"仁"的五个德目。恭,庄重;宽,宽厚;信,诚信;敏,勤敏;惠,慈惠。

为仁矣。……恭则不侮，宽则得众，信则人任焉，敏则有功，惠则足以使人。①"

孔子的困难是在"团体"组合并不坚强的中国乡土社会中并不容易具体地指出一个笼罩性的道德观念来。[1]仁这个观念只是逻辑上的总合，一切私人关系中道德要素的共相，但是因为在社会形态中综合私人关系的"团体"的缺乏具体性，只有个广被的"天下归仁②"的天下，这个和"天下"相配的"仁"也不能比"天下"观念更为清晰。所以凡是要具体说明时，还得回到"孝悌忠信"那一类的道德要素。正等于要说明"天下"时，还得回到"父子、昆弟③、朋友"这些具体的伦常关系。不但在我们传统道德系统中没有一个像基督教里那种"爱"的观念——不分差序的兼爱；而且我们也很不容易找到个人对于团体的道德要素。在西洋团体格局的社会中，公务，履行义务，是一个清楚明白的行为规范。而这在中国传统中是没有的。[2]现在我们有时把"忠"字抬出来放在这位置上，但是"忠"字的意义，在《论语》中并不如此。我在上面所引"为人谋而不忠乎"一句中的"忠"，是"忠恕④"的注解，是"对人之诚"。"主忠信"的"忠"，可以和"衷"字相通，是"由衷"之意。

子张问曰："令尹子文三仕为令尹，无喜色；三已之，无愠色。旧令尹之政，必以告新令尹。何如？"子曰："忠矣。"⑤这个"忠"字虽则近于"忠于职务"的"忠"字，但

[1] 注意孔子屡次对于"仁"这种道德要素"欲说还止"的原因。

[2] 乡土社会差序格局道德观念中的"忠"，和西洋团体格局的"履行义务"，有着根本性的不同。

---

① 〔能行五者……惠则足以使人〕语出《论语·阳货》。能在天下实行五种品格就是仁了。——庄重就不会遭受侮辱，宽厚就得众人之心，诚信就能被人任用，勤敏就能卓有成效，慈惠就能很好地使唤人。
② 〔天下归仁〕语出《论语·颜渊》。天下的人就会称赞你是个仁人了。归，称赞，称许。
③ 〔昆弟〕义为同昆仲，指兄和弟，也包括近房和远房的兄弟。比喻亲密友好。也指同辈的人。
④ 〔忠恕〕忠，谓尽心为人；恕，谓推己及人。出自《论语·里仁》："夫子之道，忠恕而已矣。"
⑤ 〔令尹子文……忠矣〕语出《论语·公冶长》。子张问道："令尹子文数次担任令尹，没显出高兴的样子，数次被罢免，也没显出怨恨的样子。他还必定把自己任令尹的政事告诉接替他的新令尹。他这个人怎么样呢？"孔子说："这人忠啊。"

是并不包含对于团体的"矢忠①"。其实,在《论语》中,"忠"字甚至并不是君臣关系间的道德要素。君臣之间以"义"相结合。"君子之仕也,行其义也。"②所以"忠臣"的观念可以说是后起的,而忠君并不是个人与团体的道德要素,而依旧是对君私之间的关系。

  团体道德的缺乏,在公私的冲突里更看得清楚。就是负有政治责任的君王,也得先完成他私人间的道德。孟子《尽心上篇》有:桃应问曰,"舜为天子,皋陶为士,瞽瞍杀人,则如之何?"孟子曰:"执之而已矣。"③"然则舜不禁与?"曰:"夫舜恶得而禁之?夫有所受之也。"④"然则舜如之何?"曰:"舜视弃天下,犹弃敝蹝也。窃负而逃,遵海滨而处,终身䜣然,乐而忘天下。"⑤——这是说舜做了皇帝,不能用对其他国民一样的态度去对待他的父亲。孟子所回答的是这种冲突的理想解决法,他还是想两全,所以想出逃到海滨不受法律所及的地方去的办法。他这样回答是可以的,因为所问的也并非事实问题。另一个地方,孟子所遇到的问题,却更表现了道德标准的缺乏普遍性了。万章问曰:"象日以杀舜为事,立为天子,则放之,何也?"孟子曰:"封之也,或曰放焉。"⑥万章曰:"象至不仁,封之有庳,有庳之人奚罪焉?

---

① 〔矢(shǐ)忠〕立誓效忠。矢忠不二,立誓忠心到底决不改变。
② 〔君子之仕也,行其义也〕语出《论语·微子》。君子出来做官,只是为了实行君臣之义。
③ 〔舜为天子……执之而已矣〕语出《孟子·尽心上》。桃应问道:"假如舜做天子,皋陶(gāo yáo)执行法律,要是舜的父亲瞽瞍(gǔ sǒu)杀了人,该怎么办?"孟子说:"逮捕他就是了。"
④ 〔然则舜不禁与……夫有所受之也〕桃应说:"那么舜不会制止他们吗?"孟子说:"舜怎么能阻止皋陶不执行法律呢?舜作为天子就要接受这个国家的法律。" 恶(wū),疑问代词,怎么。
⑤ 〔然则舜如之何……乐而忘天下〕桃应又问:"那么舜该怎么办呢?"孟子说:"舜把抛弃王位看作像扔掉破鞋一样。他会偷偷背着父亲逃跑,到沿海边住下,终生高高兴兴,快乐得忘记曾经拥有过天下。" 敝蹝(xǐ),破旧的草鞋。䜣(xīn)然,欣喜,高兴的样子。䜣,同"欣"。
⑥ 〔万章曰:"象日以杀舜……或曰放焉。"〕语出《孟子·万章上》。万章问:"象每天把杀害舜作为事务,舜被拥立为天子后只是将他流放,这是为什么呢?"孟子说:"实际是封了他做诸侯,但也有人说是流放他。"象,舜的异母弟。有庳(bì),古地名,又名鼻墟、鼻亭。相传舜封其弟象于此。故址在今湖南省道县北。

仁人固如是乎？在他人则诛之，在弟则封之？"孟子的回答是："身为天子，弟为匹夫，可谓亲爱之乎？"①

一个差序格局的社会，是由无数私人关系搭成的网络。这网络的每一个结都附着一种道德要素，因之，传统的道德里不另找出一个笼统性的道德观念来，所有的价值标准也不能超脱于差序的人伦而存在了。

中国的道德和法律，都因之得看所施的对象和"自己"的关系而加以程度上的伸缩。我见过不少痛骂贪污的朋友，遇到他的父亲贪污时，不但不骂，而且代他讳隐。更甚的，他还可以向父亲要贪污得来的钱，同时骂别人贪污。等到自己贪污时，还可以"能干"两字来自解。这在差序社会里可以不觉得是矛盾；因为在这种社会中，一切普遍的标准并不发生作用，一定要问清了，对象是谁，和自己是什么关系之后，才能决定拿出什么标准来。

团体格局的社会里，在同一团体的人是"兼善"的，就是"相同"的。孟子最反对的就是那一套。他说："夫物之不齐，物之情也，子比而同之，是乱天下也。②"墨家的"爱无差等③"，和儒家的人伦差序恰恰相反，[1]所以孟子要骂他无父无君了。

 阅读点拨

[1] 请对比思考一下：儒家和墨家"爱人"的不同内涵。

---

① 〔万章曰："象至不仁……可谓亲爱之乎？"〕万章说："象是个很不仁的人，却将他封在有庳国，有庳国的人又有什么罪过？仁人做事难道就这样吗？他人有罪就惩罚，弟弟有罪就封他为诸侯？"孟子说："本身是天子，弟弟却是平民，难道能够称之为亲近和爱护吗？"奚，疑问代词，什么。
② 〔夫物之不齐……是乱天下也〕语出《孟子·滕文公上》。孟子说："物品千差万别，这是客观情形。你把它们放在一起等同看待，这是扰乱天下罢了。"
③ 〔爱无差等〕即"兼爱"，为战国墨家伦理思想。墨子反对儒家"爱有等差""亲亲有术"的说法，提出"兼相爱，交相利"的观点，主张爱人无分差别等级，不分厚薄亲疏、贵贱远近、尊卑上下，主张把兼爱与实现人们物质利益方面的平等互利相联系，表现出对功利的重视。语出《孟子·滕文公上》："之则以为爱无差等。"之，墨者夷之，墨子弟子。

理解与思考

1. 根据文章内容，写出下列概念的含义。

   （1）团体道德：

   （2）私人道德：

   （3）代理者：

2. 相对西洋团体格局的道德观念，乡土社会的道德观念有着四点"缺乏"，作者是如何阐释和论证的？请你结合文本分析。

3. 墨子的弟子夷之，主张墨家伦理思想"爱无差等"，而孟子却骂他"无父无君"，为什么？

材料题

阅读下面的文字，完成后面的题目。

材料一：

雨村道："方才何故不令发签？"门子道："老爷既荣任到此，难道就没抄一张本省的'护官符'来不成？"雨村忙问："何为'护官符'？我竟不知。"门子道："如今凡作地方官的都有一个私单，上面写的是本省最有权势极富贵的大乡绅名姓，各省皆然；倘若不知，一时触犯了这样的人家，不但官爵，只怕连性命也难保呢！——所以叫做'护官符'。方才所说的这薛家，老爷如何惹得他！他这件官司并无难断之处，从前的官府，都因碍着情分脸面，所以如此。"一面说，一面从顺袋中取出一张抄的"护官符"来，递与雨村，看时，上面皆是本地大族名宦之家的俗谚口碑，云：

贾不假，白玉为堂金作马。
阿房宫，三百里，住不下金陵一个史。
东海缺少白玉床，龙王来请金陵王。
丰年好大"雪"，珍珠如土金如铁。

门子道："这四家皆连络有亲，一损俱损，一荣俱荣，今告打死人之薛，就是'丰年大雪'之'薛'，——不单靠这三家，他的世交亲友在都在外的本也不少，老爷如今拿谁去？"雨村听说，便笑问门子道："这样说来，却怎么了结此案？"

门子笑道："——这且别说，老爷可知这被卖的丫头是谁？"雨村道："我如何晓得？"门子冷笑道："这人还是老爷的大恩人呢！他就是葫芦庙旁住的甄老爷的女儿，小名英莲的。"雨村骇然道："原来是他！"叹道："这也是他们的孽障遭遇，只目今这官司如何剖断才好？"门子笑道："老爷当年何其明决，今日何反成个没主意的人了！小的听见老爷补升此任，系贾府王府之力；此薛蟠即贾府之亲：老爷何不顺水行舟，做个人情，将此案了结，日后也好去见贾王二公。"雨村道："你说的何尝不是。但事关人命，蒙皇上隆恩起复委用，正竭力图报之时，岂可因私枉法，是实不忍为的。"门子听了冷笑道："老爷说的自是正理，但如今世上是行不去的！岂不闻古人说的'大丈夫相时而动'，又说'趋吉避凶者为君子'，依老爷这话，不但不能报效朝廷，亦且自身不保：还要三思为妥。"

雨村低了头，半日说道："依你怎么着？"门子道："小人已想了个很好的主意在此：老爷明日坐堂，只管虚张声势，动文书，发签拿人，——凶犯自然是拿不来的，原告固是不依，只用将薛家族人及奴仆人等拿几个来拷问，小的在暗中调停，令他们报个'暴病身亡'，合族中及地方上共递一张保呈，老爷只说善能扶鸾请仙，堂上设了乩坛，令军民人等只管来看，老爷便说：'乩仙批了，死者冯渊与薛蟠原系冤孽，今狭路相遇，原因了结。今薛蟠已得了无名之病，被冯渊的魂魄追索而死。其祸皆由拐子而起，除将拐子按法处治外，余不累及……'等语。小人暗中嘱咐拐子，令其实招；众人见乩仙批语与拐子相符，自然不疑了。薛家有的是钱，老爷断一千也可，五百也可，与冯家作烧埋之费；那冯家也无甚要紧的人，不过为的是钱，有了银子，也就无话了。——老爷细想，此计如何？"雨村笑道："不妥，不妥。等我再斟酌斟酌，压服得口声才好。"二人计议已定。

至次日坐堂，勾取一干有名人犯，雨村详加审问，果见冯家人口稀少，不过赖此欲得些烧埋之银；薛家仗势倚情，偏不相让，故致颠倒未决。雨村便徇情枉法，胡乱判断了此案，冯家得了许多烧埋银子，也就无甚话说了。雨村便疾忙修书二封与贾政并京营节度使王子腾，不过说"令甥之事已完，不必过虑"之言寄去。此事皆由葫芦庙内沙弥新门子所为，雨村又恐他对人说出当日贫贱时事来，因此心中大不乐意；后来到底寻了他一个不是，远远的充发了才罢。

（选自曹雪芹《红楼梦》[①]第四章，有删节）

材料二：

团体道德的缺乏，在公私的冲突里更看得清楚。就是负有政治责任的君王，也得先完成他私人间的道德。孟子《尽心上篇》有：桃应问曰，"舜为天子，皋陶为士，瞽瞍杀人，则如之何？"孟子曰："执之而已矣。""然则舜不禁与？"曰："夫舜恶得而禁之？夫有所受之也。""然则舜如之何？"曰："舜视弃天下，犹弃敝蹝也。窃负而逃，遵海滨而处，终身䜣然，乐而忘天下。"——这是说舜做了皇帝，不能用对其他国民一样的态度去对待他的父亲。孟子所回答的是这种冲突的理想解决法，他还是想两全，所以想出逃到海滨不受法律所及的地方去的办法。他这样回答是可以的，因为所问的也并非事实问题。另一个地方，孟子所遇到的问题，却更表现了道德标准的缺乏普遍性了。万章问曰："象日以杀舜为事，立为天子，则放之，何也？"孟子曰："封之也，或曰放焉。"万章曰："象至不仁，封之有庳，有庳之人奚罪焉？仁人固如是乎？在他人则诛之，在弟则封之？"孟子的回答是："身为天子，弟为匹夫，可谓亲爱之乎？"

一个差序格局的社会，是由无数私人关系搭成的网络。这网络的每一个结都附着一种道德要素，因之，传统的道德里不另找出一个笼统性的道德观念来，所有的价值标准也不能超脱于差序的人伦而存在了。

中国的道德和法律，都因之得看所施的对象和"自己"的关系而加以程度上的伸

[①] 〔《红楼梦》〕曹雪芹著，页57—62，人民文学出版社，2008年。

缩。我见过不少痛骂贪污的朋友，遇到他的父亲贪污时，不但不骂，而且代他讳隐。更甚的，他还可以向父亲要贪污得来的钱，同时骂别人贪污。等到自己贪污时，还可以"能干"两字来自解。这在差序社会里可以不觉得是矛盾；因为在这种社会中，一切普遍的标准并不发生作用，一定要问清了，对象是谁，和自己是什么关系之后，才能决定拿出什么标准来。

（选自费孝通《乡土中国·系维着私人的道德》，有删节）

1. 结合两则材料的内容分析，分析材料一《红楼梦》第四回"葫芦僧乱判葫芦案"中哪些情节能够佐证材料二的观点？

2. 费孝通提到：在西洋团体格局中，如果代理者违反了"公道""平等"这些"不证自明的真理"，代理者就失去了代理的资格。而材料二中，大舜对杀人的父亲瞽瞍"窃负而逃"，对每天想杀自己的弟弟象"封之有庳"，孟子却对此表示理解。结合材料，你怎么看中西方民众对执政者的不同态度？

写作宝库

语段一：

团体是个超于个人的"实在"，不是有形的东西。我们不能具体地拿出一个有形体的东西来说这是团体。它是一束人和人的关系，是一个控制各个人行为的力量，是一种组成分子生活所依赖的对象，是先于任何个人而又不能脱离个人的共同意志。

【应用话题】个人与团体　相互依存、相互促进

【写作示例】

个人，如繁星点点，独自闪烁，却也渴望融入夜空的浩瀚；团体，则似银河倾泻，汇聚万千光芒，照亮前行的道路。如费孝通而言："团体，是一束人和人的关系，是一个控制各个人行为的力量，是一种组成分子生活所依赖的对象，是先于任

何个人而又不能脱离个人的共同意志。"在个人与团体的交织中,我们既是独立的歌者,也是合唱的一员。个人的独特旋律,在团体的和声中更加悠扬;团体的磅礴力量,亦因个人的精彩演绎而更加生动。我们织就梦想的经纬,共舞在人生的舞台上,携手绘制出一幅幅壮丽的画卷,书写着个人与团体相得益彰的华章。

语段二:

道德观念是在社会里生活的人自觉应当遵守社会行为规范的信念。它包括着行为规范、行为者的信念和社会的制裁。它的内容是人和人关系的行为规范,是依着该社会的格局而决定的。从社会观点说,道德是社会对个人行为的制裁力,使他们合于规定下的形式行事,用以维持该社会的生存和绵续。

【应用话题】道德规范 自律自觉 修养品德

【写作示例】

道德规范,是社会的经纬,织就文明的锦绣;自律自觉,则似磐石固志,让我们在诱惑面前不失本心。在人生的舞台上,我们既是演员,亦是导演,修养品德,则是我们永恒的剧本。正如费孝通所言:"道德观念是在社会里生活的人自觉应当遵守社会行为规范的信念。它包括行为规范、行为者的信念和社会的制裁。"在道德规范的光芒下,我们学会自律,学会谦逊与尊重,以坚韧之心,抵御浮华;在自律的锤炼中,我们修养品德,懂得坚守与奉献,以温润之姿,拥抱世界。如此,我们方能以道德规范为尺,自律自觉为镜,修养品德为笔,书写出一段段精彩纷呈、德艺双馨的人生篇章。

第六章 家族

思维导图

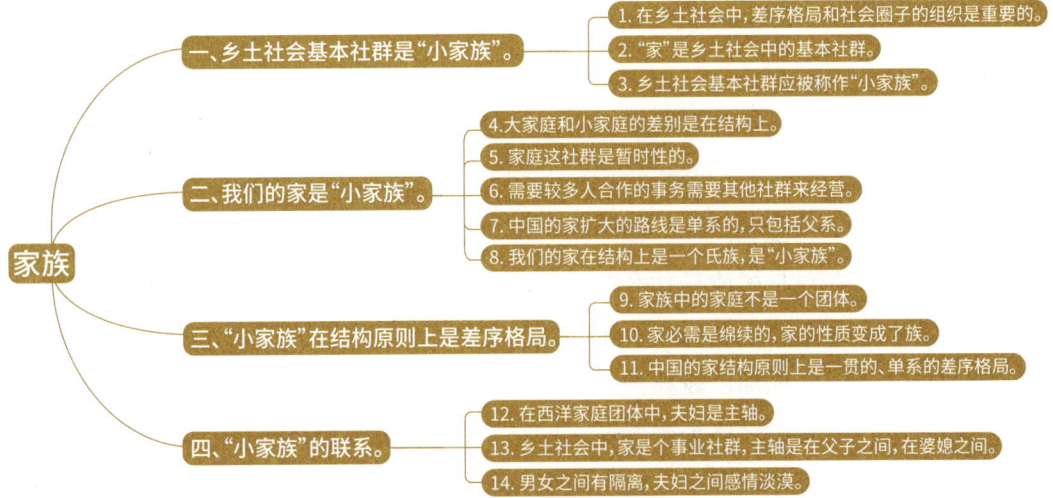

学习任务

1. 分析家族与家庭的功能差异。
2. 探讨"事业社群"对现代企业管理的启示。

关键词

家族、事业社群、主轴与配轴

基本概念

1. 事业社群：家族承担生育、经济、政治等多重功能。

2.主轴关系：乡土家族以父子关系为核心，夫妇为配角。

内容摘要

中国家族是纵向延续的事业组织，强调效率与纪律；西方家庭以夫妇情感为纽带，功能单一。

阅读点拨

[1]"社群"组织分为西、中两类：团体格局的"团体"和差序格局的"社会圈子"。

[2]作者界定的"团体"意义狭窄，界限分明，只指西方团体格局中的社群，不同于通常所说的"团体"。

我曾在以上两篇中，从群己的关系上讨论到社会结构的格局。我也在那章里提出了若干概念，比如"差序格局"和"团体格局"。我知道这些生疏的名词会引起读者的麻烦，但是为了要表明一些在已有社会学词汇里所没有确当名词来指称的概念，我不能不写下这些新的标记。这些标记并没有使我完全满意，而且也有容易引起误会的地方。譬如有一位朋友看过我那一章的分析之后，曾摇头说，他不能同意我说中国乡土社会里没有团体。他举出了家庭、氏族、邻里、街坊、村落，这些不是团体是什么？显然我们用同一名词指着不同的实体。我为了要把结构不同的两类"社群"[1]分别出来，所以把"团体"一词加以较狭的意义，只指由团体格局中所形成的社群，用以和差序格局中所形成的社群相区别；后者称之作"社会圈子"，把社群来代替普通所谓团体。社群是一切有组织的人群。在那位朋友所列举的各种社群中，大体上都属于我所谓社会圈子的性质。在这里我可以附带说明，我并不是说中国乡土社会中没有"团体"，一切社群都属于社会圈子性质，譬如钱会，即"赓^①"，显然是属团体格局的；我在这个分析中只想从主要的格局说，[2]在中国乡土社会中，差序格局和社会圈子的组织是比较的重要。同样地，在西洋现代社会中差序格局存在的，但比较上不重要罢了。这两种格局本是社会结构的基本形式，在概念上可以分得清，在事实上常常可以并存的，可以看得到

---

① 〔赓（cóng）〕即钱会，指为了融资或互助，而曾经流行于部分地区的一种民间经济信用互助组织。钱会内外界限分明，不能模糊，属于费孝通所说的团体格局组织。

的，不过各有偏胜①罢了。

在概念上把这两种格局和两种组织区别出来并不是多余的，因为这个区别确可帮助我们对社会结构获得许多更切实的了解，免除种种混淆。在这里我将接着根据这套概念去看中国乡土社会中的基本社群——"家"的性质。

我想在这里提出来讨论的是我们乡土社会中的基本社群，这社群普通被称为"大家庭"的。我在《江村经济》②中把它称作"扩大了的家庭"（Expanded family）。这些名词的主体是"家庭"，在家庭上加一个小或大的形容词来说明中国和西洋性质上相同的"家庭"形式上的分别。可是我现在看来却觉得这并不妥当，比较确当的应该称中国乡土社会基本社群作"小家族"。

我提出这新名词来的原因是想从结构的原则上去说明中西社会里"家"的区别。[1]我们普通所谓大家庭和小家庭的差别绝不是在大小上，不是在这社群所包括的人数上，而是在结构上。一个有十多个孩子的家并不构成"大家庭"的条件，一个只有公婆儿媳四个人的家却不能称之为"小家庭"。在数目上说，前者比后者为多，但在结构上说，后者却比前者为复杂，两者所用的原则不同。

家庭这概念在人类学上有明确的界说③：这是个亲子所构成的生育社群。亲子指它的结构，生育指它的功能。亲子是双系的，兼指父母双方；子女限于配偶所生出的孩子。这种社群的结合是为了子女的生和育。在由个人来担负孩子生育任务的社会里，这种社群是不会少的。但是生育的功能，就每个个别的家庭说，是短期的，孩子们长成了也就脱离了他们的父母的

[1] 注意中西社会里的"家"在形态上的区别。

---

① 〔偏胜〕指一方超越另一方，失去平衡。也指某一方面有过人之处。
② 〔《江村经济》〕费孝通的著作，全称为《中国农民的生活——一个长江流域乡村生活的田野调查》，是作者通过对江苏吴江太湖东南岸"开弦弓村"的实地考察，对农村的地理环境和农民的政治、经济、文化、生活等方面所作的一个社会学调查报告，描述了当时中国农民的家庭结构、经济生产、消费交易、财产分配与继承等。
③ 〔界说〕定义的旧称。指对事物的本质及特征或对概念的内涵和外延进行的确切而简要的说明。

抚育，去经营他们自己的生育儿女的事务，一代又一代。家庭这社群因之是暂时性的。从这方面说，家庭这社群和普通的社群不完全一样。学校、国家这些社群并不是暂时的，虽则事实上也不是永久的，但是都不是临时性的，因为它们所具的功能是长期性的。家庭既以生育为它的功能，在开始时就得准备结束。抚育孩子的目的就在结束抚育。关于这一层意思我在《生育制度》①一书中有详细的讨论。

但是在任何文化中，家庭这社群总是赋有生育之外其他的功能。夫妇之间的合作并不因儿女长成而结束。如果家庭不变质，限于亲子所构成的社群，在它形成伊始，以及儿女长成之后，有一段期间只是夫妇的结合。夫妇之间固然经营着经济的、感情的、两性的合作，但是所经营的事务受着很大的限制，凡是需要较多人合作的事务就得由其他社群来经营了。

在西洋，家庭是团体性的社群，这一点我在上面已经说明有严格的团体界限。因为这缘故，这个社群能经营的事务也很少，主要的是生育儿女。可是在中国乡土社会中，家并没有严格的团体界限，这社群里的分子可以依需要，沿亲属差序向外扩大。构成这个我所谓社圈的分子并不限于亲子。但是在结构上扩大的路线却有限制。中国的家扩大的路线是单系的，就是只包括父系这一方面；除了少数例外，家并不能同时包括媳妇和女婿。在父系原则下女婿和结了婚的女儿都是外家人。在父系方面却可以扩大得很远，五世同堂的家，可以包括五代之内所有父系方面的亲属。

这种根据单系亲属原则所组成的社群，在人类学中有个专门名称，叫氏族②。我们的家在结构上是一个氏族。但是和

---

① 〔《生育制度》〕费孝通的一部关于家庭社会学的著作，主要论述了家庭所担负的有关生育子女的若干问题。作者以功能主义理论为基础，讨论了与种族延续有关的一整套活动体系：配偶的选择、婚姻关系、家庭组织、双系抚育、父母的权力、世代的隔膜、社会继替、亲属的扩展等。
② 〔氏族〕也叫氏族公社，是原始社会中按母系或父系血缘组成的基本的社会组织形式，是人类社会普遍存在的最早的生产组织和社会单位。文中指人类学中的专门名称，是根据单系亲属原则所组成的社群，是一个事业组织，赋有政治、经济、宗教等复杂的功能。

普通我们所谓族也不完全相同，[1]因为我们所谓族是由许多家所组成，是一个社群的社群。因之，我在这里提了这个"小家族"的名词。小家族和大家族在结构原则上是相同的，不相同是在数量、在大小上。——这是我不愿用大家庭，而用小家族的原因。一字的相差，却说明了这社群的结构性质。

家族在结构上包括家庭，[2]最小的家族也可以等于家庭。因为亲属的结构的基础是亲子关系，父母子的三角。家族是从家庭基础上推出来的。但是包括在家族中的家庭只是社会圈子中的一轮，不能说它不存在，但也不能说它自成一个独立的单位，不是一个团体。

形态上的差异，也引起了性质上的变化。[3]家族虽则包括生育的功能，但不限于生育的功能。依人类学上的说法，氏族是一个事业组织，再扩大就可以成为一个部落。氏族和部落赋有政治、经济、宗教等复杂的功能。我们的家也正是这样。我的假设是中国乡土社会采取了差序格局，利用亲属的伦常去组合社群，经营各种事业，使这基本的家，变成氏族性了。一方面我们可以说在中国乡土社会中，不论政治、经济、宗教等功能都可以利用家族来担负；另一方面也可以说，为了要经营这许多事业，家的结构不能限于亲子的小组合，必须加以扩大。而且凡是政治、经济、宗教等事物都需要长期绵续性的，这个基本社群决不能像西洋的家庭一般是临时的。[4]家必须是绵续的，不因个人的长成而分裂，不因个人的死亡而结束，于是家的性质变成了族。氏族本是长期的，和我们的家一般。我称我们这种社群作小家族，也表示了这种长期性在内，和家庭的临时性相对照。

中国的家是一个事业组织，家的大小是依着事业的大小而决定的。[5]如果事业小，夫妇两人的合作已够应付，这个家也可以小得等于家庭；如果事业大，超过了夫妇两人所能担负时，兄弟伯叔全可以集合在一个大家里。这说明了我们乡土社会中家的大小变异可以很甚。但不论大小上差别到什么程度，结构原则上却是一贯的、单系的差序格局。

以生育社群来担负其他很多的功能，使这社群中各分子的关系的内容也发生了变化。在西洋家庭团体中，夫妇是主轴，夫妇共同经营生育事务，子女在这团体中是配角，他们长成了

阅读点拨

[1] 氏族的功能广泛复杂，家族的功能相对有限，通常局限于家族内部事务。

[2] 注意家族和家庭的相互关系。

[3] 承上启下句。

[4] 注意中西方社会里的"家"在性质上的不同。

[5] 差序格局的体现。

阅读点拨

[1] 所谓"举案齐眉""相敬如宾",实则更侧重于妻子对丈夫的敬。

就离开这团体。在他们,政治、经济、宗教等功能有其他团体来担负,不在家庭的分内。夫妇成为主轴,两性之间的感情是凝合的力量。两性感情的发展,使他们的家庭成了获取生活上安慰的中心。我在《美国人的性格》①一书中曾用"生活堡垒"一词去形容它。

在我们的乡土社会中,家的性质在这方面有着显著的差别。我们的家既是个绵续性的事业社群,它的主轴是在父子之间,在婆媳之间,是纵的,不是横的。夫妇成了配轴。配轴虽则和主轴一样并不是临时性的,但是这两轴却都被事业的需要而排斥了普通的感情。我所谓普通的感情是和纪律相对照的。一切事业都不能脱离效率的考虑。求效率就得讲纪律;纪律排斥私情的宽容。在中国的家庭里有家法,在夫妇间得相敬,[1] 女子有着三从四德②的标准,亲子间讲究负责和服从。这些都是事业社群里的特色。

不但在大户人家,书香门第,男女有着阃③内阃外的隔离,就是在乡村里,夫妇之间感情的淡漠也是日常可见的现象。我在乡间调查时特别注意过这问题,后来我又因疏散下乡,和农家住在一所房子里很久,更使我认识了这事实。我所知道的乡下夫妇大多是"用不着多说话的""实在没有什么话可说的"。一早起各人忙着各人的事,没有工夫说闲话。出了门,各做各的。妇人家如果不下田,留在家里带孩子。工做完了,男子们也不常留在家里,男子汉如果守着老婆,没出息。有事在外,没事也在外。茶馆、烟铺,甚至街头巷口,是男子

---

① 〔《美国人的性格》〕费孝通的经典名作,是费孝通于20世纪40年代在美国读书和考察及80年代重访美国的笔记和观感,着重分析了美国人的性格及这种性格在推动美国走向繁荣富强道路上的作用,并对比了美国文化与欧洲文化、美国人与欧洲人的区别,美国文化与中国文化、东方文明与西方文明的差异。
② 〔三从四德〕中国古代封建社会妇女的道德标准,是儒家礼教根据"内外有别""男尊女卑"的原则,用于约束妇女的行为准则与道德规范。"三从"指:未嫁从父、出嫁从夫、夫死从子。"四德"指:妇德、妇言、妇容、妇功,即修养品德,言语得当,仪态端庄,掌握劳技。
③ 〔阃(kǔn)〕门槛。文中指闺门,妇女居住的内室。阃内阃外,指室内室外。

们找感情上安慰的消遣场所。在那些地方，大家有说有笑，热热闹闹的。回到家，夫妇间合作顺利，各人好好地按着应做的事各做各的。做得好，没事，也没话；合作得不对劲，闹一场，动手动脚，说不上亲热。这些观察使我觉得西洋的家和我们乡下的家，在感情生活上实在不能并论。乡下，有说有笑、有情有意的是在同性和同年龄的集团中，男的和男的在一起，女的和女的在一起，孩子们又在一起，除了工作和生育事务上，性别和年龄组间保持着很大的距离。这绝不是偶然的，在我看来，这是把生育之外的许多功能拉入了这社群中去之后所引起的结果。中国人在感情上，尤其是在两性间的矜持和保留，不肯像西洋人一般地在表面上流露，也是在这种社会圜局①中养成的性格。

理解与思考

1. 根据文章内容，写出下列概念的含义。

　　(1) 家庭：_____

　　(2) 家族：_____

　　(3) 小家族：_____

---

① 〔圜（yuán）局〕圜，圆形，围绕。局，格局、局面。这里指乡土社会中具有圆形、环绕特性的同心圆水波纹式的"差序格局"，即前文所说的"社会圈子"。

2.中西方具有结构不同的两类"社群",它们各叫什么名称?有什么区别?请你结合
  文本分析。

3.为什么作者称中国乡土社会的基本社群为"小家族"而不是"大家庭"?

材料题

阅读下面的文字,完成后面的题目。

材料一:

只见贾府人分昭穆排班立定:贾敬主祭,贾赦陪祭,贾珍献爵,贾琏贾琮献帛,宝玉捧香,贾菖贾菱展拜毯,守焚池。青衣乐奏,三献爵,拜兴毕,焚帛奠酒,礼毕,乐止,退出。

众人围随着贾母至正堂上,影前锦幔高挂,彩屏张护,香烛辉煌。上面正居中悬着宁荣二祖遗像,皆是披蟒腰玉;两边还有几轴列祖遗影。贾荇贾芷等从内仪门挨次列站,直到正堂廊下。槛外方是贾敬贾赦,槛内是各女眷。众家人小厮皆在仪门之外。每一道菜至,传至仪门,贾荇贾芷等便接了,按次传至阶上贾敬手中。贾蓉系长房长孙,独他随女眷在槛内。每贾敬捧菜至,传于贾蓉,贾蓉便传于他妻子,又传于凤姐尤氏诸人,直传至供桌前,方传于王夫人。王夫人传于贾母,贾母方捧放在桌上。邢夫人在供桌之西,东向立,同贾母供放。直至将菜饭汤点酒茶传完,贾蓉方退出下阶,归入贾芹阶位之首。凡从文旁之名者,贾敬为首,下则从玉者,贾珍为首,再下从草头者,贾蓉为首,左昭右穆,男东女西,俟贾母拈香下拜,众人方一齐跪下,将五间大厅,三间抱厦,内外廊檐,阶上阶下两丹墀内,花团锦簇,塞的无一隙空地。鸦雀无闻,只听铿锵叮当,金铃玉珮微微摇曳之声,并起跪靴履飒沓之响。一时礼毕,贾敬贾赦等便忙退出,至荣府专候与贾母行礼。

尤氏上房早已袭地铺满红毡,当地放着象鼻三足鳅沿鎏金珐琅大火盆,正面炕

上铺新猩红毡,设着大红彩绣云龙捧寿的靠背引枕,外另有黑狐皮的袱子搭在上面,大白狐皮坐褥,请贾母上去坐了。两边又铺皮褥,让贾母一辈的两三个妯娌坐了。这边横头排插之后小炕上,也铺了皮褥,让邢夫人等坐了。地下两面相对十二张雕漆椅上,都是一色灰鼠椅搭小褥,每一张椅下一个大铜脚炉,让宝琴等姊妹坐了。尤氏用茶盘亲捧茶与贾母,蓉妻捧与众老祖母,然后尤氏又捧与邢夫人等,蓉妻又捧与众姊妹。凤姐李纨等只在地下伺候。茶毕,邢夫人等便先起身来侍贾母。贾母吃茶,与老妯娌闲话了两三句,便命看轿。凤姐儿忙上去挽起来。尤氏笑回说:"已经预备下老太太的晚饭。每年都不肯赏些体面用过晚饭过去,果然我们就不及凤丫头不成?"凤姐儿挽着贾母笑道:"老祖宗快走,咱们家去吃饭,别理他。"贾母笑道:"你这里供着祖宗,忙的什么似的,那里搁得住我闹。况且每年我不吃,你们也要送去的。不如还送了去,我吃不了留着明儿再吃,岂不多吃些。"说的众人都笑了。又吩咐他:"好生派妥当人夜里看香火,不是大意得的。"尤氏答应了。一面走出来至暖阁前上了轿。尤氏等闪过屏风,小厮们才领轿夫,请了轿出大门。尤氏亦随邢夫人等同至荣府。

一时来至荣府,也是大门正厅直开到底。如今便不在暖阁下轿了,过了大厅,便转弯向西,至贾母这边正厅上下轿。众人围随同至贾母正室之中,亦是锦裀绣屏,焕然一新。当地火盆内焚着松柏香,百合草。贾母归了坐,贾敬贾赦等领诸子弟进来。贾母笑道:"一年价难为你们,不行礼罢。"一面说着,一面男一起,女一起,一起一起俱行过了礼。左右两旁设下交椅,然后又按长幼挨次归坐受礼。两府男妇小厮丫鬟亦按差役上中下行礼毕,散押岁钱、荷包、金银锞,摆上合欢宴来。男东女西归坐,献屠苏酒、合欢汤、吉祥果、如意糕毕,贾母起身进内间更衣,众人方各散出。那晚各处佛堂灶王前焚香上供,王夫人正房院内设着天地纸马香供,大观园正门上也挑着大明角灯,两溜高照,各处皆有路灯。上下人等,皆打扮的花团锦簇,一夜人声嘈杂,语笑喧阗,爆竹起火,络绎不绝。

(选自曹雪芹《红楼梦》①第五十三回,有删节)

材料二:

家族虽则包括生育的功能,但不限于生育的功能。依人类学上的说法,氏族是一个事业组织,再扩大就可以成为一个部落。氏族和部落赋有政治、经济、宗教等复杂的功能。我们的家也正是这样。我的假设是中国乡土社会采取了差序格局,利用亲属的伦常去组合社群,经营各种事业,使这基本的家,变成氏族性了。一方面我们可以

---

① 〔《红楼梦》〕曹雪芹著,页724—726,人民文学出版社,2008年。

说在中国乡土社会中，不论政治、经济、宗教等功能都可以利用家族来担负；另一方面也可以说，为了要经营这许多事业，家的结构不能限于亲子的小组合，必须加以扩大。而且凡是政治、经济、宗教等事物都需要长期绵续性的，这个基本社群决不能像西洋的家庭一般是临时的。家必须是绵续的，不因个人的长成而分裂，不因个人的死亡而结束，于是家的性质变成了族。氏族本是长期的，和我们的家一般。我称我们这种社群作小家族，也表示了这种长期性在内，和家庭的临时性相对照。

中国的家是一个事业组织，家的大小是依着事业的大小而决定的。如果事业小，夫妇两人的合作已够应付，这个家也可以小得等于家庭；如果事业大，超过了夫妇两人所能担负时，兄弟伯叔全可以集合在一个大家里。这说明了我们乡土社会中家的大小变异可以很甚。但不论大小上差别到什么程度，结构原则上却是一贯的、单系的差序格局。

....

在我们的乡土社会中，家的性质在这方面有着显著的差别。我们的家既是个绵续性的事业社群，它的主轴是在父子之间，在婆媳之间，是纵的，不是横的。夫妇成了配轴。配轴虽则和主轴一样并不是临时性的，但是这两轴却都被事业的需要而排斥了普通的感情。我所谓普通的感情是和纪律相对照的。一切事业都不能脱离效率的考虑。求效率就得讲纪律；纪律排斥私情的宽容。在中国的家庭里有家法，在夫妇间得相敬，女子有着三从四德的标准，亲子间讲究负责和服从。这些都是事业社群里的特色。

不但在大户人家，书香门第，男女有着阃内阃外的隔离，就是在乡村里，夫妇之间感情的淡漠也是日常可见的现象。这绝不是偶然的，在我看来，这是把生育之外的许多功能拉入了这社群中去之后所引起的结果。

（选自费孝通《乡土中国·家族》，有删节）

1. 材料一《红楼梦》第五十三回"宁国府除夕祭宗祠"中，贾氏一族的男女排班列队，恭祭宗祠，物既豪奢，更有着礼仪鼎盛的威严和荣耀。结合两则材料的内容分析，材料一中的哪些情节，能够体现材料二中乡土社会"家"的特点？（写出三条即可。）

_____
_____
_____

2. 作者认为，中国人夫妇之间感情的淡漠是日常可见的现象，这是把生育之外的许多功能拉入家庭社群所引起的结果。对此，你怎么看？

_____
_____
_____

写作宝库

语段一：

家必须是绵续的，不因个人的长成而分裂，不因个人的死亡而结束，于是家的性质变成了族。

【应用话题】家族传承　薪火相传　家族意义

【写作示例】

在浩瀚的历史长河中，家族如同一艘艘承载着血脉与记忆的航船，穿越风雨，破浪前行。家族传承，是薪火相传的不灭之光，照亮了后人的道路，让每一代人都能在先辈的智慧与勇气中汲取力量。它不仅是血脉的延续，更是精神的延续，承载着家族的荣耀与梦想。正如费孝通所言："家族必须是绵续的，不因个人的长成而分裂，不因个人的死亡而结束。"在家族的脉络里，我们找到了归属，学会了责任与担当。每一份坚持与努力，都是对先辈最好的致敬，也是对未来最真挚的期许。家族，是我们永远的港湾，其意义深远，如星辰般璀璨，指引着我们前行的方向。

语段二：

夫妇成为主轴，两性之间的感情是凝合的力量。两性感情的发展，使他们的家庭成了获取生活上安慰的中心。我在《美国人性格》一书中曾用"生活堡垒"一词去形容它。

【应用话题】两性情感　温暖　爱的力量　生活堡垒

【写作示例】

在繁忙的都市中，他与她携手漫步于黄昏的街头，爱侣的深情如同那柔和的街灯，温暖而有爱。他们分享着彼此的喜怒哀乐，用关怀和理解构筑起费孝通笔下的"生活堡垒"。一次不经意的牵手，一句深情的问候，都是爱的流露，让平凡的日子闪耀着幸福的光芒。记得那次雨夜，他脱下外套为她挡雨，将她深情护于羽翼之下，那一刻，她深刻感受到了爱的力量。在爱的包围下，他们的生活堡垒愈发坚固，共同抵御着生活的风风雨雨，享受着彼此的陪伴温暖，暮暮朝朝。

第七章
男女有别

思维导图

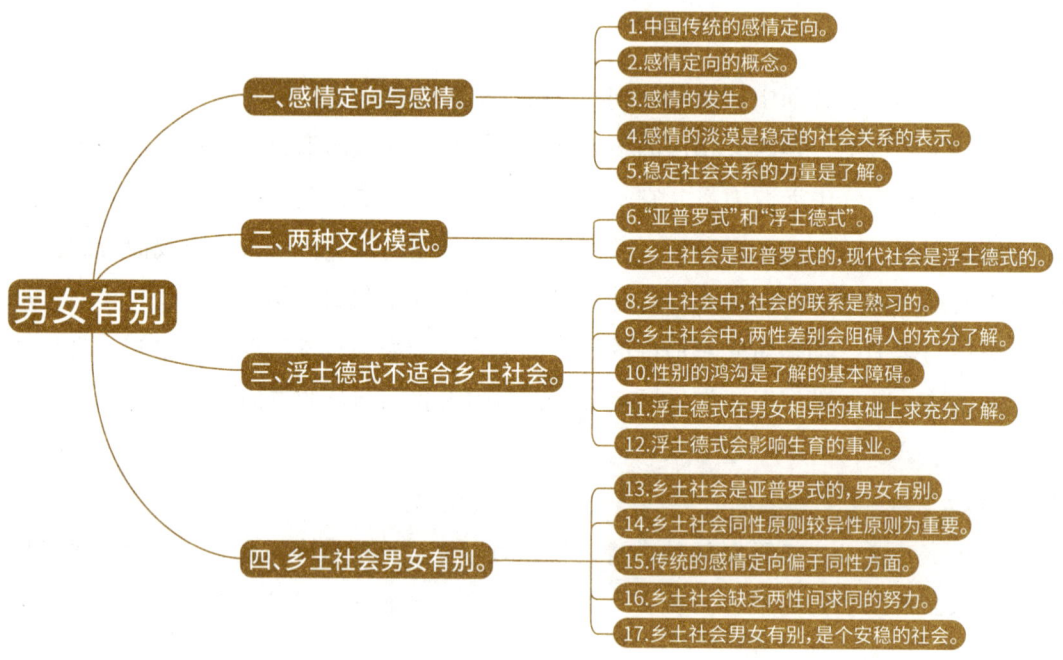

学习任务

1. 对比《红楼梦》中贾宝玉与林黛玉的情感模式与费孝通"乡土感情观"的差异。
2. 讨论现代社会"男女平等"对传统性别分工的冲击。
3. 分析传统戏曲（如《梁祝》）中的性别角色。

关键词

感情定向、社会稳定性、性别分工

基本概念

1. 阿波罗式文化：追求秩序与稳定，压抑情感波动（乡土社会）。
2. 浮士德式文化：强调突破与创造，接纳情感冲突（现代社会）。

内容摘要

乡土社会通过"男女有别"抑制情感的不确定性，将两性关系固化为分工协作，以维持家族事业的稳定性；而现代社会的亲密关系更依赖动态的情感互动。

在上篇我说家族在中国的乡土社会里是一个事业社群，凡是做事业的社群，纪律是必须维持的，纪律排斥了私情。这里我们碰着了中国传统感情定向的基本问题了。在上篇我虽则已说到了一些，但是还想在本篇里再申引①发挥一下。

我用"感情定向"一词来指一个人发展他感情的方向，而这方向却受着文化的规定，所以在分析一个文化范型时，我们应当注意这文化所规定个人感情可以发展的方向，简称作感情定向。"感情"又可以从两方面去看：心理学可以从机体的生理变化来说明感情的本质和种类，社会学却从感情在人和人的关系上去看它所发生的作用。喜怒哀乐固然是生理现象，但是总发生在人事圜局之中，而且影响人事的关系，它们和其他个人的行为一样，在社会现象的一层里得到它们的意义。

感情从心理方面说是一种体内的行为，导发外表的行为。William James②说感情是内脏的变化。这变化形成了动作的趋势，本身是一种紧张状态，发动行为的力量。如果一种刺激和一种反应之间的关联，经过了练习，已经相当固定的话，多少

---

① 〔申引〕即申引，指由一事一义推衍而及他事他义，由原意产生新意，延展推广。
② 〔William James〕威廉·詹姆斯（1842—1910），美国心理学之父，美国本土第一位哲学家和心理学家，美国机能主义心理学派创始人之一，著有《心理学原理》等。

阅读点拨

[1] "感情"的内涵和特征。

[2] "了解"和"感情"的不同。

[3] 解释两种不同文化模式的内核。注意各自名称的由来。

可说成为自动时,就不会发生体内的紧张状态,也就是说,不带着强烈的感情。感情常发生在新反应的尝试和旧反应的受阻情形中。

这里所谓感情相当于普通所谓激动,动了情,甚至说动了火。用火来形容感情,就在指这动的势和紧张的状态,从社会关系上说感情是具有破坏和创造作用的。[1] 感情的激动改变了原有的关系。这也就是说,如果要维持固定的社会关系,就得避免感情的激动。其实,感情的淡漠是稳定的社会关系的一种表示。所以我在上篇曾说纪律是排斥私情的。

稳定社会关系的力量,不是感情,而是了解。[2] 所谓了解,是指接受着同一的意义体系。同样的刺激会引起同样的反应。我在论"文字下乡"的两篇里,已说起过熟习所引起的亲密感觉。亲密感觉和激动性的感情是不相同的。它是契洽①,发生持续作用;它是无言的,不像感情奔放时铿然有声,歌哭哀号是激动时不缺的配合。

Oswald Spengler②在《西方陆沉论》里曾说西洋曾有两种文化模式:[3] 一种他称作阿波罗③(Apollonian)式的,一种他称作浮士德④(Faustian)式的。阿波罗式的文化认定宇宙的安排有一个完善的秩序,这个秩序超于人力的创造,人不过是去接受它,安于其位,维持它;但是人连维持它的力量都没有,天堂遗失了,黄金时代过去了。这是西方古典的精神。现代的文化

---

① 〔契洽(qì qià)〕指契合、融洽。
② 〔Oswald Spengler〕奥斯瓦尔德·斯宾格勒(1880—1936),德国著名哲学家、文学家、历史学家。文中所提其作品《西方陆沉论》,今通译为《西方的没落》,预言西方文化已进入没落阶段。
③ 〔阿波罗〕希腊奥林匹斯十二主神之一,宙斯之子,太阳神,代表着维持天空的光明、秩序和稳定,也称光明之神、真理之神。阿波罗式文化模式下,社会结构相对稳定,人们接受并维护既定的安排,生活和行为都遵循一定的规则和秩序,与阿波罗在天空中的运行规律相呼应,因此得名。
④ 〔浮士德〕德国作家歌德的戏剧名作《浮士德》的主人公。浮士德心怀远大抱负,一生探求美好真理,经历了光明与黑暗、进步与落后、科学与迷信等相对势力的不断斗争,代表着一种不断追求、永不满足的求变精神。浮士德式文化模式强调冲突和创造、变革和创新,认为生命的意义在于不断克服阻碍和追求新的目标,变化和发展是永恒的主题,与其相合,故而得名。

却是浮士德式的。他们把冲突看成存在的基础,生命是阻碍的克服;没有了阻碍,生命也就失去了意义。他们把前途看成无尽的创造过程,不断的变。

这两种文化观很可以用来了解乡土社会和现代社会在感情定向上的差别。乡土社会是阿波罗式的,而现代社会是浮士德式的。这两套精神的差别也表现在两种社会最基本的社会生活里。

乡土社会是靠亲密和长期的共同生活来配合各个人的相互行为,社会的联系是长成①的,是熟习②的,到某种程度使人感觉到是自动的。只有生于斯、死于斯的人群里才能培养出这种亲密的群体,其中各个人有着高度的了解。好恶相投,连臭味都一般。要达到这境界,却有一个条件,就是没有什么差别在阻碍着各人间的充分了解。[1]空间的位置,在乡土社会中的确已不太成为阻碍人了解的因素了。人们生活在同一的小天地里,这小天地多少是孤立的,和别群人没有重要的接触。在时间上,每一代的人在同一的周期中生老病死,一个公式。年轻的人固然在没有经历过年长的生活时,可以不了解年长的人的心情,年龄因之多少是一种隔膜;但是这隔膜却是一方面的,年长的人可以了解年轻的人,他们甚至可以预知年轻的人将要碰着的问题。年轻的人在把年长的人当作他们生活的参考蓝图时,所谓"不了解"也不是分划的鸿沟。

乡土社会中阻碍着共同生活的人充分了解的却是个人生理上的差别。这差别倒并不是起于有着悬殊的遗传特质,这在世代互婚的小社区里并不会太显著的。永远划分着人们生理差别的是男女两性。正因为还没有人能亲身体会过两性的差别,我们对于这差别的认识,总是间接的;所能说的差别多少只限于表面的。在实际生活中,谁都会感觉到异性的隔膜,[2]但是差别的内容却永远是个猜想,无法领会。

在以充分了解来配合人们相互行为的社会中,这性别的

[1] 空间和时间都不是乡土社会中阻碍人与人相互了解的因素。

[2] 男女两性的差别是人们相互了解的基本阻碍。

---

① 〔长成(cháng chéng)〕长时间形成。指社会关系通过长时间的共同生活和互动而逐渐形成和稳固的过程,即社会通过人们亲密和长期的共同生活及相互配合,达到一种高度稳定的状态。

② 〔熟习〕意思是了解得深刻,或某种学习掌握得很熟练。

[1] 注意恋爱和友谊的不同。

[2] 乡土社会需要男女有别。

鸿沟是个基本的阻碍。只在他们理想的天堂里，这鸿沟才算被克服：宗教家对性的抹煞①，不论自觉或不自觉，绝不是偶然的。完全的道义必须有充分的了解，无所隔，这就不能求之于生理上早已划下了鸿沟的男女之间。

男女生理上的分化是为了生育，生育却又规定了男女的结合。这一种结合基于异，并非基于同。在相异的基础上去求充分了解，是困难的，是阻碍重重的，是需要不断地在创造中求统一，是浮士德式的企图。浮士德是感情的象征，是把感情的激动，不断的变，作为生命的主脉。浮士德式的企图也是无穷止的，因为最后的统一是永远不会完成的，这不过是一个求同的过程。不但这样，男女的共同生活，愈向着深处发展，相异的程序也愈是深，求同的阻碍也愈是强大，用来克服这阻碍的创造力也更需强大，在浮士德的立场说，生命力也因之愈强，生活的意义也因之愈深。

把浮士德式的两性恋爱看成是进入生育关系的手段是不对的。恋爱是一项探险，是对未知的摸索。这和友谊不同，[1]友谊是可以停止在某种程度上的了解，恋爱却是不停止的，是追求。这种企图并不以实用为目的，是生活经验的创造，也可以说是生命意义的创造，但不是经济的生产，不是个事业。恋爱的持续依赖于推陈出新，不断地克服阻碍，也是不断地发现阻碍，要得到的是这一个过程，而不是这过程的结果。从结果说可以是毫无成就的。非但毫无成就，而且使社会关系不能稳定，使依赖于社会关系的事业不能顺利经营。依现代文化来看，男女间感情激动的发达已使生育的事业摇摇欲坠。这事业除非另外设法，由社会来经营，浮士德式的精神的确在破坏这社会上的基本事业。

在乡土社会中这种精神是不容存在的。它不需要创造新的社会关系，社会关系是生下来就决定的。它更害怕社会关系的破坏，因为乡土社会所求的是稳定。它是阿波罗式的。男女间的关系必须有一种安排，使他们之间不发生激动性的感情。[2]那

---

① 〔抹煞（mǒ shā）〕同"抹杀"，一概不计；彻底勾销，完全去掉。

就是男女有别的原则。"男女有别"是认定男女间不必求同，在生活上加以隔离。这隔离非但是有形的，所谓男女授受不亲①，而且还是在心理上的，男女只在行为上按着一定的规则经营分工合作的经济和生育的事业，他们不向对方希望心理上的契洽。

在社会结构上，如上篇所说的，因之发生了同性间的组合。这在我们乡土社会中看得很清楚。同性组合和家庭组合原则上是交错的，因为以生育为功能的家庭总是异性的组合。因之，乡土社会中"家庭"的团结受到了这同性组合的影响，不易巩固。于是家族代替了家庭，家族是以同性为主、异性为辅的单系组合。中国乡土社会里，以家族为基本社群，是同性原则较异性原则为重要的表示。[1]

男女有别的界限，使中国传统的感情定向偏于向同性方面去发展。变态的同性恋和自我恋究竟普遍到什么程度，我们无法确说；但是乡土社会中结义②性的组织，"不愿同日生，但愿同日死"的亲密结合，多少表示了感情方向走入同性关系的一层里的程度已经并不很浅。[2]在女性方面的极端事例是华南的姊妹组织③，在女性文学里所流露的也充满着冯

[1] 乡土社会中同性原则更为重要。

[2] 乡土社会中，情感上同性原则较异性原则为重要。

---

① 〔男女授受不亲〕出自战国时邹人孟轲的《孟子·离娄上》："男女授受不亲，礼也。"古礼规定男女之间不能直接接触、言谈或授受物件，男女不得过度亲密交往，有所谓"食不连器、坐不连席"之语。授，给予；受，接受；亲，亲密接触。
② 〔结义〕指非亲属关系的人因感情深厚或有共同目的而相约结为兄弟姐妹，认干亲。称呼包括"义结金兰""金石之交""金兰之好""换帖""拜把子"等，表示结为情同手足、生死与共、有福同享、有难同当的兄弟或姐妹。历史上有著名的"桃园三结义"等。
③ 〔华南的姊（zǐ）妹组织〕指自梳女，是广州与珠江三角地区的一种古老而奇特的风俗，兴于明代，盛于清末民初。指乡村妙龄少女不甘封建礼法的束缚、虐待，而结伴梳髻，拒绝婚嫁，终生独身，或与女伴相互扶持以终老的现象。这些矢志不嫁的女子要举行一定的仪式并自行梳髻，因此俗称"自梳女"，也称妈祖或姑婆，死后称净女。昔日女子大多未婚时梳辫，只有出嫁前才专门梳发束髻，将辫子绾成一团紧贴脑后，表示女子出阁成为人妇，以别未婚女子。

小青①式的自恋声调。可惜我们对于中国人的感情生活太少分析，关于这方面的话我们只能说到这里为止了。

缺乏两性间的求同的努力，也减少了一个不在实利上打算的刺激。中国乡土社会中那种实用的精神安下了现世的色彩。儒家不谈鬼，"祭神如神在②"，可以说对于切身生活之外都漠然没有兴趣。一般人民更会把天国现世化；并不想用理想去改变现实，天国实现在这世界上，而把现实作为理想的底稿，把现世推进天国③。对生活的态度是以克己来迁就外界，那就是改变自己去适合于外在的秩序。所以我们可以说这是古典的，也是阿波罗式的。

社会秩序范围着个性，为了秩序的维持，一切足以引起破坏秩序的要素都被遏制着。男女之间的鸿沟从此筑下。乡土社会是个男女有别的社会，也是个安稳的社会。

---

① 〔冯小青〕明张岱《陶庵梦忆·小青佛舍》记曰：其名玄玄，字小青，万历年间广陵人，嫁杭州豪公子冯通为妾，讳同姓，仅以字称。十岁时遇老尼，口授《心经》，一过成诵。尼曰："是儿早慧福薄，乞付我作弟子。"母不许。长好读书，工诗词，解音律，善弈棋。误落武林富人，为其小妇。大妇奇妒，凌逼万状。一日携小青往天竺，大妇曰："西方佛无量，乃世独礼大士，何耶？"小青曰："以慈悲故耳。"大妇笑曰："我亦慈悲若。"乃匿之孤山佛舍，令一尼与俱。小青无事，辄临池自照，好与影语，絮絮如问答，人见辄止。故其诗有"瘦影自临春水照，卿须怜我我怜卿"之句。后病瘵（zhài），绝粒，日饮梨汁少许，奄奄待尽。乃呼画师写照，更换再三，都不谓似。后画师注视良久，匠意妖纤。乃曰："是矣。"以梨酒供之榻前，连呼："小青！小青！"一恸而绝，年仅十八。遗诗一帙。大妇闻其死，立至佛舍，索其图并诗焚之，遽去。

② 〔祭神如神在〕语出《论语·八佾》。原文：祭如在，祭神如神在。子曰："吾不与祭，如不祭。"意思是：祭祀祖先时，就好像祖先真的在面前一样；祭神的时候，就好像神真的在面前一样。孔子说："我如果不亲自参加祭祀（由别人代祭），那就如同不祭祀一样。"

③ 〔把现世推进天国〕指通过某种方式或理念，将现实世界（现世）的价值观和行为准则转化为一种理想化的、超越现实的世界（天国）。这种转化通常涉及对现实世界的不满和对理想世界的追求，旨在通过某种手段或过程实现这种转变。如乌托邦思想，就试图通过集体行动实现一个没有阶级、没有剥削的理想社会。

理解与思考

1. 根据文章内容,写出下列概念的含义。

(1) 感情定向: _____

(2) 感情: _____

(3) 了解: _____

(4) 男女有别: _____

2. 为什么说乡土社会是阿波罗式的?

_____

3. 为什么说现代社会是浮士德式的?

_____

4. 为什么传统社会强调男女有别?

_____

材料题

阅读下面的文字,完成后面的题目。

材料一：

周繁漪　（痛苦地）萍，你说，你说出来；我不怕，我早已忘了我自己，（向周冲，半疯狂地）你不要以为我是你的母亲，（高声）你的母亲早死了，早叫你父亲压死了，闷死了。现在我不是你的母亲。她是见着周萍又活了的女人，（不顾一切地）她也是要一个男人真爱她，要真真活着的女人！

周　冲　（心痛地）哦，妈。

周　萍　（眼色向周冲）她病了。（向繁漪）你跟我上楼去吧！你大概是该歇一歇。

周繁漪　胡说！我没有病，我没有病，我神经上没有一点病。你们不要以为我说胡话。（揩眼泪，哀痛地）我忍了多少年了，我在这个死地方，监狱似的周公馆，陪着一个阎王十八年了，我的心并没有死；你的父亲只叫我生了冲儿，然而我的心，我这个人还是我的。（指周萍）就只有他才要了我整个的人，可是他现在不要我，又不要我了。

周　冲　（痛极）妈，我最爱的妈，您这是怎么回事？

周　萍　你先不要管她，她在发疯！

周繁漪　（激烈地）不要学你的父亲。没有疯——我这是没有疯！我要你说，我要你告诉他们——这是我最后的一口气！

周　萍　（狠狠地）你叫我说什么？我看你上楼睡去吧。

周繁漪　（冷笑）你不要装！你告诉他们，我并不是你的后母。

周　冲　（无可奈何地）妈！

周繁漪　（不顾地）告诉他们，告诉四凤，告诉她！

鲁四凤　（忍不住）妈呀！（投入鲁妈怀）

周　萍　（望着弟弟，转向繁漪）你这是何苦！过去的事你何必说呢？叫弟弟一生不快活。

周繁漪　（失了母性，喊着）我没有孩子，我没有丈夫，我没有家，我什么都没有，我只要你说：我——我是你的。

周　萍　（苦恼）哦，弟弟！你看弟弟可怜的样子，你要是有一点母亲的心——

周繁漪　（报复地）你现在也学会像你的父亲了，你这虚伪的东西，你记着，是你才欺骗了你的弟弟，是你欺骗我，是你才欺骗了你的父亲！

周　萍　（愤怒）你胡说，我没有，我没有欺骗他！父亲是个好人，父亲一生是有道德的，（繁漪冷笑）——（向四凤）不要理她，她疯了，我们走吧。

〔朴园由书房进，大家俱不动，静寂若死。

周朴园　（向鲁妈）侍萍，你到底还是回来了。

周繁漪　（惊愕地）侍萍？什么？她是侍萍？

周朴园　嗯。（烦厌地）繁漪，你不必再故意地问我，她就是萍儿的母亲，三十年前死了的。

周繁漪　天哪！

〔半晌。四凤苦闷地叫了一声，看着她的母亲，鲁妈苦痛地低着头。周萍脑筋昏乱，迷惑地望着父亲，同鲁妈。

周朴园　（沉痛地）萍儿，你过来。你的生母并没有死，她还在世上。

周　萍　（半狂地）不是她！爸，您告诉我，不是她！

周朴园　（严厉地）混账！萍儿，不许胡说。她没有什么好身世，也是你的母亲。

周　萍　（痛苦万分）哦，爸！

周朴园　（尊严地）不要以为你跟四凤同母，觉得脸上不好看，你就忘了人伦天性。

周　萍　（向鲁妈）您——您是我的——

鲁侍萍　（不自主地）萍——（回头抽咽）

周朴园　跪下，萍儿！不要以为自己是在做梦，这是你的生母。

鲁四凤　（昏乱地）妈，这不会是真的。

鲁侍萍　（不语，抽咽）

周　萍　（怪笑，向朴园）父亲！（怪笑，向鲁妈）母亲！（看四凤，指她）你——

鲁四凤　（与周萍相视怪笑，忽然忍不住）啊，天！（由中门跑下）

〔周萍扑在沙发上，鲁妈死气沉沉地立着。

周繁漪　（急喊）四凤！四凤！（转向周冲）冲儿，她的样子不大对，你赶快出去看她。

〔周冲由中门跑下，喊四凤。

周朴园　（至周萍前）萍儿，这是怎么回事？

周　萍　（突然）爸，你不该生我！（跑，由饭厅下）

〔远处听见四凤的惨叫声，周冲狂呼四凤，过后周冲也发出惨叫。

鲁侍萍　（同时叫）四凤，你怎么啦！

周繁漪　（同时叫）我的孩子，我的冲儿！

〔二人同由中门跑出。

周朴园　（急走至窗前拉开窗幕，颤声）怎么？怎么？

〔仆由中门跑上。

仆　人　（喘）老爷！（急不成声）四凤……死了……

周朴园　（急）二少爷呢？

仆　人　也……也死了。

周朴园　（颤声）不，不，怎……么？

仆　人　四凤碰着那条走电的电线。二少爷不知道，赶紧拉了一把，两个人一块儿中电死了。

周朴园　（几晕）这不会。这，这，——这不能够，这不能够！

〔朴园与仆人跑下。

〔周萍由饭厅出，颜色苍白，但是神气沉静地。他走到那张放着鲁大海的手枪的桌前，抽开抽屉，取出手枪，手微颤，慢慢走进右边书房。

〔外面人声嘈乱，哭声，吵声，混成一片。鲁妈由中门上，脸更呆滞，如石膏人像。

周繁漪　（为人拥至中门，倚门怪笑）冲儿，你这么张着嘴？你的样子怎么直对我笑？——冲儿，你这个糊涂孩子。

周朴园　（走在中门中，眼泪在面上）繁漪，进来！我的手发木，你也别看了。

周繁漪　（狂笑）冲儿，你该死，该死！你有了这样的母亲，你该死！

〔仆人一齐下。屋中只有朴园、鲁妈、繁漪三人。

周朴园　（哀伤地）我丢了一个儿子，不能再丢第二个了。

〔三人都坐下来。

周朴园　（寂静，自己觉得奇怪）年轻的反而走到我们前头了，现在就剩下我们这些老——（忽然）萍儿呢？大少爷呢？萍儿，萍儿！（无人应）来人呀！来人！（无人应）你们给我找呀，我的大儿子呢？

〔书房枪声，屋内死一般的静默。

周繁漪　（忽然）啊！（跑下书房，朴园呆立不动，立时繁漪狂喊跑出）他……他……

周朴园　他……他……

〔朴园与繁漪一同跑下，进书房。

〔鲁妈立起，向书房颤踬了两步，至台中，渐向下倒，跪在地上。

（选自曹禺《雷雨》①第四幕，有删节）

---

① 〔《雷雨》〕曹禺著，页222-231，北京十月文艺出版社，2017年12月第一版。

材料二：

这里所谓感情相当于普通所谓激动，动了情，甚至说动了火。用火来形容感情，就在指这动的势和紧张的状态，从社会关系上说感情是具有破坏和创造作用的。感情的激动改变了原有的关系。这也就是说，如果要维持固定的社会关系，就得避免感情的激动。其实，感情的淡漠是稳定的社会关系的一种表示。

⋯⋯⋯⋯

Oswald Spengler 在《西方陆沉论》里曾说西洋曾有两种文化模式：一种他称作阿波罗式（Apollonian）的；一种他称作浮士德（Faustian）式的。阿波罗式的文化认定宇宙的安排有一个完善的秩序，这个秩序超于人力的创造，人不过是去接受它，安于其位，维持它；但是人连维持它的力量都没有，天堂遗失了，黄金时代过去了。这是西方古典的精神。现代的文化却是浮士德式的。他们把冲突看成存在的基础，生命是阻碍的克服；没有了阻碍，生命也就失去了意义。他们把前途看成无尽的创造过程，不断的变。

这两种文化观很可以用来了解乡土社会和现代社会在感情定向上的差别。乡土社会是阿波罗式的，而现代社会是浮士德式的。这两套精神的差别也表现在两种社会最基本的社会生活里。

（选自费孝通《乡土中国·男女有别》，有删节）

1. 材料一选取的是《雷雨》第四幕情节，写的是雷电交加之夜，周、鲁两家人又聚集于周家客厅。繁漪以泄露奸情相逼继子周萍，周萍欲带恋人四凤出走，此时周朴园以沉痛的口吻宣布了侍萍是周萍生母的真相，并令周萍认母。周萍意识到了爱人四凤正是自己的亲妹妹，如雷轰顶。四凤羞愧难当，逃出客厅，触电而死，周冲出来寻找四凤也触电而死，周萍开枪自杀，侍萍和繁漪经受不住打击而疯傻，周朴园则独自一人在悲痛中深深忏悔。

请结合材料二，说说以上情节体现了乡土社会中什么样的感情特点。

2. 结合材料一中繁漪和周朴园的相处变化，请问：你如何看待乡土社会中的夫妻关系？

写作宝库

语段一：

现代的文化却是浮士德式的。他们把冲突看成存在的基础，生命是阻碍的克服；没有了阻碍，生命也就失去了意义。他们把前途看成无尽的创造过程，不断地变。

【应用话题】生命激情　攻坚克难　变化创造

【写作示例】

生命如同绚烂的烟火，蕴含着无尽的激情。在岁月的长河中，我们怀揣着梦想，攻坚克难，勇往直前。正如费孝通所言："没有了阻碍，生命也就失去了意义。"每一次挑战，都是对自我的超越；每一次奋斗，都闪耀着生命的光芒。而变化，则是推动我们不断前行的力量。它像是一位神奇的魔法师，创造出无数可能，引领我们探索未知的领域。在变化中，我们学会适应，学会创新，用智慧和勇气书写着属于自己的精彩篇章。生命因激情而绚烂，因攻坚克难而坚韧，因变化创造而无限美好。让我们拥抱生命，勇敢追梦，创造属于自己的辉煌！

语段二：

中国乡土社会中那种实用的精神安下了现世的色彩。儒家不谈鬼，"祭神如神在"，可以说对于切身生活之外都漠然没有兴趣。一般人民更会把天国现世化；并不想把理想去改变现实，天国实现在这世界上，而把现实作为理想的底稿，把现世推进天国。对生活的态度是以克己来迁就外界，那就是改变自己去适合于外在的秩序。

【应用话题】现实主义　经世致用　儒家进取　克己修身

【写作示例】

费孝通曾说："中国人民，把现实作为理想的底稿。"的确如此，在历史的长廊里，中国传统的实用精神、现实主义如同坚实的基石，承载着经世致用的理想，儒家学者更是以克己修身为本，将个人修养与社会责任紧密相连。宋代名臣范仲淹，他倡导"先天下之忧而忧，后天下之乐而乐"，以实际行动践行儒家进取精神，致力于国家的繁荣与民众的福祉；明代顾炎武"引古筹今"著作《日知录》，一生致力于学术研究和社会实践；清代魏源提出"师夷长技以制夷"的主张，强调学习西方先进技术以抵御外侮……儒家学者不仅追求道德的完善，更勇于担当，积极进取。这种积极实践与孜孜进取的融合，不仅彰显了中华文化的深厚底蕴，也激励着我们不断前行，追求更加美好的未来。

第八章

礼治秩序

思维导图

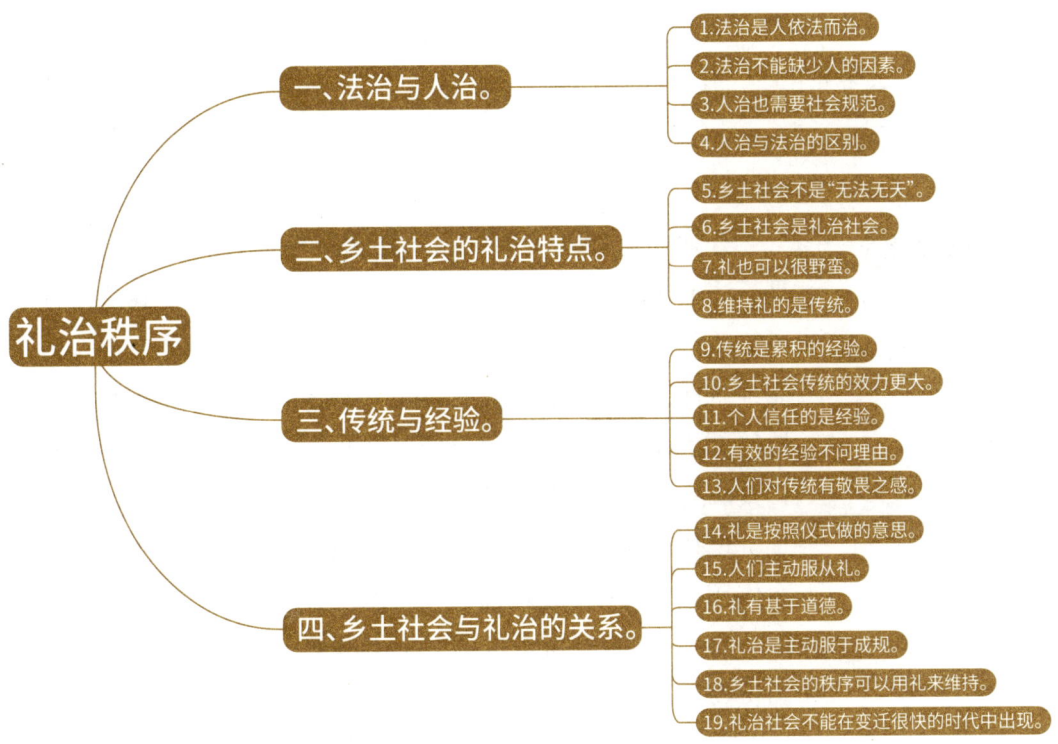

学习任务

1. 分析《白鹿原》中"乡约"如何体现礼治秩序。
2. 辩论：网络时代的"道德审判"是否属于礼治的变形？

关键词

礼法合一、文化惯性、主动服膺

基本概念

1.礼治:依靠传统规范内化形成的自觉遵守机制。
2.人治与法治:礼治既非主观人治,亦非客观法治,而是文化共识的产物。

内容摘要

礼治通过教化将传统规范转化为个体的"本能反应",其有效性依赖社会的高度同质化;当社会多元化时,礼治与法治的冲突加剧。

[1] 举例论证:西洋"法治"也不缺乏人的因素。

普通常有以"人治"和"法治"相对称,而且认为西洋是"法治"的社会,我们是"人治"的社会。其实这个对称的说法并不是很清楚的。法治的意思并不是说法律本身能统治,能维持社会秩序,而是说社会上人和人的关系是根据法律来维持的。法律还得靠权力来支持,还得靠人来执行,法治其实是"人依法而治",并非没有人的因素。

现代论法理的学者中有些极重视人的因素。他们注意到在应用法律于实际情形时,必须经过法官对于法律条文的解释①。法官的解释对象虽则是法律条文,但是决定解释内容的却包含很多因素,法官个人的偏见,甚至是否有胃病,以及社会的舆论都是极重要的。于是他们认为法律不过是法官的判决。这自是片面的说法,因为法官并不能任意下判决的,他的判决至少也须被认为是根据法律的,但是这种看法也告诉我们所谓法治绝不能缺乏人的因素[1]了。

这样说来,人治和法治有什么区别呢?如果人治是法治的

---

① 〔法官对于法律条文的解释〕即法律解释权,是对法律规定的含义作出的说明和阐述的权利。只有享有法律解释权的机关所作出的法律解释才具有法律效力。

对面，意思应当是"不依法律的统治"了。统治如果是指社会秩序的维持，我们很难想象一个社会的秩序可以不必靠什么力量就可以维持，人和人的关系可以不根据什么规定而自行配合的。如果不根据法律，根据什么呢？望文生义①地说来，人治好像是指有权力的人任凭一己之好恶来规定社会上人和人的关系的意思。我很怀疑这种"人治"是可能发生的[1]。如果共同生活的人们，相互的行为、权利和义务，没有一定规范可守，依着统治者好恶来决定，而好恶也无法预测的话，社会必然会混乱，人们会不知道怎样行动，那是不可能的，因之也说不上"治"了。

所谓人治和法治之别，不在"人"和"法"这两个字上，而是在维持秩序时所用的力量和所根据的规范的性质[2]。

乡土社会秩序的维持，有很多方面和现代社会秩序的维持是不相同的。可是所不同的并不是说乡土社会是"无法无天②"，或者说"无需规律"。的确有些人这样想过。返璞归真③的老子觉得只要把社区的范围缩小，在鸡犬相闻而不相往来的小国寡民④的社会里，社会秩序无需外力来维持，单凭每个人的本能或良知，就能相安无事了。这种想法也并不限于老子。就是在现代交通之下，全世界的经济已密切相关到成为一体时，美国还有大多数人信奉着古典经济学里的自由竞争的理

[1] 使用驳论、道理论证："人治"社会也需要以规范为依据。

[2] 注意"人治"和"法治"的区别。

---

① 〔望文生义〕指不懂某一词句的正确意义或来源缘由，只从字面上去牵强附会，做出错误的解释。出自《輶（yóu）轩转语·语学》。
② 〔无法无天〕法：法纪；天：天理。指不顾国法和天理，任意干坏事。多形容违法乱纪，不受管束。
③ 〔返璞（pú）归真〕除去外饰，恢复事物初始的自然质朴状态，恢复淳朴的本性。璞，未琢之玉。
④ 〔鸡犬相闻……小国寡民〕语出《道德经》第八十章："小国寡民，使民有什伯之器而不用，使民重死而不远徙。虽有舟舆，无所乘之。虽有甲兵，无所陈之。使民复结绳而用之。甘其食，美其服，安其居，乐其俗。邻国相望，鸡犬之声相闻，民至老死不相往来。"意思是：一个疆域不大、人口较少的国家（应当这样治理）。即使有各种各样的器具，却并不使用；使人民重视死亡，不会迁徙远方。虽然有船只车辆，却没有要乘坐它的地方。虽然有铠甲兵器，也没有去布阵打仗的地方。让百姓回到结绳记事的时代。使百姓吃得香甜，穿得漂亮，住得舒适，过得快乐。国与国之间互相望得见，鸡犬的叫声都可以互相听得见，但人民从生到死，也不互相往来。鸡犬相闻：指鸡鸣狗吠的声音都可以互相听见，指人烟稠密，距离很近，景象和睦。

阅读点拨

[1] 不论中外，理想中"无治"的社会仍然包含着秩序。

[2] 乡土社会是"无法"的、"礼治"的社会。

[3] 以文学作品、各地风俗等来举例分析，论证"礼"的野蛮残酷性。

想，反对用人为的"计划"和"统制"来维持经济秩序，而认为在自由竞争下，冥冥之中，自有一双看不见的手，会为人们理出一个合于道德的经济秩序来的。不论在社会、政治、经济各个范围中，都有认为"无政府①"是最理想的状态，当然所谓"无政府"绝不是等于"混乱"，而是一种"秩序"，一种不需规律的秩序[1]，一种自动的秩序，是"无治而治"的社会。

可是乡土社会并不是这种社会，我们可以说这是个"无法"的社会，假如我们把法律限于以国家权力所维持的规则；但是"无法"并不影响这社会的秩序，因为乡土社会是"礼治"的社会[2]。

让我先说明，礼治社会并不是指文质彬彬②[3]，像《镜花缘》③里所描写的君子国一般的社会。礼并不带有"文明"，或是"慈善"，或是"见了人点个头"、不穷凶极恶的意思。礼也可以杀人，可以很"野蛮"。譬如在印度有些地方，丈夫死了，妻子得在葬礼里被别人用火烧死，这是礼。又好像在缅甸有些地方，一个人成年时，一定要去杀几个人头回来，才能完成为成年礼而举行的仪式。我们在旧小说里也常读到杀了人来祭旗，那是军礼。——礼的内容在现代标准看去，可能是很残酷的。残酷与否并非合礼与否的问题。"子贡欲去告朔之饩

---

① 〔无政府〕指无政府主义，意为没有统治者，因源于希腊语，因此又被称为安那其主义。是19世纪上半叶出现于欧洲的一种政治思潮和社会架构哲学思想，其主要主张是在政治实践中废除政府及其相关机构，消除政府以及社会上或经济上的任何独裁统治关系，反对包括政府在内的一切统治和权威，关注个体的自由和平等。代表人物是施蒂纳、蒲鲁东、巴枯宁和克鲁泡特金。现代无政府主义产生于21世纪之交，更关注对社会的批判和反思，代表人物有塔克、沃尔夫等。

② 〔文质彬彬〕语出《论语·雍也》："文质彬彬，然后君子。"指人的文采和实质配合适当，现多用来形容气质温文尔雅，行为举止端正。

③ 〔《镜花缘》〕清代文人李汝珍创作的长篇小说。前半部分描写了唐敖、多九公等人乘船在海外的女儿国、君子国、无肠国等国游历的故事，后半部写了武则天科举选才女，由百花仙子托生的唐小山等一百位才女考中，并在朝中有所作为的故事。创作手法神幻诙谐数经据典，奇妙地勾画出一幅绚丽斑斓的天轮彩图。在作者笔下，"君子国"是个"好让不争"的"礼乐之邦"。

羊。子曰：'赐也，尔爱其羊，我爱其礼。'"①恻隐之心并没有使孔子同意取消相当残忍的行为。

礼是社会公认合式的行为规范。合于礼的就是说这些行为是做得对的，对是合式的意思。如果单从行为规范一点说，本和法律无异，法律也是一种行为规范。礼和法不相同的地方是维持规范的力量[1]。法律是靠国家的权力来推行的。"国家"是指政治的权力，在现代国家没有形成前，部落也是政治权力。而礼却不需要这有形的权力机构来维持。维持礼这种规范的是传统。

传统是社会所累积的经验。行为规范的目的是在配合人们的行为以完成社会的任务，社会的任务是在满足社会中各分子的生活需要。人们要满足需要必须相互合作，并且采取有效技术，向环境获取资源。这套方法并不是由每个人自行设计，或临时聚集了若干人加以规划的。人们有学习的能力，上一代所试验出来有效的结果，可以教给下一代。这样一代一代地累积出一套帮助人们生活的方法。从每个人说，在他出生之前，已经有人替他准备下怎样去应付人生道上所可能发生的问题了。他只要"学而时习之②"就可以享受满足需要的愉快了。

文化本来就是传统，不论哪一个社会，绝不会没有传统的。衣食住行种种最基本的事务，我们并不要事事费心思，那是因为我们托祖宗之福，——有着可以遵守的成法。但是在乡土社会中，传统的重要性比现代社会更甚。那是因为在乡土社会里传统的效力更大[2]。

[1] 礼与法的多方面对比：二者内涵、维持力量。

[2] 传统的内涵、作用和效力。

---

① 〔子贡欲去……我爱其礼〕语出《论语·八佾》。意为：子贡提出去掉每月初一日告祭祖庙用的活羊。孔子说："赐，你爱惜那只羊，我却爱惜那种礼。"指与羊相比，孔子更重礼仪。朔，农历每月初一为朔日。告朔，古代制度，天子每年秋冬之际，把第二年的历书颁发给诸侯，告知每个月的初一日。饩（xì）羊，祭祀用的活羊。爱，爱惜的意思。
② 〔学而时习之〕语出《论语·学而》。子曰："学而时习之，不亦说（yuè）乎？"意为：学到了（知识或本领）以后，按一定的时间去复习，不也是令人愉悦的吗？

> **阅读点拨**
>
> [1] 举自己生活例证：传统是生活保障。

乡土社会是安土重迁①的，生于斯、长于斯、死于斯的社会。不但是人口流动很小，而且人们所取给资源的土地也很少变动。在这种不分秦汉，代代如是的环境里，个人不但可以信任自己的经验，而且同样可以信任若祖若父②的经验。一个在乡土社会里种田的老农所遇着的只是四季的转换，而不是时代变更。一年一度，周而复始。前人所用来解决生活问题的方案，尽可抄袭来作自己生活的指南。愈是经过前代生活中证明有效的，也愈值得保守。于是"言必尧舜"③，好古是生活的保障[1]了。

我自己在抗战时，疏散在昆明乡下，初生的孩子，整天啼哭不定，找不到医生，只有请教房东老太太。她一听哭声就知道牙根上生了"假牙"，是一种寄生菌，吃奶时就会发痛，不吃奶又饿。她不慌不忙地要我们用咸菜和蓝青布去擦孩子的嘴腔。一两天果然好了。这地方有这种病，每个孩子都发生，也因之每个母亲都知道怎样治，那是有效的经验。只要环境不变，没有新的细菌侵入，这套不必讲学理的应付方法，总是有效的。既有效也就不必问理由了。

像这一类的传统，不必知之，只要照办，生活就能得到保障的办法，自然会随之发生一套价值。我们说"灵验"，就是说含有一种不可知的魔力在后面。依照着做就有福，不依照了就会出毛病。于是人们对于传统也就渐渐有了敬畏之感了。

如果我们对行为和目的之间的关系不加推究，只按着规定的方法做，而且对于规定的方法带着不这样做就会有不幸的信念时，这套行为也就成了我们普通所谓"仪式"了。礼是按着

---

① 〔安土重迁〕安于本乡本土，不愿轻易迁移。土，乡土。重，看重。语出东汉班固《汉书·元帝纪》："安土重迁，黎民之性；骨肉相附，人情所愿也。"意为：百姓在一个地方住惯了，就故土难离，这是百姓的天性；亲人能够相聚，是人们的愿望。
② 〔若祖若父〕其祖其父。若，人称代词，你的，他的。祖、父，祖父和父亲，泛指祖先。
③ 〔"言必尧舜"〕语出《孟子·滕文公上》。"孟子道性善，言必称尧舜。"意为：孟子同他讲人性本善的道理，并且必定引述尧舜的言行为证。此指说话的时候必定会引用圣人的言行作为论证。

仪式做[1]的意思。礼（禮）①字本是从豊从示。豊是一种祭器，示是指一种仪式。

礼并不是靠一个外在的权力来推行的，而是从教化中养成了个人的敬畏之感，使人服膺②[2]；人服礼是主动的。礼是可以为人所好的，所谓"富而好礼"。孔子很重视服礼的主动性，在下面一段话里说得很清楚：

> 颜渊问仁。子曰。"克己复礼为仁。一日克己复礼，天下归仁焉。为仁由己，而由人乎哉？"颜渊曰："请问其目。"子曰："非礼勿视，非礼勿听，非礼勿言，非礼勿动。"颜渊曰："回虽不敏，请事斯语矣。"③

这显然是和法律不同了，甚至不同于普通所谓道德。法律是从外限制人的，不守法所得到的罚是由特定的权力所加之于个人的。人可以逃避法网，逃得脱还可以自己骄傲、得意。

阅读点拨

[1] 礼的内涵。

[2] 礼的特点。

---

① 〔礼（禮）〕"禮（lǐ）"是礼的繁体字。《说文解字·示部》表述："禮，履也。所以事神致福也。从示从豊，豊亦声。"意为：禮，本义作履。履，足所依也，引申为凡所依人类行为之规范皆曰履，假借写作"禮"。禮是用来奉祀神灵、祈求降福的实际行为，有着人人应当笃实践履之意。"禮"是形声字，以"示"为形旁，"豊"为声旁。豊（lǐ），古代祭祀用的礼器。示，古指祭祀仪式，展示祭品，求得神灵保佑，引申为显示、表示的意思。示是汉字部首之一，作左旁时写作礻，用示作意符的字多与鬼神、祭祀、崇拜有关，如社、祇、祥、福等。

② 〔服膺（yīng）〕（道理、格言等）牢牢记在心里，指谨记在心，衷心信服、信奉。语出《礼记·中庸》："子曰：'回之为人也，择乎中庸。得一善，则拳拳服膺，而弗失之矣。'"意为："孔子说：'颜回的为人，选择了中庸之道。他得到了这一善道，就牢牢地把它记在心中，丝毫不敢忘却，再也不让它失去。'"回，颜回，字子渊，鲁国人，孔子最得意的门生。拳拳，奉持之貌，牢握不舍之意，引申为赤诚、诚挚，形容诚恳、深厚、勤勉、忠谨。

③ 〔颜渊问仁……请事斯语矣〕语出《论语·颜渊》。意为：颜渊请教仁德。孔子说："约束自己，让自我的言行归复到先王之礼，这就是仁。一旦人这样做了，那么天下的人都会赞许他是个仁人了。做仁义的事情是完全靠自己的，难道还能靠别人吗？"颜渊说："请问践行仁德的具体条目。"孔子说："不合乎礼的事不看，不合乎礼的话不听，不合乎礼的话不说，不合乎礼的事不做。"颜渊说："我虽然不聪敏，请允许我实践您这话吧。"

阅读点拨

[1] 对比论证：礼与法律、道德的比较与区别。最后得出礼的定义。

[2] 礼治的内涵。

[3] 礼治的前提。

[4] 对比论证：礼治是乡土社会的特色。

道德是社会舆论所维持的，做了不道德的事，见不得人，那是不好；受人唾弃，是耻。礼则有甚于道德：如果失礼，不但不好，而且不对、不合、不成。这是个人习惯所维持的。十目所视，十手所指的，即使在没有人的地方也会不能自已①。曾子易箦②是一个很好的例子。礼是合式的路子，是经教化过程而成为主动性的服膺于传统的习惯[1]。

礼治从表面看去好像是人们行为不受规律拘束而自动形成的秩序。其实自动的说法是不准确的，只是主动地服于成规[2]罢了。孔子一再地用"克"字，用"约"字来形容礼的养成，可见礼治并不是离开社会，由于本能或天意所构成的秩序了。

礼治的可能必须以传统可以有效地应付生活问题[3]为前提。乡土社会满足了这前提，因之它的秩序可以用礼来维持。在一个变迁很快的社会，传统的效力是无法保证的。

不管一种生活的方法在过去是怎样有效，如果环境一改变，谁也不能再依着法子去应付新的问题了。所应付的问题如果要由团体合作的时候，就得大家接受个同意的办法，要保证大家在规定的办法下合作应付共同问题，就得有个力量来控制各个人了。这其实就是法律。也就是所谓"法治"。

法治和礼治是发生在两种不同的社会情态中。这里所谓礼治也许就是普通所谓人治，但是"礼治"一词不会像"人治"一词那样容易引起误解，以致有人觉得社会秩序是可以由个人好恶来维持的了。礼治和这种个人好恶的统治相差很远，因为礼是传统，是整个社会历史在维持这种秩序。礼治社会是并不能在变迁很快的时代中出现的，这是乡土社会的特色[4]。

---

① 〔自已（yǐ）〕犹自止。抑制住或约束自己的感情（多用于否定式）。

② 〔曾子易箦（zé）〕出自《礼记·檀弓上》。曾子，姓曾，名参，字子舆，春秋末年鲁国南武城（现山东省今平邑县郑城镇）人。孔子弟子之一。曾子是一个视守礼法甚于生命的人，他没有做过大夫，无意中用了大夫专用的席子。假如他死在大夫专用的席子上，那就是"非礼"了，哪怕是处于弥留之际，也依然命令儿子给他更换席子，刚换完，他就无憾而终了。曾子以身护礼，显示出了言行一致的学者风度。

理解与思考

1. 根据文章内容，写出下列概念的含义。

（1）法治：_____

（2）人治：_____

（3）礼治：_____

（4）礼：_____

2. 根据《礼治秩序》一文的内容，分析法治、人治、礼治三者的异同。
_____

3. 在费孝通的《乡土中国·礼治秩序》中，作者认为礼与道德、法律是有区别的。请你结合文本分析。
_____

4. 请谈谈乡土社会中的"礼"的本质、形成、特点等，并谈谈"礼治"的特点。
_____

材料题

阅读下面的文字,完成后面的题目。

材料一:

中国自古就有"礼仪之邦"之称,乡土中国的文化特征是用"礼"来维持固有的规则和社会秩序的,在某种程度上远远超越了法律的威力。以此衍生的封建礼教和道德规范给"礼仪之邦"的子民带来无尽的悲苦和无奈。鲁迅作为二十世纪中国伟大的思想家和文学家,他向这种"礼治社会"投下了重磅炸弹,在他的白话小说《呐喊》和《彷徨》中,揭开礼治的帷幕,给人们展示了一出出礼治吃人的悲剧。

悲剧的主人公大都是知识者或农民,他们在传统的伦理关系和道德秩序中受到压抑和戕害,丧失了自己主宰命运的权利,虽努力挣扎,但力不从心,主体性和个体性在任人驱使中消融殆尽。"礼治"所确定的人伦关系网络取代个体独立追求,只能听由命运的安排,安心地支持"被吃"。这种"封建社会吃人"不仅是对人的肉体的摧残,更是"咀嚼人的灵魂",主人公的悲剧命运就更具有深刻性和警示力。

《孔乙己》中的孔乙己和《白光》中的陈士成是旧式的知识分子,他们二人的悲剧就在于把个人的全部追求都主动纳入到封建伦理秩序为其规定的人生模式中:"隽了秀才,上省去乡试,一径联捷上去。"——这是传统社会为知识分子规定的基本人生模式。孔乙己"读过书,但终于没有进学",他好吃懒做,自视高人一等,社会地位低下使他一贫如洗,无以为生,甚至沦为窃贼,被打断了腿,但仍不肯脱下自以为象征身份的长衫。陈士成的全部希望和失望,愤怒与幻觉,全都维系于能否实现上述人生模式。他们的唯一"个性"便是对那一时代为之规定的普遍性人生模式的追求。

与这些知识者比较,农民的悲剧命运更能揭示封建传统礼治秩序的"吃人"本质。他们都是被强制性地纳入到尊卑贵贱的差序格局中成为等级关系的隶属品。闰土是"我"儿时的伙伴,他曾是一个健康活泼、天真烂漫的农家少年,"项带银圈,手提一柄钢叉",就像童话里神奇的小英雄。然而二十年后,他形容枯干、眼神呆滞、精神迟钝麻木,对"我"口称"老爷"。封建宗法制度和等级观念对他的毒害,使他和"我"之间有了不可逾越的障碍与隔膜。祥林嫂也是一个被封建礼教和传统决定着命运的普通农村劳动妇女。她勤劳善良,但受到封建礼教所依仗的夫权和族权的几重压迫,她的初婚和再嫁,如同牛马一样被卖来卖去,想做奴隶而做不成,都显示了鲁四老爷所代表的政权的威力。阴司的鬼神之说也使她得不到片刻的安宁。生的无奈、死的恐惧,使她在重重折磨中成为一个没有灵魂的躯壳。对于封建礼教,她只有顺从——被压迫下的顺从。阿Q在隶属的等级关系下丧失了任何自主意识。他丧失了一切的生存依靠，上无片瓦，下无寸土，甚至失掉了"姓"，处于未庄社会的最底层，在与赵太爷、假洋鬼子、王胡、小D的冲突中，他都是永远的失败者，但他对自己的失败命运与奴隶地位采取了令人难以置信的辩护与粉饰态度。精神上的胜利使他不能正视自己的奴隶地位，更不能自觉地去改变悲惨处境。他欢迎革命的言行，有着被剥削阶级的朴素直感，看到百里闻名的举人老爷竟然这样惧怕革命，他感觉革命或许能给他带来某种物质上的满足。这只是农民自发的平等要求，还远未上升到自觉的高度，他的未来理想和价值尺度无法逾越封建等级关系的藩篱。我们可以从他的土谷祠美梦领悟到：即使阿Q成了革命政权的领导者，他也将以自己为核心，重新组织一个新的未庄封建等级结构。所以封建制度和封建礼教的长期压抑束缚吞噬了他的灵魂，使他最后只能在"使尽平生的力"也没有画圆的圆圈的遗憾中结束了生命。

综上所述，无论是孔乙己、陈士成，还是祥林嫂、闰土、阿Q，他们都是封建礼教这种意识形态支配下的一个个角色，除了可以自由地接受自己的从属地位外，被剥夺了全部自由，被封建"礼治"吞噬了生命和灵魂。我们在为这些受压抑的蒙昧的人感到痛苦、同情他们的处境的同时，唤醒他们才是最重要的。"揭出病苦，以引起疗救的注意"，灵魂深处的国民性改造才是鲁迅的主旨所在。

（选自史韶梅 李智芳，《"礼治"吞噬人的灵魂
——读鲁迅〈呐喊〉〈彷徨〉有感》[1]，有删节）

材料二：

乡土社会是"礼治"的社会。

让我先说明，礼治社会并不是指文质彬彬，像《镜花缘》里所描写的君子国一般的社会。礼并不带有"文明"，或是"慈善"，或是"见了人点个头"、不穷凶极恶的意思。礼也可以杀人，可以很"野蛮"。譬如在印度有些地方，丈夫死了，妻子得在葬礼里被别人用火烧死，这是礼。又好像在缅甸有些地方，一个人成年时，一定要去杀几个人头回来，才能完成为成年礼而举行的仪式。我们在旧小说里也常读到杀了人来祭旗，那是军礼。——礼的内容在现代标准看去，可能是很残酷的。残酷与否并非合礼与否的问题。"子贡欲去告朔之饩羊。子曰：'赐也，尔爱其羊，我爱其礼。'"恻隐之心并没有使孔子同意取消相当残忍的行为。

维持礼这种规范的是传统。传统是社会所累积的经验。但是在乡土社会中，传统的重要性比现代社会更甚。那是因为在乡土社会里传统的效力更大。前人所用来解决生活问题的方案，尽可抄袭来作自己生活的指南。愈是经过前代生活中证明有效

---

[1] 〔《"礼治"吞噬人的灵魂》〕史韶梅 李智芳著，《现代语文（上旬·文学研究）》页115-115，北京十月文艺出版社，2006年。

的，也愈值得保守。于是"言必尧舜"，好古是生活的保障了。像这类的传统，不必知之，只要照办，生活就能得到保障的办法，自然会随之发生一套价值。我们说"灵验"，就是说含有一种不可知的魔力在后面。依照着做就有福，不依照了就会出毛病。于是人们对于传统有了敬畏之感了。

如果我们对行为和目的之间的关系不加推究，只按着规定的方法做，而且对于规定的方法带着不这样做就会有不幸的信念时，这套行为也就成了我们普通所谓"仪式"了。礼是按着仪式做的意思。礼并不是靠一个外在的权力来推行的，而是从教化中养成了个人的敬畏之感，使人服膺；人服礼是主动的。礼是合式的路子，是经教化过程而成为主动性的服膺于传统的习惯。

礼是传统，是整个社会历史在维持这种秩序。礼治社会是并不能在变迁很快的时代中出现的，这是乡土社会的特色。

（选自费孝通，《乡土中国·礼治秩序》，有删节）

1. 结合材料二和材料一，你觉得在体现乡土社会中"礼"的特点这方面，这两则材料有哪些相互照应的地方？（说出两条即可。）

2. 如果说孔乙己和陈士成自觉自愿地成为这种封建礼教人生模式的奴隶，才造成他们悲剧的话，那么在鲁迅笔下的《呐喊》与《彷徨》中，封建礼教的反抗者会脱离这种礼治秩序吗？请结合小说中的人物，详细谈一谈你的看法。（举出两例即可。）

写作宝库

语段一：

让我先说明，礼治社会并不是指文质彬彬，像《镜花缘》里所描写的君子国一般的社会。礼并不带有"文明"，或是"慈善"，或是"见了人点个头"、不穷凶极恶的意思。礼也可以杀人，可以很"野蛮"。譬如在印度有些地方，丈夫死了，妻子得在葬礼里被别人用火烧死，这是礼。又好像在缅甸有些地方，一个人成年时，一定要去杀几个人头回来，才能完成为成年礼而举行的仪式。我们在旧小说里也常读到杀了人来祭旗，那是军礼。——礼的内容在现代标准看去，可能是很残酷的。残酷与否并非合礼与否的问题。

【应用话题】礼教残酷 礼治杀人 反封建
【写作示例】
　　礼教，那看似温文尔雅的面纱下，隐藏着残酷的真相。正如费孝通所言："礼也可以杀人，可以很'野蛮'。"礼教像一把无形的刀，悄无声息地切割着人性的自由与真实。在古代，多少青年男女因礼教的束缚，被迫放弃真爱，甚至以生命为代价，维护那虚无缥缈的名节。如《红楼梦》中的林黛玉，她的爱情被礼教所扼杀，最终香消玉殒，成为反封建礼教的一声悲鸣。礼治，在某些时候，竟成了杀人的工具，让人不禁感叹：反封建之路，任重而道远。唯有打破这枷锁，人性方能真正解放，社会方能迎来真正的光明与进步。

语段二：
　　乡土社会是安土重迁的，生于斯、长于斯、死于斯的社会。不但是人口流动很小，而且人们所取给资源的土地也很少变动。在这种不分秦汉，代代如是的环境里，个人不但可以信任自己的经验，而且同样可以信任若祖若父的经验。

【应用话题】安土重迁 经验传承 薪火相传
【写作示例】
　　费孝通曾说："在这种不分秦汉，代代如是的环境里，个人不但可以信任自己的经验，而且同样可以信任若祖若父的经验。"的确如此，在那片古老而厚重的土地上，人们安土重迁，世代相守，将生活的智慧与经验，如同珍贵的火种，代代相传。老辈人手持锄头，在田间地头耕耘，将农耕的技巧与节气的奥秘，化作一句句口诀，传给下一代。年轻人则聆听教诲，用心体悟，将这份经验融入血脉，让农耕文明的薪火，在时代的变迁中依旧熠熠生辉。如此，经验传承，薪火相传，让这片土地永远充满生机与希望。

第九章
无讼

思维导图

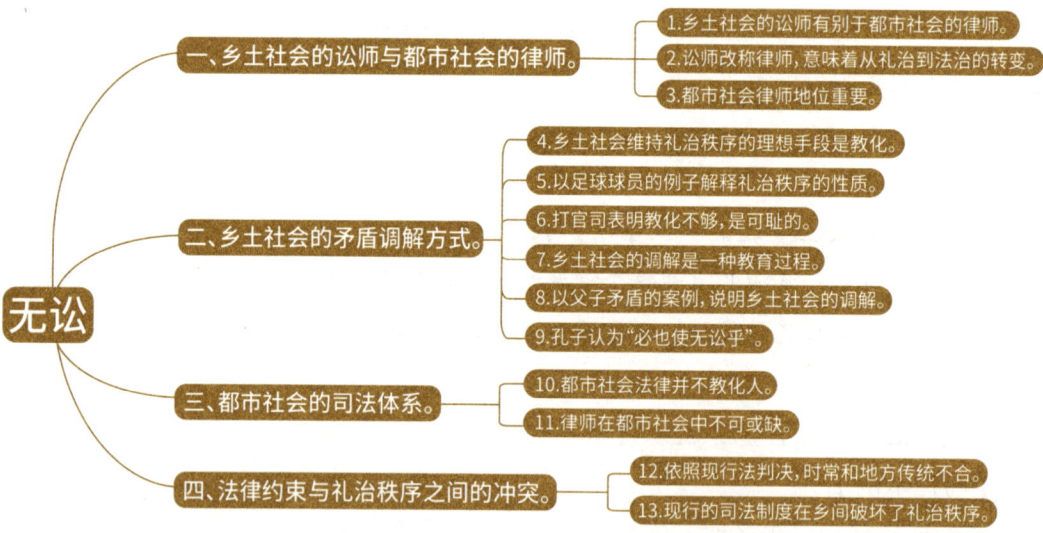

学习任务

1. 模拟乡土社会"调解纠纷"场景（如分家、争地）。
2. 撰写评论：如何看待"信访制度"中的"无讼"文化残留？
3. 分析讨论：调解优于诉讼？——乡土智慧还是法治阻碍？

关键词

耻讼心理、调解权威、秩序修复

基本概念

1. 无讼理想：诉讼被视为社会关系破裂的标志，和谐高于正义。
2. 第三方调解：长老、乡绅通过道德劝解而非法律裁决平息冲突。

内容摘要

乡土社会的纠纷解决以修复关系为目标，法律被视为破坏人情的外来工具；现代司法制度在乡村的"水土不服"反映文化转型的阵痛。

在乡土社会里，一说起"讼师"，大家就会联想到"挑拨是非"之类的恶行。作刀笔吏①的在这种社会里是没有地位的[1]。可是在都市里律师之上还要加个大字，报纸的封面可能全幅是律师的题名录。而且好好的公司和个人，都会去请律师作常年顾问。在传统眼光中，都市真是个是非场，规矩人是住不得的了。

讼师改称律师，更加大字在上；打官司改称起诉；包揽是非改称法律顾问——这套名词的改变正代表了社会性质的改变，也就是礼治社会变为法治社会。

在都市社会中一个人不明白法律，要去请教别人，并不是件可耻之事。事实上，普通人在都市里居住，求生活，很难知道有关生活、职业的种种法律。法律成了专门知识。不知道法律的人却又不能在法律之外生活。在有秩序的都市社会中，在法律之外生活就会捣乱社会的共同安全，于是这种人不能不有个顾问了。律师地位的重要从此获得。

但是在乡土社会的礼治秩序中做人，如果不知道"礼"，就成了撒野，没有规矩，简直是个道德问题，不是个好人。一个负责地方秩序的父母官，维持礼治秩序的理想手段是教化，而不是折狱②[3]。如果非打官司不可，那必然是因为有人破坏

阅读点拨

[1] 乡土社会中人们对讼师是排斥的，甚至用"讼棍"一词表达对其厌恶之情。

[2] 大都市里律师地位应该居于社会的中上层，律师在现代社会中的重要作用可见一斑。

[3] 父母官并非专业的法律人员，也非刑侦专家，导致冤假错案大量存在，民众对清官的渴盼也是这种现实的折射。

---

① 〔刀笔吏〕原指掌管文案的官吏，后称讼师为刀笔吏，顾名思义就是讼师熟悉法律的规定，文笔犀利，用笔如刀。
② 〔折狱〕判决诉讼案件。

阅读点拨

[1] 此处为类比论证，用足球比赛中裁判与运动员的关系类比乡土社会中父母官与打官司的人之间的关系。

了传统的规矩。在旧小说上，我们常见的听讼，亦称折狱的程序是：把"犯人"拖上堂，先各打屁股若干板，然后一方面大呼冤枉。父母官用了他"看相"式的眼光，分出那个"獐头鼠目"，必非好人，重加呵责，逼出供状，结果好恶分辨，冤也伸了，大呼青天。——这种程序在现代眼光中，会感觉到没有道理，但是在乡土社会中，这却是公认正当的。否则为什么这类记载，《包公案》①《施公案》②等能成了传统的畅销书呢？

我在上一次杂话中已说明了礼治秩序的性质。在这里我可以另打一个譬喻来说明：在我们足球比赛时[1]，裁判官吹了叫子③，说那个人犯规，那个人就得受罚，用不到由双方停了球辩论。最理想的球赛是裁判员形同虚设（除了做个发球或出界的信号员）。为什么呢？那是因为每个参加比赛的球员都应当事先熟悉规则，而且都事先约定根据双方同意的规则之下比赛，裁判员是规则的权威。他的责任是在察看每个球员的动作不越出规则之外。一个有Sportsmanship的球员并不会在裁判员的背后，向对方的球员偷偷地打一暗拳。如果发生此类事情，不但裁判员可以罚他，而且这个球员，甚至全球队的名誉即受影响。球员对于规则要谙熟，技艺要能做到从心所欲而不逾规④的程度，他需要长期的训练。如果发生有意犯规的举动，就可以说是训练不良，也是指导员的耻辱。

这个譬喻可以用来说明乡土社会对于讼事的看法。所谓礼治就是对传统规则的服膺。生活各方面，人和人的关系，都有着一定的规则。行为者对于这些规则从小就熟习，不问理由

---

① 〔《包公案》〕明代的通俗公案小说，又名《龙图公案》，书中讲述了宋代包拯破案的故事，小说塑造了包公秉公执法、清正廉明、为民除害的清官形象。
② 〔《施公案》〕清代的通俗公案小说，讲述了康熙年间清官施仕伦在江湖侠士黄天霸等帮助下铲除贪官污吏、破案捕盗的故事。
③ 〔叫子〕哨子。
④ 〔从心所欲而不逾规〕一般作"从心所欲不逾矩"，意思是人到了七十岁，做事就能随心所欲，不会超过规矩。语出《论语·为政》，原文是："吾十有五而志于学，三十而立，四十而不惑，五十而知天命，六十而耳顺，七十而从心所欲，不逾矩。"

而认为是当然的。长期的教育已把外在的规则化成了内在的习惯。维持礼俗的力量不在身外的权力,而是在身内的良心。所以这种秩序注重修身,注重克己。理想的礼治是每个人都自动地守规矩,不必有外在的监督。但是理想的礼治秩序并不是常有的。一个人可以为了自私的动机,偷偷地越出规矩。这种人在这种秩序里是败类无疑。每个人知礼是责任,社会假定每个人是知礼的,至少社会有责任要使每个人知礼。所以"子不教"成了"父之过"。这也是乡土社会中通行"连坐"的根据。儿子做了坏事情,父亲得受刑罚,甚至教师也不能辞其咎。教得认真,子弟不会有坏的行为。[1]打官司也成了一种可羞之事,表示教化不够。

在乡村里所谓调解,其实是一种教育过程。我曾在乡下参加过这类调解的集会。[2]我之被邀,在乡民看来是极自然的,因为我是在学校里教书的,读书知礼,是权威。其他负有调解责任的是一乡的长老。最有意思的是保长①从不发言,因为他在乡里并没有社会地位,他只是个干事。调解是个新名词,旧名词是评理。差不多每次都由一位很会说话的乡绅②开口。他的公式总是把那被调解的双方都骂一顿。"这简直是丢我们村子里脸的事!你们还不认了错,回家去。"接着教训了一番。有时竟拍起桌子来发一阵脾气。他依着他认为"应当"的告诉他们。这一阵却极有效,双方时常就"和解"了,有时还得罚他们请一次客。我那时常觉得像是在球常旁看裁判官吹叫子,罚球。

我记得一个很有意思的案子[3]:某甲已上了年纪,抽大烟。长子为了全家的经济,很反对他父亲有这嗜好,但也不便干涉。次子不务正业,偷偷抽大烟,时常怂恿老父亲抽大烟,他可以分润一些。有一次给长子看见了,就痛打他的弟弟,这

---
① 〔保长〕保长来源于保甲制度,保甲制度是中国封建王朝时代长期延续的一种社会统制手段,它的本质特征是以户即家庭为社会组织的基本单位,由若干户组成保,由保长负责管理。
② 〔乡绅〕中国封建社会在乡村社会有影响的人物,主要由科举及第未仕或落第士子、当地较有文化的中小地主、退休回乡或长期赋闲居乡养病的中小官吏、宗族元老等构成。

[1] 古代一人犯罪,甚至株连九族,可以佐证这一观点。

[2] 此处为例证,真实再现了乡土社会中调解纠纷的过程。

[3] 这一事例很真实,叙述也很生动简洁,体现了乡土社会折狱的过程,这一过程与上面的调解并无二致,不致力于维护个体的权利,以教化为主,追求社会的稳定有序。

阅读点拨

[1] 我国之前的公审公判大会，有教化人的目的，目的是以儆效尤。近些年随着社会治安的好转，再加上电视和互联网的推广，这种形式已经取消，这也是法治的进步。

[2] 现代社会，律师的地位不仅越来越重要。而且随着社会分工越来越细，律师的专业性也越来越强。

[3] 现在的乡村与费孝通先生写作本书时已经发生了很大的变化，普通老百姓现在怕打官司，主要是担心司法不公正，耗时费力，花销巨大。三十多年前张艺谋拍摄的电影《秋菊打官司》已经表现了农民开始用法律的武器维护自己的合法权利，三十年后的今天，依法维权已经被大多数农民认可。

弟弟赖在老父身上。长子一时火起，骂了父亲。家里大闹起来，被人拉到乡公所来评理。那位乡绅，先照例认为这是件全村的丑事。接着动用了整个伦理原则，小儿子是败类，看上去就不是好东西，最不好，应当赶出村子。大儿子骂了父亲，该罚。老父亲不知道管教儿子，还要抽大烟，受了一顿教训。这样，大家认了罚回家。那位乡绅回头和我发了一阵牢骚。一代不如一代，真是世风日下①。

子曰："听讼，吾犹人也，必也使无讼乎。②"——当时体会到了孔子说这话时的神气了。

现代都市社会中讲个人权利，权利是不能侵犯的。国家保护这些权利，所以定下了许多法律。一个法官并不考虑道德问题，伦理观念，他并不在教化人。刑罚的用意已经不复"以儆效尤③"，而是在保护个人的权利和社会的安全[1]。尤其在民法范围里，他并不是在分辨是非，而是在厘定权利。在英美以判例为基础的法律制度下，很多时间诉讼的目的是在获得以后可以遵守的规则。一个变动中的社会，所有的规则是不能不变动的，环境变了，相互权利不能不跟着改变。事实上并没有两个案子的环境完全相同，所以个人的权利应当怎样厘定，时常成为问题，因之构成诉讼，以获取可以遵守的判例，所谓Test case。在这种情形里自然不发生道德问题了。

现代的社会中并不把法律看成一种固定的规则了，法律一定得随着时间而改变其内容。也因之，并不能盼望各个在社会里生活的人都能熟悉这与时俱新的法律，所以不知道法律并不成为"败类"，律师也成了现代社会中不可缺的职业[2]。

中国正处在从乡土社会蜕变的过程中，原有对诉讼的观念还是很坚固地存留在广大的民间，也因之使现代的司法不能彻底推行[3]。第一是现行法里的原则是从西洋搬过来的，和旧有

---

① 〔世风日下〕指社会风气一天不如一天。
② 〔听讼，吾犹人也，必也使无讼乎〕出自《论语·颜渊篇》。意思是："审理狱讼案件，我与别人一样，一定要使诉讼的案件不发生。"
③ 〔以儆效尤〕用对一个坏人或一件坏事的严肃处理来警告那些学做坏事的人。

的伦理观念相差很大。我在前几篇杂话中已说过，在中国传统的差序格局中，原本不承认有可以施行于一切人的统一规则，而现行法却是采用个人平等主义的。这一套已经使普通老百姓不明白，在司法制度的程序上又是隔膜到不知怎样利用。在乡间普通人还是怕打官司的，但是新的司法制度却已推行下乡了。那些不容于乡土伦理的人物从此却找到了一种新的保障。他们可以不服乡间的调解而告到司法处去。当然，在理论上，这是好现象，因为这样才能破坏原有的乡土社会的传统，使中国能走上现代化的道路。但是事实上，到司法处去打官司的，正是那些乡间所认为"败类"的人物。依着现行法去判决（且把贪污那一套除外），时常可以和地方传统不合。乡间认为坏的行为却正可以是合法的行为，于是司法处在乡下人的眼光中成了一个包庇作恶的机构了。

有一位兼司法官的县长曾和我谈到过很多这种例子。有个人因妻子偷了汉子打伤了奸夫。在乡间这是理直气壮的，但是和奸①没有罪，何况又没有证据，殴伤却有罪。那位县长问我：他怎么判好呢？他更明白，如果是善良的乡下人，自己知道做了坏事决不会到衙门里来的。这些凭借一点法律知识的败类，却会在乡间为非作恶起来，法律还要去保护他。我也承认这是很可能发生的事实。现行的司法制度在乡间发生了很特殊的副作用，它破坏了原有的礼治秩序，但并不能有效地建立起法治秩序。法治秩序的建立不能单靠制定若干法律条文和设立若干法庭，重要的还得看人民怎样去应用这些设备。更进一步，在社会结构和思想观念上还得先有一番改革。如果在这些方面不加以改革，单把法律和法庭推行下乡，结果法治秩序的好处未得，而破坏礼治秩序的弊病却已先发生了。

理解与思考

1. 根据本章内容，解释下列概念。

  （1）无讼：_____

---

① 〔和奸〕旧律罪名，指通奸。

(2) 调解：

2.中国乡土社会对于讼事的看法是什么？为什么会形成这样的看法？

3.阅读完本章，你认为乡土社会真的没有诉讼吗？对此你是如何理解的？

材料题

阅读下面两段材料，完成文后的题目。

材料一

白鹿原

在闹"交农"事件的前后一年多时间里，《乡约》的条文松弛了，村里竟出现了赌窝，窝主就是庄场的白兴儿。抽吸鸦片的人也多了，其中两个烟鬼已经吸得倾家荡产，女人引着孩子到处去乞讨。他敲响了大锣，所有男人都集中到祠堂里来，从来也没有资格进入祠堂的白兴儿和那一伙子赌徒也被专意叫来。那两个烟鬼丧魂落魄的丑态已无法掩饰，张着口流着涎水，溜肩歪胯站在人背后。白嘉轩点燃了蜡烛，插上了紫香，让徐先生念了一些《乡约》的条文和戒律。白嘉轩说："赌钱掷骰子的人毛病害在手上，抽大烟的人毛病害在嘴上，手上有毛病的咱们来给他治手，嘴上有毛病的咱们就给他治嘴。"白嘉轩先叫了白兴儿的名字。白兴儿"扑通"一声跪到祠堂供桌前："我不赌了，我再不赌了！我再赌钱掷骰子就斫掉我的手腕子！"白嘉轩说"起来起来！跟我来——"白嘉轩把白兴儿叫到祠堂院子的槐树下，"背过身子举起手！"白兴儿背靠着槐树举起双手，人们清清楚楚看见了白兴儿那手指间的鸭蹼一样的皮，白兴儿平时总是把手藏在衣襟下边羞于露丑，白嘉轩又连着点出七个人的名字，有白姓的也有鹿姓的，有年轻的也有中老年的，一律背靠槐树举起了双手。白嘉轩着人用一条麻绳把那八双手捆绑在槐树上，然后又着人用干枣刺刷子抽打，八个人的粗的细的嗓门就一齐哭叫起来。白嘉轩问："说！各人都说出自个赢了多少输了多少。"白兴儿和那六个人都哭泣着声如实报了数。白嘉轩默默算计一番，赢的和输的数目大致吻合，可以证明他们尚未说谎，就说："输了钱的留下，赢了钱的回去取钱。"白兴儿和另两个赢主儿被解下手，然后跑回家取了钱又跑来，按族长的眼色把银元掏出来放到桌子上。白嘉轩说："谁输了多少就取多少。"那五个输家被解下来，做梦也没有想到会有失财复得的事，颤巍巍地从桌子上码数了银元，顾不得被刺刷打得血淋淋的手疼，便趴在地上叩头："嘉轩爷（叔哥）我再也不……"白嘉轩却冷着脸呵斥道："起来起来！你们八个人这下记住了没？记住了？谁敢信啊！把锅抬过来——"几个人把一只大铁锅抬来了，锅里是刚刚架着硬柴烧滚的开水。白嘉轩说："谁说记下了就把手塞进去，我才信。"几个输家咬咬牙就把手插进滚水里，当即被烫得跳着脚甩着手在院子里打转转。白兴儿和两个赢家也把手插进滚水锅里，直烫得叫爸叫爷叫妈不迭。白嘉轩说："我说一句，你们再记不下再赌的话，下回就不是滚水而是煎油！"

　　接着两个烟鬼被叫到众人面前，早已吓得抖索不止了，白嘉轩用十分委婉的口气问："你俩的屋里人和娃娃呢？"俩人吭哧半晌，耷拉着脑袋嗫嗫嚅嚅地说，"回娘家去了！""要……要饭去了！"白嘉轩皱着眉头，痛苦不堪地说："一个引着娃娃回娘家去了，一个引着娃娃沿街乞讨去了。你俩想想，一个出嫁的女人引着娃娃回娘家混饭吃是啥味气？一个年轻女人引着娃娃日里蹭人家门框夜里睡庙台子是啥味气？"白嘉轩说到这儿已经动心伤情，眼角润湿，声音哽咽了。众人鸦雀无声，有软心肠的人也开始抽泣抹泪。白嘉轩说："我已经着人把你俩的女人和娃娃找回来了。你们来——"众人吃惊地看见，两个年龄相差不多的女人拖着儿女从徐先生的居室里出来了，羞愧地站在众人面前。那个讨饭的女人衣服破烂，面容憔悴，好多人架不住这种刺激就吼喊起来："捶死这俩烟鬼！"白嘉轩说："女人娃娃逢着这号男人这号老子就有遭不尽的罪。我想这两个女人丢的不光是自个的脸，也丢尽白鹿一村人的脸！我提议把祠堂官地的存粮给她俩一家周济几斗……大家悦意不悦意？"悦意的人先表示了悦意，随之就数落起烟鬼的无德；不悦意的人先斥责烟鬼的败家子行径，随之就表示根本不该予以同情，但究竟是人数不多。两个烟鬼羞愧难当，无地自容，跪趴在众人面前抬不起头，喊说："族长，你用枣刺刷子抽我这号不要脸的东西！我再要是抽大烟，你就把我下油锅！"烟鬼们无以数计的丢脸丧德的传闻使他根本不相信这些誓言，他还没听说过有哪一个烟鬼不是强迫而是自觉戒掉了这恶习的。他立时变了脸:"我刚才说了,你俩的毛病害在嘴上,得治嘴。我给你俩买下一服良药,专治大烟瘾。端来——"什么良药尚未端进门来,一股令人窒息的恶臭已经传进祠堂院庭,众人哗然,是屎啊!后来,两个烟鬼果然戒了大烟,也在白鹿村留下了久传不衰的笑柄。

(选自《白鹿原》[①]第八章)

材料二:

但是在乡土社会的礼治秩序中做人,如果不知道"礼",就成了撒野,没有规矩,简直是个道德问题,不是个好人。一个负责地方秩序的父母官,维持礼治秩序的理想手段是教化,而不是折狱。如果非打官司不可,那必然是因为有人破坏了传统的规矩。在旧小说上,我们常见的听讼,亦称折狱的程序是:把"犯人"拖上堂,先各打屁股若干板,然后一方面大呼冤枉。父母官用了他"看相"式的眼光,分出那个"獐头鼠目",必非好人,重加呵责,逼出供状,结果好恶分辨,冤也伸了,大呼青天。——这种程序在现代眼光中,会感觉到没有道理,但是在乡土社会中,这却是公认正当的。否则为什么这类记载,《包公案》《施公案》等能成了传统的畅销书呢?

我在上一次杂话中已说明了礼治秩序的性质。在这里我可以另打一个譬喻来说明:在我们足球比赛时,裁判官吹了叫子,说那个人犯规,那个人就得受罚,用不到由双方停了球辩论。最理想的球赛是裁判员形同虚设(除了做个发球或出界的信号员)。为什么呢?那是因为每个参加比赛的球员都应当事先熟悉规则,而且都事先约定根据双方同意的规则之下比赛,裁判员是规则的权威。他的责任是在察看每个球员的动作不越出规则之外。一个有Sportsmanship的球员并不会在裁判员的背后,向对方的球员偷偷地打一暗拳。如果发生此类事情,不但裁判员可以罚他,而且这个球员,甚至全球队的名誉即受影响。球员对于规则要谙熟,技艺要能做到从心所欲而不逾规的程度,他需要长期的训练。如果发生有意犯规的举动,就可以说是训练不良,也是指导员的耻辱。

这个譬喻可以用来说明乡土社会对于讼事的看法。所谓礼治就是对传统规则的服膺。生活各方面,人和人的关系,都有着一定的规则。行为者对于这些规则从小就熟习,不问理由而认为是当然的。长期的教育已把外在的规则化成了内在的习惯。维持礼俗的力量不在身外的权力,而是在身内的良心。所以这种秩序注重修身,注重克己。理想的礼治是每个人都自动地守规矩,不必有外在的监督。但是理想的礼治秩序并不是常有的。一个人可以为了自私的动机,偷偷地越出规矩。这种人在这种秩序里

[①] 〔《白鹿原》〕陈忠实著,页109-112,人民文学出版社,1997年。

是败类无疑。每个人知礼是责任，社会假定每个人是知礼的，至少社会有责任要使每个人知礼。所以"子不教"成了"父之过"。这也是乡土社会中通行"连坐"的根据。儿子做了坏事情，父亲得受刑罚，甚至教师也不能辞其咎。教得认真，子弟不会有坏的行为。打官司也成了一种可羞之事，表示教化不够。

（选自《乡土中国·无讼》）

1. 结合这两段文字，分析白嘉轩为什么能够让村里抽大烟赌钱的人痛改前非？

2. 白嘉轩惩治赌钱、抽大烟的行为在当时是被村民称赞的，被惩治的人也是心悦诚服的，但今天看来，白嘉轩的做法已经触犯了今天的法律，在今天的乡村已经不被接受了，你如何看待这一变化？

写作宝库

语段一：

维持礼俗的力量不在身外的权力，而是在身内的良心。所以这种秩序注重修身，注重克己。理想的礼治是每个人都自动地守规矩，不必有外在的监督。但是理想的礼治秩序并不是常有的。一个人可以为了自私的动机，偷偷地越出规矩。

【应用话题】纪律与自由 成长 理想与现实

这一段话分析礼治对个体的要求，分析了礼治诉诸人的内心的作用。外在的权力只有被社会成员认可接受才能发挥作用，理想的状态是无为而治，每个人都熟悉规则，认真遵守规则。

【写作示例】

理想的状态是每个人都自动地遵守纪律，没有外在的约束，但是这种理想的状态并不常有，常常有人为了个体的自由，有意无意地破坏纪律。因此，要保证良好的纪律一方面要求每个人都注重修身，注重克己，真正的纪律不是外在的约束，而是每个人内化于心的高度自律。另一方面明确的要求以及适当的奖惩必不可少，否则只依靠每个人的高度自觉，想要保证良好的纪律无异于望梅止渴、纸上谈兵。

一个人的成长不取决于外在的要求，而取决于一个人的内驱动力。所以一个人只有从内心深处生长出让自己更加优秀的愿望，方能产生巨大的内在驱动力，内在驱动力增强了，比许多外在的要求更能让一个人变得更加卓越。

语段二：
现代都市社会中讲个人权利，权利是不能侵犯的。国家保护这些权利，所以定下了许多法律。一个法官并不考虑道德问题，伦理观念，他并不在教化人。刑罚的用意已经不复"以儆效尤"，而是在保护个人的权利和社会的安全。

【应用话题】道德与法律　个人权利与法律　惩戒与教育

这段话分析了现代社会法律的作用：保护个人权利和社会的安全。它不考虑善恶伦理，并不在劝善。理解这句话有助于学生在写作中明确法律的作用，理解国家制定许多政策法规的原因，更好地辨析法律与道德的关系。同时也有助于学生理解当代社会个人的权利的合法性。学生在论述学校里的一些违法违规现象时可以辨析国家法律与学校纪律的差异性，纪律很重要的作用是保障学校的正常秩序，同时也有教育学生的作用，这就是学校往往对严重违纪的学生进行公开处理的原因。

【写作示例】

道德不能强制人做什么或者不做什么，它诉诸人的内心，影响人的认知，形成社会舆论，规范人们的行为。而法律依靠国家强制力保证实行，它不是温情脉脉的教化，刑罚的用意也不是以儆效尤，而是保证个人的合法权利和社会的安全。

惩戒是教育，但教育不只是惩戒。教育要诉诸人的内心，影响人的认知，改变人的行为，教育的惩戒既是对犯错个体的惩处，更有以儆效尤的用意。如果只是惩戒，教育如同冷冰冰的刑罚，失去了温度，教育也将失去生命。

第十章 无为政治

思维导图

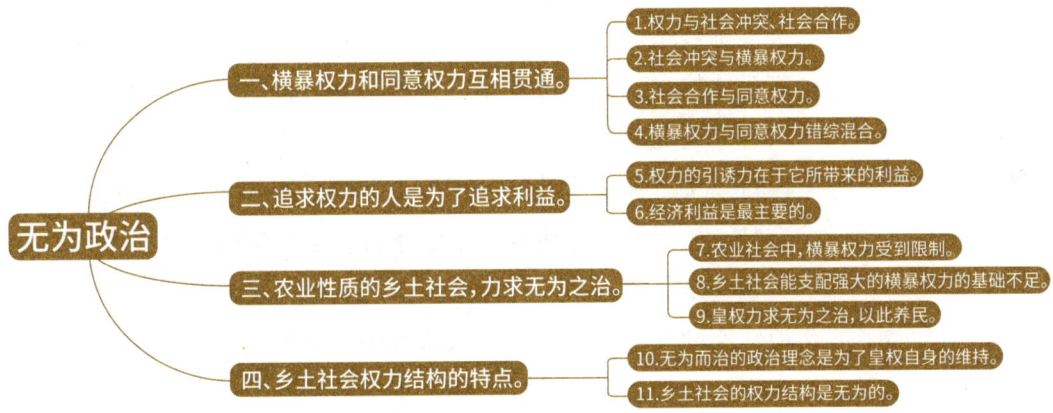

学习任务

1. 结合黄仁宇《万历十五年》分析皇权与乡土自治的关系。
2. 设计思维导图：比较"横暴权力""同意权力""教化权力"。

关键词

权力真空、小农经济、弱化控制

基本概念

1. 横暴权力：基于暴力压迫的权力（如皇权征税）。
2. 同意权力：基于社会契约的权力（如村民自治）。

内容摘要

乡土社会的自给自足性使中央权力仅维持象征性统治，实际治理依赖地方内生权威；这种"无为"本质是权力与资源的平衡结果。

阅读点拨

[1] 掌握权力的人对其他人享有强制支配权，其他人必须服从。

论权力的人多少可以分成两派，两种看法：一派是偏重在社会冲突的一方面，另一派是偏重在社会合作的一方面。两者各有偏重，所看到的不免也各有不同的地方。

从社会冲突一方面着眼的，权力表现在社会不同团体或阶层间主从①的形态里。在上的是握有权力的，他们利用权力去支配在下的[1]，发号施令，以他们的意志去驱使被支配者的行动。权力，依这种观点说，是冲突过程的持续，是一种休战状态中的临时平衡。冲突的性质并没有消弭②，但是武力的阶段过去了，被支配的一方面已认了输，屈服了。但是他们并没有甘心接受胜利者所规定下的条件，非心服也。于是两方面的关系中发生了权力。权力是维持这关系所必需的手段，它是压迫性质的，是上下之别。从这种观点上看去，政府，甚至国家组织，凡是握有这种权力的，都是统治者的工具。跟下去还可以说，政府，甚至国家组织，只存在于阶级斗争的过程中。如果有一天"阶级斗争"的问题解决了，社会上不分阶级了，政府，甚至国家组织，都会像秋风里的梧桐叶一般自己凋谢落地。——这种权力我们不妨称之为横暴权力。

从社会合作一方面着眼的，却看到权力的另一性质。社会分工的结果使得每个人都不能"不求人"而生活。分工对于每个人都是有利的，因为这是经济的基础，人可以花费较少劳力得到较多收获；劳力是成本，是痛苦的，人靠了分工，减轻了生活担子，增加了享受。享受固然是人所乐从的，但贪了这种便宜，每个人都不能自足了，不能独善其身③，不能不管"闲

---

① 〔主从〕主导与从属。
② 〔消弭（mǐ）〕消灭、消失。
③ 〔独善其身〕《孟子·尽心上》："穷则独善其身。"意思是人处境困难了，就修养好自己。这里指每个人只是做好自己，不去干涉别人的事情。

事"，因为如果别人不好好地安于其位地做他所分的工作，就会影响自己的生活。这时，为了自己，不能不干涉人家了。同样，自己如果不尽其分，也会影响人家，受着人家的干涉。这样发生了权利和义务，从干涉别人一方面说是权利，从自己接受人家的干涉一方面说是义务。各人都有维持各人的工作、维持各人可以互相监督的责任。没有人可以"任意"依自己高兴去做自己想做的事，而得遵守着大家同意分配的工作。可是这有什么保障呢？如果有人不遵守怎么办呢？这就发生了共同授予的权力。这种权力的基础是社会契约，是同意。社会分工愈复杂，这权力也愈扩大[1]。如果不愿意受这种权力的限制，只有回到"不求人"的境界里去做鲁滨逊，那时才真的顶天立地。不然，也得"小国寡民①"以减少权力。再说得清楚些，得抛弃经济利益，不讲享受，像人猿泰山②一般回到原始生活水准上去。不然的话，这种权力也总解脱不了。——这种权力我们不妨称之为同意权力。

　　这两种看法都是有根据的，并不冲突的，因为在人类社会里这两种权力都存在，而且在事实层里，统治者，所谓政府，总同时代表着这两种权力，不过是配合的成分上有不同。原因是社会分化不容易，至少以已往的历史说，只有合作而没有冲突。这两种过程常是互相交割，错综混合，冲突里有合作，合作里有冲突，不很单纯的。所以上面两种性质的权力是概念上的区别，不常是事实上的区分[2]。我们如果要明白一个社区的权力结构就不能不从这两种权力怎样配合上去分析。有的社区偏重在这方面，有的社区偏重在那方面；而且更可以在一社区中，某些人间发生那一种权力关系，某些人间发生另一种权力关系。譬如说美国，表面上是偏重同意权力的，但是种族之间，事实上，却依旧是横暴权力在发生作用。

---

① 〔小国寡民〕出自《老子》。意思是国家小，人民少，常用于自谦。
② 〔人猿泰山〕美国导演W·S·范戴克1932年拍摄的电影，后来又多次重拍。电影主要内容是英国女孩简在非洲探险的过程中，遇到了一个名叫泰山的人猿，两个人之间发生了一系列故事。文中指的是电影中的角色泰山。

阅读点拨

[1] 同意权力是社会分工与合作的需要，是人类社会发展进步的必然。

[2] 现代社会的民选政府，选举意味着全体国民授予其同意权力，在实际管理过程中，政府实施的大多是横暴权力。

[1] 古人说:天下熙熙,皆为利来;天下攘攘,皆为利往。古代官场,自然更是如此。

有人觉得权力本身是具有引诱力的,人有"权力的饥饿"。这种看法忽略了权力的工具性。人也许因为某种心理变态可能发生单纯的支配欲或所谓Sadism(残酷的嗜好),但这究竟不是正常。人们喜欢的是从权力得到的利益。如果握在手上的权力并不能得到利益,或是利益可以不必握有权力也能得到的话,权力引诱也就不会太强烈。譬如英国有一次民意测验,愿意自己孩子将来做议员或做阁员的人的比例很低。在英国做议员或做阁员的人薪水虽低,还是有着社会荣誉的报酬,大多数的人对此尚且并无急于攀登之意,如果连荣誉都不给的话,使用权力的人真成为公仆时,恐怕世界上许由①、务光②之类的人物也将不足为奇了。

权力之所以引诱人,最主要的应当是经济利益。[1]在同意权力下,握有权力者并不是为了要保障自身特殊的利益,所以社会上必须用荣誉和高薪来延揽。至于横暴权力和经济利益的关系就更为密切了。统治者要用暴力来维持他们的地位不能是没有目的的,而所具的目的也很难想象不是经济的。我们很可以反过来说,如果没有经济利益可得,横暴权力也没有多大的意义,因之也就不易发生。

甲团体想用权力来统治乙团体以谋得经济利益,必须有一前提:就是乙团体的存在可以供给这项利益;说得更明白一些,乙团体的生产量必须能超过他的消费量,然后有一些剩余去引诱甲团体来征服他。这是极重要的。一个只有生产他生存必需的消费品的人是并没有资格做奴隶的。我说这话意思是想指出农业社会中横暴权力的限制。在广西瑶山里调查时,我常见到汉人侵占瑶人的土地,而并不征服瑶人来做奴隶。原因当然很多,但主要的一个,依我看来,是土地太贫乏,而种水田的瑶人,并不肯降低生活程度,做汉人的佃户③。如果瑶人打不过汉人,他们就放弃土地搬到别处去。在农业民族的争斗中,

---

① 〔许由〕古代隐士。传说尧帝想把天下让给他,他隐居到颍水之北的箕山下。
② 〔务光〕古代隐士。传说商汤想让位给他,他不肯接受,沉水而死。
③ 〔佃户〕租种地主土地的农民。

最主要的方式是把土著赶走而占据他们的土地自己来耕种。[1]尤其在人口已经很多,劳力可以自足,土地利用已到了边际的时候更是如此。我们读历史,常常可以找到"坑卒几万人①"之类的记录,至于见人便杀的流寇,一直到不久之前还是可能遭遇的经验。这种情形大概不是工业性的侵略权力所能了解的。

我并不是说在农业性的乡土社会基础上并不能建立横暴权力。相反,我们常见这种社会是皇权的发祥地②,那是因为乡土社会并不是一个富于抵抗能力的组织。农业民族受游牧民族的侵略是历史上不断的记录。这是不错的,东方的农业平原正是帝国的领域,但是农业的帝国是虚弱的,因为皇权并不能滋长壮健,能支配强大的横暴权力的基础不足,农业的剩余跟着人口增加而日减,和平又给人口增加的机会。

中国的历史很可助证这个看法:一个雄图大略的皇权,为了开疆辟土,筑城修河,这些原不能说是什么虐政,正可视作一笔投资,和罗斯福造田纳西工程性质可以有相类之处。但是缺乏储蓄的农业经济却受不住这种工程的费用,没有足够的剩余,于是怨声载道,与汝偕亡③地和皇权为难了。这种有为的皇权不能不同时加强它对内的压力,费用更大,陈胜吴广之流,揭竿而起,天下大乱了。人民死亡遍地,人口减少了,于是乱久必合,又形成一个没有比休息更能引诱人的局面,皇权力求无为,所谓养民。养到一个时候,皇权逐渐累积了一些力量,这力量又刺激皇帝的雄图大略,这种循环也因而复始。

为了皇权自身的维持,在历史的经验中,找到了"无为"的生存价值,确立了无为政治的理想。

横暴权力有着这个经济的拘束,于是在天高皇帝远的距离下,把乡土社会中人民切身的公事让给了同意权力去活动

---

① 〔坑卒几万人〕古代战争中用挖坑活埋的方式杀死俘虏,规模大的一次活埋几万人。
② 〔发祥地〕最早指古代帝王祖先兴起的地方,后指民族、文化等的发源地。
③ 〔与汝偕亡〕出自《尚书·汤誓》。夏朝末代君王桀非常暴虐,百姓用"时日曷丧,吾与汝偕亡"来诅咒他,表达了希望桀早日灭亡,自己也愿意与他同归于尽的愿望。这句话后来成为对仇敌切齿痛恨、不共戴天的决心的象征。

[1] 传统农业社会的战争大多是为了抢占土地,而游牧民族掠夺人口和财物的情形更为常见。

了。可是同意权力却有着一套经济条件的限制。依我在上面所说的，同意权力是分工体系的产物。分工体系发达，这种权力才能跟着扩大。乡土社会是个小农经济，在经济上每个农家，除了盐铁之外，必要时很可关门自给。于是我们很可以想象同意权力的范围也可以小到"关门"的程度。在这里我们可以看到的是乡土社会里的权力结构，虽则名义上可以说是"专制""独裁"，但是除了自己不想持续的末代皇帝之外，在人民实际生活上看，是松弛和微弱的，是挂名的，是无为的。

理解与思考

1. 根据文章内容，写出下列概念的含义。

　　（1）横暴权力_____

　　_____

　　（2）同意权力_____

　　_____

　　（3）无为政治_____

　　_____

2. 有人说乡土社会是"皇权不下县，县下皆自治"，结合本章内容，谈谈你对这句话的理解。

　　_____

　　_____

3. 中国历史上，为什么像秦始皇这样"有为"的皇帝却不能维持王朝的长治久安？

　　_____

　　_____

材料题

阅读下面的文字，完成后面的题目。

材料一

　　太阳收尽了他最末的光线了，水面暗暗地回复过凉气来；土场上一片碗筷声响，人人的脊梁上又都吐出汗粒。七斤嫂吃完三碗饭，偶然抬起头，心坎里便禁不住突突地发跳。伊透过乌桕叶，看见又矮又胖的赵七爷正从独木桥上走来，而且穿着宝蓝色竹布的长衫。

　　赵七爷是邻村茂源酒店的主人，又是这三十里方圆以内的唯一的出色人物兼学问家；因为有学问，所以又有些遗老的臭味。他有十多本金圣叹批评的《三国志》，时常坐着一个字一个字的读；他不但能说出五虎将姓名，甚而至于还知道黄忠表字汉升和马超表字孟起。革命以后，他便将辫子盘在顶上，像道士一般；常常叹息说，倘若赵子龙在世，天下便不会乱到这地步了。七斤嫂眼睛好，早望见今天的赵七爷已经不是道士，却变成光滑头皮，乌黑发顶；伊便知道这一定是皇帝坐了龙庭，而且一定须有辫子，而且七斤一定是非常危险。因为赵七爷的这件竹布长衫，轻易是不常穿的，三年以来，只穿过两次：一次是和他怄气的麻子阿四病了的时候，一次是曾经砸烂他酒店的鲁大爷死了的时候；现在是第三次了，这一定又是于他有庆，于他的仇家有殃了。

　　七斤嫂记得，两年前七斤喝醉了酒，曾经骂过赵七爷是"贱胎"，所以这时便立刻直觉到七斤的危险，心坎里突突地发起跳来。

　　赵七爷一路走来，坐着吃饭的人都站起身，拿筷子点着自己的饭碗说，"七爷，请在我们这里用饭！"七爷也一路点头，说道"请请"，却一径走到七斤家的桌旁。七斤们连忙招呼，七爷也微笑着说"请请"，一面细细的研究他们的饭菜。

　　"好香的干菜，——听到了风声了么？"赵七爷站在七斤的后面七斤嫂的对面说。

　　"皇帝坐了龙庭了。"七斤说。

　　七斤嫂看着七爷的脸，竭力陪笑道，"皇帝已经坐了龙庭，几时皇恩大赦呢？"

　　"皇恩大赦？——大赦是慢慢的总要大赦罢。"七爷说到这里，声色忽然严厉起来，"但是你家七斤的辫子呢，辫子？这倒是要紧的事。你们知道：长毛时候，留发不留头，留头不留发，……"

　　七斤和他的女人没有读过书，不很懂得这古典的奥妙，但觉得有学问的七爷这么说，事情自然非常重大，无可挽回，便仿佛受了死刑宣告似的，耳朵里嗡的一声，再也说不出一句话。

"一代不如一代，——"九斤老太正在不平，趁这机会，便对赵七爷说，"现在的长毛，只是剪人家的辫子，僧不僧，道不道的。从前的长毛，这样的么？我活到七十九岁了，活够了，从前的长毛是——整匹的红缎子裹头，拖下去，拖下去，一直拖到脚跟；王爷是黄缎子，拖下去，黄缎子；红缎子，黄缎子，——我活够了，七十九岁了。"

七斤嫂站起身，自言自语的说，"这怎么好呢？这样的一班老小，都靠他养活的人，……"

赵七爷摇头道，"那也没法。没有辫子，该当何罪，书上都一条一条明明白白写着的。不管他家里有些什么人。"

七斤嫂听到书上写着，可真是完全绝望了；自己急得没法，便忽然又恨到七斤。伊用筷子指着他的鼻尖说，"这死尸自作自受！造反的时候，我本来说，不要撑船了，不要上城了。他偏要死进城去，滚进城去，进城便被人剪去了辫子。从前是绢光乌黑的辫子，现在弄得僧不僧道不道的。这囚徒自作自受，带累了我们又怎么说呢？这活死尸的囚徒……"

村人看见赵七爷到村，都赶紧吃完饭，聚在七斤家饭桌的周围。七斤自己知道是出场人物，被女人当大众这样辱骂，很不雅观，便只得抬起头，慢慢地说道：

"你今天说现成话，那时你……"

"你这活死尸的囚徒……"

看客中间，八一嫂是心肠最好的人，抱着伊的两周岁的遗腹子，正在七斤嫂身边看热闹；这时过意不去，连忙解劝说，"七斤嫂，算了罢。人不是神仙，谁知道未来事呢？便是七斤嫂，那时不也说，没有辫子倒也没有什么丑么？况且衙门里的大老爷也还没有告示，……"

七斤嫂没有听完，两个耳朵早通红了；便将筷子转过向来，指着八一嫂的鼻子，说，"阿呀，这是什么话呵！八一嫂，我自己看来倒还是一个人，会说出这样昏诞胡涂话么？那时我是，整整哭了三天，谁都看见；连六斤这小鬼也都哭，……"六斤刚吃完一大碗饭，拿了空碗，伸手去嚷着要添。七斤嫂正没好气，便用筷子在伊的双丫角中间，直扎下去，大喝道，"谁要你来多嘴！你这偷汉的小寡妇！"

扑的一声，六斤手里的空碗落在地上了，恰巧又碰着一块砖角，立刻破成一个很大的缺口。七斤直跳起来，捡起破碗，合上了检查一回，也喝道，"入娘的！"一巴掌打倒了六斤。六斤躺着哭，九斤老太拉了伊的手，连说着"一代不如一代"，一同走了。

八一嫂也发怒，大声说，"七斤嫂，你'恨棒打人'……"

赵七爷本来是笑着旁观的；但自从八一嫂说了"衙门里的大老爷没有告示"这话以后，却有些生气了。这时他已经绕出桌旁，接着说，"'恨棒打人'，算什么呢。大兵是就要到的。你可知道，这回保驾的是张大帅，张大帅就是燕人张翼德的后代，他一支丈八蛇矛，就有万夫不当之勇，谁能抵挡他，"他两手同时捏起空拳，仿佛握着无形的蛇矛模样，向八一嫂抢进几步道，"你能抵挡他么！"

八一嫂正气得抱着孩子发抖，忽然见赵七爷满脸油汗，瞪着眼，对准伊冲过来，便十分害怕，不敢说完话，回身走了。赵七爷也跟着走去，众人一面怪八一嫂多事，一面让开路，几个剪过辫子重新留起的便赶快躲在人丛后面，怕他看见。赵七爷也不细心察访，通过人丛，忽然转入乌桕树后，说道"你能抵挡他么！"跨上独木桥，扬长去了。

(选自鲁迅《呐喊·风波》[1]，有删节)

材料二

为了皇权自身的维持，在历史的经验中，找到了"无为"的生存价值，确立了无为政治的理想。

横暴权力有着这个经济的拘束，于是在天高皇帝远的距离下，把乡土社会中人民切身的公事让给了同意权力去活动了。可是同意权力却有着一套经济条件的限制。依我在上面所说的，同意权力是分工体系的产物。分工体系发达，这种权力才能跟着扩大。乡土社会是个小农经济。在经济上每个农家，除了盐铁之外，必要时很可关门自给。于是我们很可以想象同意权力的范围也可以小到"关门"的程度。在这里我们可以看到的是乡土社会里的权力结构，虽则名义上可以说是"专制""独裁"，但是除了自己不想持续的末代皇帝之外，在人民实际生活上看，是松弛和微弱的，是挂名的，是无为的。

(节选自费孝通《乡土中国》第十章《无为政治》)

1. 结合这两段文字的内容分析，赵七爷说的大兵会来乡下捉拿七斤吗？为什么？

---

[1] 〔《呐喊》〕鲁迅著，页58-62，人民文学出版社，2023年。

2. 七斤、赵七爷生活的村子离县城很远，很少有人看衙门的告示，那么村子的人是如何按部就班地生活的？他们之间发生了矛盾又会怎么处理的呢？

_____
_____
_____

写作宝库

语段一：
如果不愿意受这种权力的限制，只有回到"不求人"的境界里去做鲁滨逊，那时才真的顶天立地。不然，也得"小国寡民"以减少权力。再说得清楚些，得抛弃经济利益，不讲享受，像人猿泰山一般回到原始生活水准上去。

【应用话题】 自由与限制 人际交往 全球化与闭关锁国

【写作示例】
如果不愿意接受纪律的约束，那只能到荒岛上做鲁滨逊，或者始终一个人生活，与别人"老死不相往来"，说得再清楚一些，就得抛弃现在的一切享受，绝圣弃智，像人猿泰山一般做原始人去。

语段二：
社会分工的结果使得每个人都不能"不求人"而生活。分工对于每个人都是有利的，因为这是经济的基础，人可以花费较少劳力得到较多收获；劳力是成本，是痛苦的，人靠了分工，减轻了生活担子，增加了享受。享受固然是人所乐从的，但贪了这种便宜，每个人都不能自足了，不能独善其身，不能不管"闲事"，因为如果别人不好好地安于其位地做他所分的工作，就会影响自己的生活。

【应用话题】 分工与合作 律己与律人 付出与享受

【写作示例】
分工减轻了每个人的负担，增加了享受，但需要人们不能只做好自己的工作，还要他人各司其职，因为如果一部分不做好他的分内工作，就会影响所有人的生活，大家的生活质量都会下降。因此，现代社会中每个人做好自己之外，还要承担管理他人的责任，因此也就有了舆论、规章、法律等等。

第十一章 长老统治

思维导图

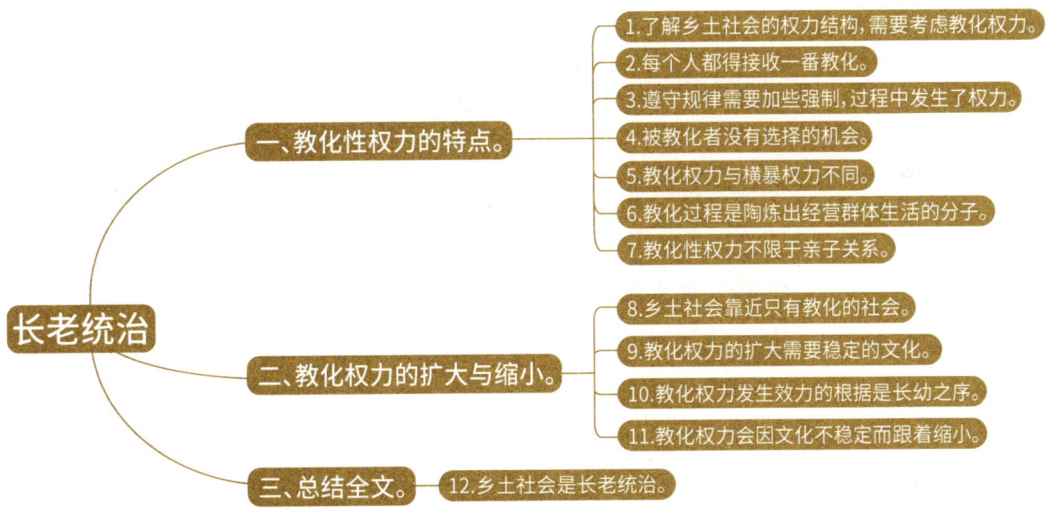

学习任务

1. 采访长辈，记录家族中"长老权威"的具体表现（如祭祀主持权）。
2. 分析"年轻人返乡创业"对长老统治的挑战。

关键词

文化霸权、经验垄断、代际更替

基本概念

1. 教化权力：通过掌握文化解释权获得的合法性权威。

2.社会继替：权力在新旧世代间的非对抗性转移。

内容摘要

长老统治依赖传统经验的有效性，当社会剧变导致经验失效时，长老权威面临瓦解，如当代乡村"老人政治"的衰落。

阅读点拨

[1] 这句话诙谐风趣，严谨的学术论文中也有小幽默。

要了解乡土社会的权力结构，只从我在上篇所分析的横暴权力和同意权力两个概念去看还是不够的。我们固然可以从乡土社会的性质上去说明横暴权力所受到事实上的限制，但是这并不是说乡土社会权力结构是普通所谓"民主"形式的。民主形式根据同意权力，在乡土社会中，把横暴权力所加上的一层"政府"的统治揭开，在传统的无为政治中这层统治本是并不很强的，基层上所表现出来的也并不完全是许多权利上相等的公民共同参与的政治。这里正是讨论中国基层政治性质的一个谜。有人说中国虽没有政治民主，却有社会民主。也有人说中国政治结构可分为两层，不民主的一层压在民主的一层上边。这些看法都有一部分近似，说近似而不说确当是因为这里还有一种权力，既不是横暴性质，又不是同意性质；既不是发生于社会冲突，又不是发生于社会合作；它是发生于社会继替的过程，是教化性的权力，或是说爸爸式的[1]，英文里是 Paternalism。

社会继替是我在《生育制度》一书中提出来的一个新名词，但并不是一个新的概念，这就是指社会成员新陈代谢的过程。生死无常，人寿有限。从个人说这个世界不过是个逆旅①，寄寓于此的这一阵子，久暂相差不远。但是这个逆旅却是有着比任何客栈、饭店更复杂和更严格的规律。没有一个新来的人，是在进门之前就明白这一套的。不但如此，到这"逆旅"里来的，又不是由于自己的选择，来了之后又不得任意搬家；只此一家，别无分店。当然，在这大店里有着不同部分；

---

① 〔逆旅〕客舍、旅店。

每个部分，我们称之为不同文化的区域，有着不完全一样的规律，但是有规律这一点却并无轩轾①。没有在墙壁上不挂着比"十诫"②还多的"旅客须知"的。因之，每个要在这逆旅里生活的人就得接受一番教化[1]，使他能在这些众多规律之下，从心所欲而不碰着铁壁。

　　社会中的规律有些是社会冲突的结果，也有些是社会合作的结果。在个人行为的四周所张起的铁壁，有些是横暴的，有些是同意的。但是无论如何，这些规律是要人遵守的，规律的内容是要人明白的。人如果像蚂蚁或是蜜蜂，情形也就简单了。群体生活的规律有着生理的保障，不学而能。人的规律类皆人为。用筷子夹豆腐，穿了高跟鞋跳舞不践别人的脚，真是难为人的规律；不学，不习，固然不成，学习时还得不怕困，不惮烦。不怕困，不惮烦，又非天性；于是不能不加以一些强制。强制发生了权力[2]。

　　这样发生的权力并非同意，又非横暴。说孩子们必须穿鞋才准上街是一种社会契约未免过分。所谓社会契约必先假定个人的意志。个人对于这种契约虽则并没有自由解脱的权利，但是这种契约性的规律在形成的过程中，必须尊重各个人的自由意志，民主政治的形式就是综合个人意志和社会强制的结果。在教化过程中并不发生这个问题，被教化者并没有选择的机会。他所要学习的那一套，我们称作文化的，是先于他而存在的。我们不用"意志"加在未成年的孩子的人格中，就因为在教化过程中并不需要这种承认。其实，所谓意志并不像生理上的器官一样是慢慢长成的，这不是心理现象，而是社会的承认。在维持同意秩序中，这是个必需的要素；在别的秩序中也就不发生了。我们不承认未成年的人有意志，也就说明了他们并没有进入同意秩序的事实。

　　我曾说："孩子碰着的不是一个为他方便而设下的世界，而是一个为成人们方便所布置下的园地。他闯入进来，并没有带着创立新秩序的力量，可是又没个服从旧秩序的心愿。"

---

① 〔轩轾〕车前低后高叫轾，车前高后低为叫轩，借指高低优劣。
② 〔十诫〕《圣经》记载的上帝通过以色列的先知和众部族首领摩西颁布的十条规定。

阅读点拨

[1] 接受教化的过程也就是社会成员学习适应社会的过程。

[2] 个人的学习也不能全凭兴趣，有时候也得有点强制。

阅读点拨

[1] 负责培养孩子的父母和老师都是伟大的，都需要奉献精神。

[2] 教育中的师生关系也有类似的特点。

（《生育制度》）。从并不征求，也不考虑他们同意与否而设下他们必须适应的社会生活方式的一方面说，教化他们的人可以说是不民主的，但是说是横暴却又不然。横暴权力是发生于社会冲突，是利用来剥削被统治者以获得利益的工具。如果说教化过程是剥削性的，显然也是过分的。我曾称这是个"损己利人"的工作，一个人担负一个胚胎培养到成人的责任，除了精神上的安慰外，物质上有什么好处呢[1]？"成人"的时限降低到生理上尚是儿童的程度，从而开始"剥削"，也许是可以发生的现象，但是为经济打算而生男育女，至少是一件打算得不大精到的亏本生意。

从表面上看，"一个孩子在一小时中所受到的干涉，一定会超过成年人一年中所受社会指摘的次数。在最专制的君王手下做老百姓，也不会比一个孩子在最疼他的父母手下过日子更难过。"（同上注）但是性质上严父和专制君王究竟是不同的。所不同的就在教化过程是代替社会去陶炼出合于在一定的文化方式中经营群体生活的分子，担负这工作的，一方面可以说是为了社会，一方面可以说是为了被教化者，并不是统治关系[2]。

教化性的权力虽则在亲子关系里表现得最明显，但并不限于亲子关系。凡是文化性的，不是政治性的强制都包含这种权力。文化和政治的区别就在这里：凡是被社会不成问题地加以接受的规范，是文化性的；当一个社会还没有共同接受一套规范，各种意见纷呈，求取临时解决办法的活动是政治。文化的基础必须是同意的，但文化对于社会的新分子是强制的，是一种教化过程。

在变化很少的社会里，文化是稳定的，很少新的问题，生活是一套传统的办法。如果我们能想象一个完全由传统所规定下的社会生活，这社会可以说是没有政治的，有的只是教化。事实上固然并没有这种社会，但是乡土社会却是靠近这种标准的社会。"为政不在多言①""无为而治"都是描写政治活动

---

① 〔为政不在多言〕语出《史记·儒林列传》。原文为："为治者不在多言，顾力行何如耳。" 意思是从政的人不在于多说话，关键要看实际行动怎么样。

的单纯。也是这种社会，人的行为有着传统的礼管束着。儒家很有意思想形成一个建筑在教化权力上的王者；他们从没有热心于横暴权力所维持的秩序。"苛政猛于虎①"的政是横暴性的，"为政以德②"的政是教化性的。"为民父母"是爸爸式权力的意思。

教化权力的扩大到成人之间的关系必须得假定个稳定的文化[1]。稳定的文化传统是有效的保证。我们如果就个别问题求个别应付时，不免"活到老，学到老"，因为每一段生活所遇着的问题都是不同的。文化像是一张生活谱，我们可以按着问题去查照。所以在这种社会里没有我们现在所谓成年的界限。凡是比自己年长的，他必定先发生过我现在才发生的问题，他也就可以是我的"师"了。三人行，必有可以教给我怎样去应付问题的人。而每一个年长的人都握有强制年幼的人的教化权力："出则悌"，逢着年长的人都得恭敬、顺服于这种权力。

在我们客套中互问年龄并不是偶然的，这礼貌正反映出我们这个社会里相互对待的态度是根据长幼之序。长幼之序也点出了教化权力所发生的效力。在我们亲属称谓中，长幼是一个极重要的原则，我们分出兄和弟、姊和妹、伯和叔，在许多别的民族并不这样分法。我记得老师史禄国先生曾提示过我：这种长幼分划是中国亲属制度中最基本的原则，有时可以掩盖世代原则。亲属原则是在社会生活中形成的，长幼原则的重要也表示了教化权力的重要。

文化不稳定，传统的办法并不足以应付当前的问题时，教化权力必然跟着缩小，缩进亲子关系、师生关系，而且更限于很短的一个时间。在社会变迁的过程中，人并不能靠经验作指导。能依赖的是超出个别情境的原则，而能形成原则、应用原则的却不一定是长者。这种能力和年龄的关系不大，重要的是智力和专业，还可加一点机会。讲机会，年幼的比年长的反而

---

① 〔苛政猛于虎〕语出《礼记·檀弓下》。原文为："小子识之，苛政猛于虎也。" 意思就是统治者的苛捐杂税比吃人的老虎更加可怕。
② 〔为政以德〕语出《论语·为政》。原文为："为政以德，譬如北辰，居其所而众星共之。"意思是以道德的力量治理国家。

[1] 现代社会是快速变化的，权威倒塌也就可以理解了。

多。他们不怕变,好奇,肯试验。在变迁中,习惯是适应的阻碍,经验等于顽固和落伍。顽固和落伍并非只是口头上的讥笑,而是生存机会上的威胁。在这种情形中,一个孩子用小名来称呼他的父亲,不但不会引起父亲的呵责,反而是一种亲热的表示,同时也给父亲一种没有被挤的安慰。尊卑不在年龄上,长幼成为没有意义的比较,见面也不再问贵庚①了。——这种社会离乡土性也远了。

回到我们的乡土社会来,在它的权力结构中,虽则有着不民主的横暴权力,也有着民主的同意权力,但是在这两者之间还有教化权力,后者既非民主又异于不民主的专制,是另有一工的。所以用民主和不民主的尺度来衡量中国社会,都是也都不是,都有些像,但都不确当。一定要给它一个名词的话,我一时想不出比长老统治更好的说法了。

理解与思考

1. 根据文章内容,写出下列概念的含义。

　　(1) 教化权力

　　(2) 社会继替

　　(3) 长老统治

2. 结合本章内容,分析中国当代社会教化权力的变化。

3. 中国乡土社会十分重视长幼有序,长幼分划是中国亲属制度中的基本原则,你如何看待这种现象?

---

① 〔贵庚〕敬辞,用于问对方的年龄是多少。

材料题

阅读下面的文字，完成后面的题目。

材料一

一九五四年十月二日

聪，亲爱的孩子。收到九月二十二晚发的第六信，很高兴。我们并没为你前信感到什么烦恼或是不安。我在第八信中还对你预告，这种精神消沉的情形，以后还是会有的。我是过来人，决不至于大惊小怪。你也不必为此担心，更不必硬压在肚里不告诉我们。心中的苦闷不在家信中发泄，又哪里去发泄呢？孩子不向父母诉苦向谁诉呢？我们不来安慰你，又该谁来安慰你呢？人一辈子都在高潮——低潮中浮沉，唯有庸碌的人，生活才如死水一般；或者要有极高的修养，方能廓然无累，真正的解脱。只要高潮不过分使你紧张，低潮不过分使你颓废，就好了。太阳太强烈，会把五谷晒焦；雨水太猛，也会淹死庄稼。我们只求心理相当平衡，不至于受伤而已。你也不是栽了筋斗爬不起来的人。我预料国外这几年，对你整个的人也有很大的帮助。这次来信所说的痛苦，我都理会得；我很同情，我愿意尽量安慰你，鼓励你。克利斯朵夫不是经过多少回这种情形吗？他不是一切艺术家的缩影与结晶吗？慢慢的你会养成另外一种心情对付过去的事：就是能够想到而不再惊心动魄，能够从客观的立场分析前因后果，做将来的借鉴，以免重蹈覆辙。一个人唯有敢于正视现实，正视错误，用理智分析，彻底感悟；终不至于被回忆侵蚀。我相信你逐渐会学会这一套，越来越坚强的。我以前在信中和你提过感情的ruin［创伤，覆灭］，就是要你把这些事当作心灵的灰烬看，看的时候当然不免感触万端，但不要刻骨铭心地伤害自己，而要像对着古战场一般地存着凭吊的心怀。倘若你认为这些话是对的，对你有些启发作用，那么将来在遇到因回忆而痛苦的时候（那一定免不了会再来的），拿出这封信来重读几遍。

说到音乐的内容，非大家指导见不到高天厚地的话，我也有另外的感触，就是学生本人先要具备条件：心中没有的人，再经名师指点也是枉然的。

（节选自傅雷《傅雷家书》①）

---

① 〔《傅雷家书》〕傅雷著，页34-36，三联书店出版，1988年。

材料二

从表面上看,"一个孩子在一小时中所受到的干涉,一定会超过成年人一年中所受社会指摘的次数。在最专制的君王手下做老百姓,也不会比一个孩子在最疼他的父母手下过日子更难过。"(同上注)但是性质上严父和专制君王究竟是不同的。所不同的就在教化过程是代替社会去陶炼出合于在一定的文化方式中经营群体生活的分子,担负这工作的,一方面可以说是为了社会,一方面可以说是为了被教化者,并不是统治关系。

教化性的权力虽则在亲子关系里表现得最明显,但并不限于亲子关系。凡是文化性的,不是政治性的强制都包含这种权力。文化和政治的区别就在这里:凡是被社会不成问题地加以接受的规范,是文化性的;当一个社会还没有共同接受一套规范,各种意见纷呈,求取临时解决办法的活动是政治。文化的基础必须是同意的,但文化对于社会的新分子是强制的,是一种教化过程。

(选自费孝通《乡土中国·长老统治》)

1. 结合这两段文字分析傅雷对儿子傅聪行使教化权力的特点。

2. 认真阅读这两段文字分析傅雷先生是如何拥有了对傅聪的教化权力的。

写作宝库

语段一:

但是无论如何,这些规律是要人遵守的,规律的内容是要人明白的。人如果像蚂蚁或是蜜蜂,情形也就简单了。群体生活的规律有着生理的保障,不学而能。人的规律类皆人为。不学,不习,固然不成,学习时还得不怕困,不惮烦。

【应用话题】如何看待规则 学习的主观能动性 学习要有毅力

【写作示例】

人应该遵守社会规则，人不像蚂蚁或者蜜蜂，遵守规则有着生理的保障。规则之于人，是约束，也是限制，需要人学习适应，违反了规则人会受到惩罚。所以遵守规则人往往会不自在，会痛苦难受，但规则皆是人为，为保障社会正常运转而立，人在学习适应规则要不怕苦，不惮烦。

语段二：

孩子碰着的不是一个为他方便而设下的世界，而是一个为成人们方便所布置下的园地。他闯入进来，并没有带着创立新秩序的力量，可是又没有个服从旧秩序的心愿。

【应用话题】儿童成长　教育　家庭关系

【写作示例】

儿童在成长过程中会产生困惑，会有成长的烦恼，因为他遇到的世界不是一个为他方便而设下的世界，而是一个为成人方便所布置下的园地。儿童闯入进来，并没有带着创立新秩序的力量，可是又没有服从旧秩序的心愿，儿童是在各种不舒服中成长的，所以对于儿童出现的一些叛逆甚至奇怪的行为，成人社会应该有足够的耐心，要理解接纳，运用符合儿童身心特点的方式方法，教育孩子慢慢成长。

第十二章
血缘和地缘

思维导图

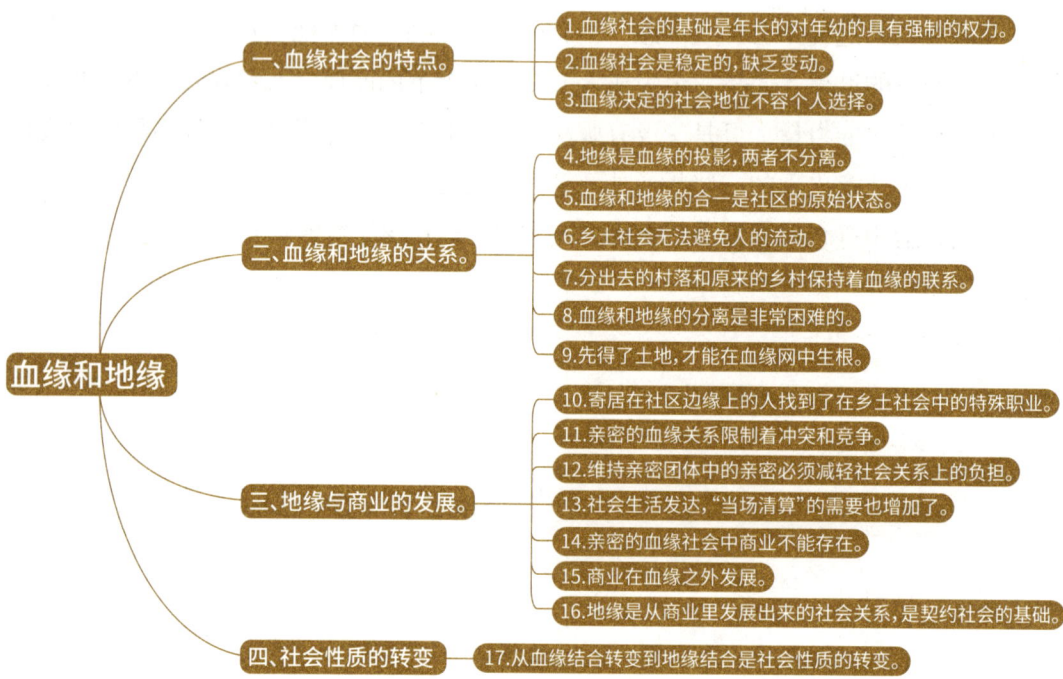

学习任务

1. 调查本地"同乡会馆"或"宗祠"的功能演变。
2. 辩论：大城市"学区房"是否属于新型地缘契约？

关键词

身份固化、契约自由、商业伦理

基本概念

1. 血缘社会：人际关系由生育关系预先决定。
2. 地缘社会：人际关系由空间契约自由构建。

内容摘要

商业活动在血缘社会中受人情束缚难以发展，地缘社会通过"陌生人信任"催生契约精神；从血缘到地缘的转变是社会现代化的关键标志。

缺乏变动的文化里，长幼之间发生了社会的差次，年长的对年幼的具有强制的权力。这是血缘社会的基础。血缘的意思是人和人的权利和义务根据亲属关系来决定。亲属是由生育和婚姻所构成的关系。血缘，严格说来，只指由生育所发生的亲子关系。事实上，在单系的家族组织中所注重的亲属确多由于生育而少由于婚姻，所以说是血缘也无妨。

生育是社会持续所必需的，任何社会都一样，所不同的是说有些社会用生育所发生的社会关系来规定各人的社会地位，有些社会却并不如此。前者是血缘的。大体上说来，血缘社会是稳定的，缺乏变动；变动得大的社会，也就不易成为血缘社会。社会的稳定是指它结构的静止，填入结构中各个地位的个人是不能静止的，他们受着生命的限制，不能永久停留在那里，他们是要死的。血缘社会就是想用生物上的新陈代谢作用——生育，去维持社会结构的稳定。父死子继：农人之子恒为农，商人之子恒为商——那是职业的血缘继替；贵人之子依旧贵——那是身份的血缘继替；富人之子依旧富——那是财富的血缘继替。到现在固然很少社会能完全抛弃血缘继替，那是以亲属来担负生育的时代不易做到的。但是社会结构如果发生变动，完全依血缘去继替也属不可能。生育没有社会化之前，血缘作用的强弱似乎是以社会变迁的速率来决定。

血缘所决定的社会地位不容个人选择。世界上最用不上意志，同时在生活上又是影响最大的决定，就是谁是你的父

阅读点拨

[1] 在乡土社会中，血缘和地缘不是疏离的，也不是对立的。

母。谁当你的父母，在你说，完全是机会，且是你存在之前的既存事实。社会用这个无法竞争，又不易藏没、歪曲的事实来作分配各人的职业、身份、财产的标准，似乎是最没有理由的了；如果有理由的话，那是因为这是安稳既存秩序的最基本的办法。只要你接受了这原则，（我们有谁曾认真地怀疑过这事实？我们又有谁曾想为这原则探讨过存在的理由？）社会里很多可能引起的纠纷也随着不发生了。

血缘是稳定的力量。在稳定的社会中，地缘不过是血缘的投影，不分离的[1]。"生于斯，死于斯"把人和地的因缘固定了。生，也就是血，决定了他的地。世代间人口的繁殖，像一个根上长出的树苗，在地域上靠近在一伙。地域上的靠近可以说是血缘上亲疏的一种反映，区位是社会化了的空间。我们在方向上分出尊卑：左尊于右，南尊于北①，这是血缘的坐标。空间本身是浑然的，但是我们却用了血缘的坐标把空间划分了方向和位置。当我们用"地位"两字来描写一个人在社会中所占的据点时，这个原是指"空间"的名词却有了社会价值的意义。这也告诉我们"地"的关联派生于社会关系。

在人口不流动的社会中，自足自给的乡土社会的人口是不需要流动的，家族这社群包含着地域的涵义。村落这个概念可以说是多余的，儿谣里"摇摇摇，摇到外婆家"，在我们自己的经验中，"外婆家"充满着地域的意义。血缘和地缘的合一是社区的原始状态。

但是人究竟不是植物，还是要流动的。乡土社会中无法避免的是"细胞分裂"的过程，一个人口在繁殖中的血缘社群，繁殖到一定程度，他们不能在一定地域上集居了，那是因为这社群所需的土地面积，因人口繁殖，也得不断地扩大。扩大到一个程度，住的地和工作的地距离太远，阻碍着效率时，这社群不能不在区位上分裂。——这还是以土地可以无限扩张时说的。事实上，每个家族可以向外开垦的机会很有限，人口繁殖所引起的常是向内的精耕，精耕受着土地报酬递减律的限制，

---

① 〔左尊于右，南尊于北〕古代左为尊位之称，古人又将南视为至尊，而将北视为失败、臣服。但上述说法要据具体时间和环境而有所变化，如古时亦尚右，而以左为下位。

逼着这社群分裂，分出来的部分到别的地方去找耕地。

如果分出去的细胞能在荒地上开垦，另外繁殖成个村落，它和原来的乡村还保持着血缘的联系，甚至用原来地名来称这新地方，那是说否定了空间的分离。这种例子在移民社会中很多。在美国旅行的人，如果只看地名，会发生这是个"揉乱了的欧洲"的幻觉。新英伦、纽约（新约克）是著名的；伦敦、莫斯科等地名在美国地图上都找得到，而且不止一个。以我们自己来说罢，血缘性的地缘更是显著。我十岁离开了家乡——吴江，在苏州城里住了九年，但是我一直在各种文件的籍贯项下填着"江苏吴江"。抗战时期在云南住了八年，籍贯毫无改变，甚至生在云南的我的孩子，也继承着我的籍贯。她的一生大概也得老是填"江苏吴江"了。我们的祖宗在吴江已有二十多代，但是在我们的灯笼上却贴着"江夏费"的大红字。江夏是在湖北，从地缘上说我有什么理由和江夏攀关系？真和我的孩子一般，凭什么可以和她从来没有到过的吴江发生地缘呢？在这里很显然在我们乡土社会里地缘还没有独立成为一种构成团结力的关系。我们的籍贯是取自我们的父亲的[1]，并不是根据自己所生或所住的地方，而是和姓一般继承的，那是"血缘"，所以我们可以说籍贯只是"血缘的空间投影"。

很多离开老家漂流到别地方去的并不能像种子落入土中一般长成新村落，他们只能在其他已经形成的社区中设法插进去。如果这些没有血缘关系的人能结成一个地方社群，他们之间的联系可以是纯粹的地缘，而不是血缘了。这样血缘和地缘才能分离。但是事实上在中国乡土社会中却相当困难。我常在各地的村子里看到被称为"客边""新客""外村人"等的人物。在户口册上也有注明"寄籍①"的。在现代都市里都规定着可以取得该土地公民权的手续，主要的是一定的居住时期。但是在乡村里居住时期并不是个重要条件，因为我知道许多村子里已有几代历史的人还是被称为"新客"或"客边"的。

我在江村和禄村调查时都注意过这问题："怎样才能成为村子里的人？"大体上说有几个条件，第一是要生根在土里：

[1] 一般而言，籍贯是本人出生时，祖父的居住地。可见地缘和血缘的密切关系。

---

① 〔寄籍〕指离开原籍，到寄居地落户。

阅读点拨

[1] 乡土社会中，"亲兄弟明算账"只是一种理想。"清官难断家务事"成为常态。

在村子里有土地。第二是要从婚姻中进入当地的亲属圈子。这几个条件并不是容易的，因为在中国乡土社会中土地并不充分自由买卖。土地权受着氏族的保护，除非得到氏族的同意，很不易把土地卖给外边人。婚姻的关系固然是取得地缘的门路，一个人嫁到了另一个地方去就成为另一个地方的人（入赘①使男子可以进入另一地方社区），但是已经住入了一个地方的"外客"却并不容易娶得本地人作妻子，使他的儿女有个进入当地社区的机会。事实上大概先得有了土地，才能在血缘网中生根。——这不过是我的假设，还得更多比较材料加以证实，才能成立。

这些寄居于社区边缘上的人物并不能说已插入了这村落社群中，因为他们常常得不到一个普通公民的权利，他们不被视作自己人，不被人所信托。我已说过乡土社会是个亲密的社会，这些人却是"陌生"人，来历不明，形迹可疑。可是就在这个特性上却找到了他们在乡土社会中的特殊职业。

亲密的血缘关系限制着若干社会活动，最主要的是冲突和竞争；亲属是自己人，从一个根本上长出来的枝条，原则上是应当痛痒相关，有无相通的。而且亲密的共同生活中各人互相依赖的地方是多方面和长期的，因之在授受之间无法分一笔一笔的清算往回。亲密社群的团结性就倚赖于各分子间都相互地拖欠着未了的人情。在我们社会里看得最清楚，朋友之间抢着回帐②，意思就是要对方欠自己一笔人情，像是投一笔资。欠了别人的人情就得找一个机会加重一些去回个礼，加重一些就在使对方反欠了自己一笔人情。来来往往，维持着人和人之间的互助合作。亲密社群中既无法不互欠人情，也最怕"算账"[1]。"算账""清算"等于绝交之谓，因为如果相互不欠人情，也就无需往来了。

但是亲属尽管怎样亲密，究竟是体外之己；虽说痛痒相关，事实上痛痒走不出皮肤的。如果要维持这种亲密团体中的亲密，不成为"不是冤家不碰头"，也必须避免太重叠的人

---

① 〔入赘（zhuì）〕男方到女方家落户。
② 〔回账〕这里指付账。

情，社会关系中权利和义务必须有相当的平衡，这平衡可以在时间上拉得很长，但是如果是一面倒，社会关系也就要吃不消，除非加上强制的力量，不然就会折断的。防止折断的方法之一是在减轻社会关系上的担负。举一个例子来说：云南乡下有一种称上寳的钱会，是一种信用互助组织。我调查了参加寳的人的关系，看到两种倾向，第一是避免同族的亲属，第二是侧重在没有亲属关系的朋友方面。我问他们为什么不找同族亲属入寳？他们的理由是很现实的。同族的亲属理论上有互通有无、相互救济的责任，如果有能力，有好意，不必入寳就可以直接给钱帮忙。事实上，这种慷慨的亲属并不多，如果拉了入寳，假若不按期交款时，碍于人情不能逼，结果寳也吹了。所以他们干脆不找同族亲属。其他亲属如舅家的人虽有入寳的，但是也常发生不交款的事。我调查时就看到一位寳首为此发急的情形。他很感慨地说：钱上往来最好不要牵涉亲戚。这句话就是我刚才所谓减轻社会关系上的担负的注解。

　　社会生活愈发达，人和人之间往来也愈繁重，单靠人情不易维持相互间权利和义务的平衡。于是"当场算清"的需要也增加了。货币是清算的单位和媒介，有了一定的单位，清算时可以正确；有了这媒介可以保证各人间所得和所欠的信用。"钱上往来"就是这种乐意当场算清的往来，也就是普通包括在"经济"这个范围之内的活动，狭义的说是生意经，或是商业。

　　在亲密的血缘社会中商业是不能存在的。这并不是说这种社会不发生交易，而是说他们的交易是以人情来维持的，是相互馈赠的方式。实质上馈赠和贸易都要是有无相通，只在清算方式上有差别。以馈赠来经营大规模的易货在太平洋岛屿间还可以看得到。Malinowski所描写和分析的Kulu制度就是一个例证。但是这种制度不但复杂，而且很受限制。普通的情形是在血缘关系之外去建立商业基础。在我们乡土社会中，有专门作贸易活动的街集。街集时常不在村子里，而在一片空场上，各地的人到这特定的地方，各以"无情"的身份出现。在这里大家把原来的关系暂时搁开，一切交易都得当场算清。我常看见隔壁邻舍大家老远的走上十多里在街集上交换清楚之后，又老

[1] 商业发展需要重视地缘。亲密的血缘关系则会成为阻碍。

[2] 这个转变是"乡土社会"的巨大的改变。

远地背回来。他们何必到街集上去跑这一趟呢，在门前不是就可以交换的么？这一趟是有作用的，因为在门前是邻舍，到了街集上才是"陌生"人。当场算清是陌生人间的行为，不能牵涉其他社会关系的。

从街集贸易发展到店面贸易的过程中，"客边"的地位有了特殊的方便了。寄籍在血缘性地区边缘上的外边人成了商业活动的媒介。村子里的人对他可以讲价钱，可以当场算清，不必讲人情，没有什么不好意思。所以依我所知道的村子里开店面的，除了穷苦的老年人摆个摊子，等于是乞丐性质外，大多是外边来的"新客"。商业是在血缘之外发展的。

地缘是从商业里发展出来的社会关系[1]。血缘是身份社会的基础，而地缘却是契约社会的基础。契约是指陌生人中所作的约定。在订定契约时，各人有选择的自由，在契约进行中，一方面有信用，一方面有法律。法律需要一个同意的权力去支持。契约的完成是权利义务的清算，须要精密的计算，确当的单位，可靠的媒介。在这里是冷静的考虑，不是感情，于是理性支配着人们的活动——这一切是现代社会的特性，也正是乡土社会所缺的。

从血缘结合转变到地缘结合是社会性质的转变[2]，也是社会史上的一个大转变。

理解与思考

1. 根据文章内容，写出下列概念的含义。

（1）血缘_____

（2）地缘_____

2. "钱上往来最好不要牵涉亲戚"，根据文章内容分析这句话所蕴含的道理。

3.随着社会的发展，人们从血缘结合转变为地缘结合，这种转变意味着什么？

材料题

阅读下面的文字，完成后面的题目。

材料一：

孝文硬着头皮进上房东屋，罗罗嗦嗦向奶奶白赵氏诉说，分家时父亲分给他的粮食可以接上秋收，可是秋天绝收了，来年的麦子也没指望了，整个一个冬天喝稀糁子凑合到腊月，年是实在过不去了……他哀告奶奶给父亲说一句："借些粮。"白赵氏正想趁机教训一下孙子，你看看你弄成啥光景了？白嘉轩从对面的西屋已经听见，大声说："你就甭开这个口！"白孝文再没说话就从奶奶的屋里退出来回到前头门房。白赵氏对着西屋说："你的心不是肉长的是滋水河里的石头！"

孝文向父亲借粮伤脸以后就把两亩水地卖掉了。白嘉轩得知这个消息后气得吃不下饭，指令孝武把孝文叫到后院正厅来。孝武走进前院门房东屋说："哥！咱爸叫你。"孝文仰躺在炕上只扭了一下头："我不去。"孝武端直站着："咱爸叫你你也不去？"孝文说："后院厅房我不去，再不去了。"孝武威胁说："那让老人求到你的门下？"孝文猛然从炕上翻起身来跳到炕下："你甭跟我耍威风！谁爱来不来我不稀罕！我也没拿你啥没借你啥没欠着你的啥！"孝武不动声色他说："哥你看你成了什么样子？说话处事还像不像个做兄长的？"孝文正想说出更辛辣的话，泄一泄没借着粮食的怒气，也杀一杀弟弟的神气。不料父亲在院子里喝斥："孝文你出来！"孝文趿拉上棉窝走到院子，就看见漆黑的院庭里站着父亲的佝偻的形体。白嘉轩劈头问：

"你把水地卖了？"

"卖了。"

"卖给谁了？"

"谁给钱多就卖给谁。"

"我听说卖给鹿子霖了？"

"子霖叔有钱也有粮食，旁人买不起。"

"这地是在你爷手里置下的，你不能卖！"

"眼下这地分给我是我的。我想活命就得换一把粮食。"

"这二亩水地你卖了多少钱？"

"正说着哩！价官还没说死撂倒哩！"

"你甭说了，这地你卖给我，我给你双价。"

"那不行，大丈夫出言驷马难追。你给我钱再多也不能收回我的话了。"

黑暗里一声啸响，白孝文应声一个趔趄跌倒在地，父亲手中的拐杖抽击到他的脸上，继之又砸到他的大腿上。白孝文却感到了一种报复的舒畅，从地上缓缓悠悠爬起来走进屋去，咣当一声插上门闩，把父亲和孝武冷晾在院子里。孝武挽扶劝慰着父亲，走回后院厅房去了。孝文继续恢复仰躺在炕上的睡姿，一条腿架在另一条腿上，说："好咧好咧！从今往后再没有谁来管我了！"

…………

孝文分得的三亩半水地和五亩旱地，前后分三次转卖到鹿子霖名下，那八亩半水旱地里有二亩天字地一亩半时字地三亩利字地二亩人字地。八亩半地所卖的银元，充其量抵得上正常年景下二亩天字地的所得，临到最后卖那二亩人字地的时候，孝文已经慌急到连中人也来不及请，直接走进白鹿镇鹿子霖的保障所，开门见山地说："子霖叔，那二亩人字地也给你吧，你就甭再推诿了！你凭良心给几个（银元）就是几个我不说二话。"鹿子霖诚恳他说："孝文你看，叔实在不好再要你的地了。我跟你爸一辈子仁仁义义的，你一而再再而三的箍住我要卖地，日后我实在跟你爸都不好见面说话咧！"孝文急不可待他说："俺爸是俺爸我是我。你不要的话，咱村再没谁买得起，外村人嫌不方便也不要嘛……"鹿子霖从腰里摸出两枚银元来，看着孝文急不可待地转过身，脚下打着绊腿走出保障所大门，沉吟说："完了！这人完了！"

（选自陈忠实《白鹿原》①第十八章，有删节）

材料二：

血缘是稳定的力量。在稳定的社会中，地缘不过是血缘的投影，不分离的。"生于斯，死于斯"把人和地的因缘固定了。生，也就是血，决定了他的地。世代间人口的繁殖，像一个根上长出的树苗，在地域上靠近在一伙。地域上的靠近可以说是血缘上亲疏的一种反映，区位是社会化了的空间。我们在方向上分出尊卑：左尊于右，南尊于北，这是血缘的坐标。空间本身是浑然的，但是我们却用了血缘的坐标把空间划

---

① 〔《白鹿原》〕陈忠实著，页313-318，人民文学出版社，1997年。

分了方向和位置。当我们用"地位"两字来描写一个人在社会中所占的据点时，这个原是指"空间"的名词却有了社会价值的意义。这也告诉我们"地"的关联派生于社会关系。

....

在亲密的血缘社会中商业是不能存在的。这并不是说这种社会不发生交易，而是说他们的交易是以人情来维持的，是相互馈赠的方式。实质上馈赠和贸易都要是有无相通，只在清算方式上有差别。以馈赠来经营大规模的易货在太平洋岛屿间还可以得得到。Malinowski所描写和分析的Kulu制度就是一个例证。但是这种制度不但复杂，而且很受限制。普通的情形是在血缘关系之外去建立商业基础。在我们乡土社会中，有专门作贸易活动的街集。街集时常不在村子里，而在一片空场上，各地的人到这特定的地方，各以"无情"的身份出现。在这里大家把原来的关系暂时搁开，一切交易都得当场算清。我常看见隔壁邻舍大家老远的走上十多里在街集上交换清楚之后，又老远地背回来。他们何必到街集上去跑这一趟呢，在门前不是就可以交换的么？这一趟是有作用的，因为在门前是邻舍，到了街集上才是"陌生"人。当场算清是陌生人间的行为，不能牵涉其他社会关系的。

从街集贸易发展到店面贸易的过程中，"客边"的地位有了特殊的方便了。寄籍在血缘性地区边缘上的外边人成了商业活动的媒介。村子里的人对他可以讲价钱，可以当场算清，不必讲人情，没有什么不好意思。所以依我所知道的村子里开店面的，除了穷苦的老年人摆个摊子，等于是乞丐性质外，大多是外边来的"新客"。商业是在血缘之外发展的。

（选自费孝通《乡土中国·血缘和地缘》，有删节）

1. 结合两则材料的内容分析，假如白嘉轩和白孝文父子之间没有矛盾，白嘉轩会借给儿子粮食吗？白孝文会将土地卖给其父吗？

2. 鹿子霖和白孝文没有血缘关系，为什么要说"叔实在不好再要你的地了""日后我实在跟你爸都不好见面说话咧"？

写作宝库

语段一：

这些寄居于社区边缘上的人物并不能说已插入了这村落社群中，因为他们常常得不到一个普通公民的权利，他们不被视作自己人，不被人所信托。我已说过乡土社会是个亲密的社会，这些人却是"陌生"人，来历不明，形迹可疑。可是就在这个特性上却找到了他们在乡土社会中的特殊职业。

【应用话题】无用之用　相信自己，等待机会

【写作示例】

得不到普通公民权利，不被视作自己人，不被人信托。这些好像都证明村子之外的人，似乎是"无用"的人。但商业活动恰恰需要陌生人之间的约定。这时候，这些人又成为很重要的人。这就是庄子所说的，人们都知道有用的用处，却不懂得无用的更大用处。

像这些寄居在社区边缘的人，如果放弃了自己，那就无法等到时机。反之，如果对自己不抛弃、不放弃，就会等到被重视的那一天。所以，一个人在任何情况下都不要妄自菲薄，要一直相信自己像金子一样有闪闪发光的一天。

语段二：

契约的完成是权利义务的清算，须要精密的计算，确当的单位，可靠的媒介。在这里是冷静的考虑，不是感情，于是理性支配着人们的活动——这一切是现代社会的特性，也正是乡土社会所缺的。

【应用话题】看问题或处理事情的感性和理性　辩证地思考

【写作示例】

看问题或者做事情，有人感性，有人理性，两者各有其特点，各有其所长。要根据不同的情况，不同的环境与要求，充分发挥其长处。

研究一个问题，需要在看到它某个特点的同时，也看到其相反的一面，这才是真正的辩证思考。比如乡土社会，充满了浓浓的人情味，温暖了我们整个民族的心。但同时，我们也应该看到乡土社会的不足。只有清醒地了解本民族的特点，同时了解其他民族的特点，才能做到"美美与共"，最终实现"天下大同"的理想。

第十三章 名实的分离

思维导图

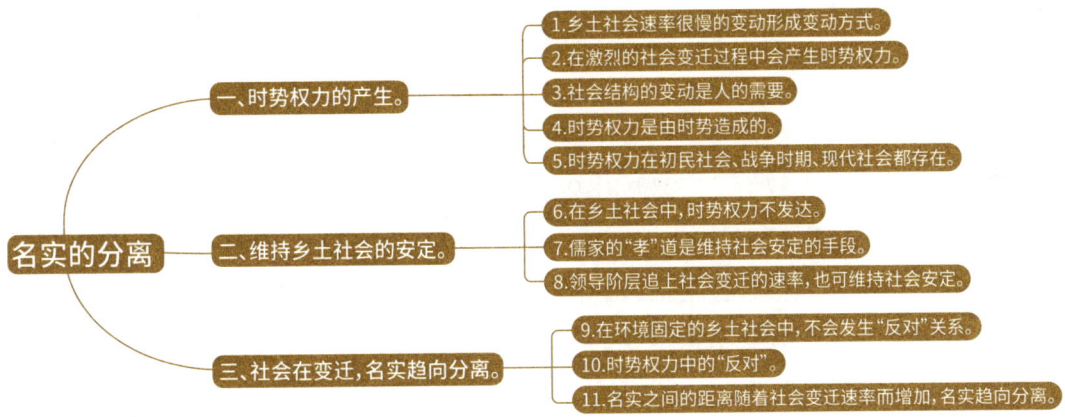

学习任务

1. 分析"春节红包电子化"如何体现名实分离。
2. 撰写短评：社交媒体中的"人设"与真实自我的关系。

关键词

形式保留、功能置换、注释式变迁

基本概念

1. 注释式变迁：通过重新解释传统形式适应新需求（如"孝道"内涵的现代转化）。
2. 文化滞后：社会实体变化快于文化符号调整。

内容摘要

乡土社会的变迁并非激烈革命,而是通过"表面维护传统,实质偷换内容"实现温和转型,这种策略降低改革阻力但也可能延缓进步。

阅读点拨

[1] 理解这三种权力的内涵,可以参考第十一章的相关内容。

[2] 请各举一个具体的例子,区分"社会继替""社会变迁"两个概念。

我们把乡土社会看成一个静止的社会不过是为了方便,尤其在和现代社会相比较时,静止是乡土社会的特点,但是事实上完全静止的社会是不存在的,乡土社会不过比现代社会变得慢而已。说变得慢,主要的意思自是指变动的速率,但是不同的速率也引起了变动方式上的殊异。我在本文里将讨论乡土社会速率很慢的变动中所形成的变动方式。

我在上面讨论权力的性质时已提出三种方式[1],一是从社会冲突中所发生的横暴权力,二是从社会合作中所发生的同意权力,三是从社会继替中所发生的长老权力。现在我又想提出第四种权力,这种权力发生在激烈的社会变迁过程之中。社会继替是指人物在固定的社会结构中的流动,社会变迁却是指社会结构本身的变动[2]。这两种过程并不是冲突的,而是同时存在的,任何社会决不会有一天突然变出一个和旧有结构完全不同的样式,所谓社会变迁,不论怎样快,也是逐步的,所变的,在一个时候说,总是整个结构中的一小部分。因之从这两种社会过程里所发生出来的两种权利也必然同时存在。但是它们的消长却互相关联。如果社会变动得慢,长老权力也就更有势力,变得快,"父不父,子不子①"的现象发生了,长老权力也随着缩小。

社会结构自身并没有要变动的需要。有些学者,好像我在上文提到的那位Spengler,把社会结构(文化中的一主要部分)视作有类于有机体,和我们身体一般,有幼壮老衰等阶段。我并不愿意接受他们的看法,因为我认为社会结构,像文化的其他部分一般,是人造出来的,是用来从环境里取得满足生活

---

① 〔父不父,子不子〕语出《论语·颜渊》。意思是,父亲不像父亲,儿子不像儿子。

需要的工具。社会结构的变动是人要它变的，要它变的原因是在它已不能答复人的需要。好比我们用笔写字，笔和字都是工具，目的是在想用它们来把我们的意思传达给别人。如果我们所要传达的对象是英国人，中文和毛笔就不能是有效的工具了，我们得用别的工具——英文和打字机。

这样说来社会变迁常是发生在旧有社会结构不能应付新环境的时候。新的环境发生了，人们最初遭遇到的是旧方法不能获得有效的结果，生活上发生了困难。人们不会在没有发觉旧方法不适用之前就把它放弃的。旧的生活方法有习惯的惰性。但是如果它已不能答复人们的需要，它终必会失去人们对它的信仰，守住一个没有效力的工具是没有意义的，会引起生活上的不便，甚至蒙受损失。另一方面，新的方法却又不是现存的，必须有人发明，或是有人向别种文化去学习，输入，还得经过实验，才能被人接受，完成社会变迁的过程。在新旧交替之际，不免有一个惶惑、无所适从的时期，在这个时期，心理上充满着紧张、犹豫和不安。这里发生了"文化英雄"，他提得出办法，有能力组织新的实验，能获得别人的信任。这种人可以支配跟从他的群众，发生了一种权力。这种权力和横暴权力并不相同，因为它并不建立在剥削关系之上的；和同意权力又不同，因为它并不是由社会所授权的；和长老权力更不同，因为它并不根据传统的。<u>它是时势所造成的，无以名之，名之曰时势权力</u>[1]。

这种时势权力在初民社会①中常可以看到。在荒原上，人们常常遭遇不平常的环境，他们需要有办法的人才，那是英雄。在战争中，也是非常的局面，这类英雄也脱颖而出。现代社会又是一个变迁激烈的社会，这种权力也在抬头了。最有意思的就是一个落后的国家要赶紧现代化的过程中，这种权力表示得也最清楚。我想我们可以从这角度去看苏联的权力性质。英美的学者把它归入横暴权力的一类里，因为它形式上是独裁的；<u>但是从苏联人民的立场来看</u>[2]，这种独裁和沙皇的独裁却

---

① 〔初民社会〕指原始社会。初民是远古时代的人，人类文明初期的人。

阅读点拨

[1] 人们常说"时势造英雄"，看来时势也会产生权力。

[2] 理解"时势权力"，要从群众的角度来看。

阅读点拨

[1] 很多时候，社会变迁的速度很快，冲突也就由此产生了。

[2] 费孝通先生善于举实例，让枯燥的理论变得易于理解。

[3] 在稳定的乡土社会里，不发生"反对"。晚辈对长辈只有服从。因此产生了很多悲剧故事。

不一样，如果我们采用这个时势权力的概念看去，比较上容易了解它的本质了。

这种权力最不发达的是在安定的社会中。乡土社会，当它的社会结构能答复人们生活的需要时，是一个最容易安定的社会，因之它也是一个很少"领袖"和"英雄"的社会。所谓安定是相对的，指变得很慢。如果我单说"很慢"，这句话并不很明朗，一定要说出慢到什么程度。其实孔子已回答过这问题，他的答案是"三年无改于父之道①"。换一句话来说，社会变迁可以吸收在社会继替之中的时候，我们可以称这社会是安定的。

儒家所注重的"孝"道，其实是维持社会安定的手段，孝的解释是"无违②"，那就是承认长老权力。长老代表传统，遵守传统也就可以无违于父之教。但是传统的代表是要死亡的，而且自己在时间过程中也会进入长老的地位。如果社会变迁的速率慢到可以和世代交替的速率相等[1]，亲子之间，或是两代之间，不致发生冲突，传统自身慢慢变，还是可以保持长老的领导权。这种社会也就不需要"革命"了。

从整个社会看，一个领导的阶层如果能追得上社会变迁的速率，这社会也可以避免因社会变迁而发生的混乱。英国是一个很好的例子[2]。很多人羡慕英国能不流血而实行种种富于基本性的改革，但很多忽略了他们所以能这样的条件。英国在过去几个世纪中，以整个世界的文化来说是处于领导地位，他是工业革命的老家。英国社会中的领导阶层却又是最能适应环境变动的，环境变动的速率和领导阶层适应变动的速率配得上才不致发生流血的革命。英国是否能保持这个纪录，还得看他们是否能保持这种配合。

乡土社会环境固定，在父死后三年之后才改变他的道的速率中，社会变迁也不致引起人事的冲突。在人事范围中，长老保持他们的权力，子弟们在无违的标准中接受传统的统治。在这里不发生"反对"，长老权力也不容忍反对[3]。长老权力是

---

① 〔三年无改于父之道〕语出《论语·学而》。意思是，三年都不改变他父亲所坚持的准则。

② 〔无违〕出自《论语·为政》，意为不要违背礼法。

建立在教化作用之上的，教化是有知对无知，如果所传递的文化是有效的，被教的自没有反对的必要，如果所传递的文化已经失效，根本也就失去了教化的意义。"反对"在这种关系里是不发生的。

容忍，甚至奖励，反对在同意权力中才发生，因为同意权力建立在契约上，执行这权力的人是否遵行契约是一个须随时加以监督的问题。而且反对，也就是异议，是获得同意的必要步骤。在横暴权力之下，没有反对，只有反抗，因为反对早就包含在横暴权力的关系中。因之横暴权力必须压制反抗，不能容忍反对。在时势权力中，反对是发生于对同一问题不同的答案上，但是有时，一个社会不能同时实验多种不同的方案，于是在不同方案之间发生了争斗，也可以称作"冷仗"，宣传战，争取人民的跟从。为了求功，每一个自信可以解决问题的人，会感觉到别种方案会分散群众对自己的方案的注意和拥护，因之产生了不能容忍反对的"思想统制"。在思想争斗中，主要的是阵线，反对变成了对垒。

回到长老权力下的乡土社会说，反对被时间冲淡，成了"注释"。注释是维持长老权力的形式而注入变动的内容。在中国的思想史中，除了社会变迁急速的春秋战国这一个时期，有过百家争鸣的思想争斗的场面外，自从定于一尊①之后，也就在注释的方式中求和社会的变动谋适应。注释的变动方式可以引起名实之间极大的分离。在长老权力下，传统的形式是不准反对的，但是只要表面上承认这形式，内容却可以经注释而改变。结果不免是口是心非。在中国旧式家庭中生长的人都明白家长的意志怎样在表面的无违下，事实上被歪曲的。虚伪在这种情境中不但是无可避免而且是必需的。不能反对而又不切实用的教条或命令只有加以歪曲，只留一个面子。面子就是表面的无违[1]。名实之间的距离跟着社会变迁速率而增加。在一个完全固定的社会结构里不会发生这距离的，但是事实上完全固定的社会并不存在。在变得很慢的社会中发生了长老权力，

阅读点拨

[1] "面子"保留着，"里子"则可能已经发生了巨大的变化。长老权力到最后徒留其表。

---

① 〔定于一尊〕指在思想、学术、道德等方面以一个最有权威的人做唯一的标准。

这种统治不能容忍反对，社会如果加速地变动时，注释式歪曲原意的办法也就免不了。挟天子以令诸侯①的结果，位与权，名与实，言与行，话与事，理论与现实，全趋向于分离了。

理解与思考

1. 根据文章内容，写出下列概念的含义。

   时势权力 _____
   _____
   _____

2. 比较文中提到的几种权力的方式，填写下表。

权力的名称	权力的出处	权力与"反对"的关系	权力的特点
横暴权力			建立在剥削关系之上
同意权力		发生"反对"	
长老权力			根据传统来确定
时势权力	发生在激烈的社会变迁中		由时势造成

3. 在什么情况下会发生名与实的分离？
_____
_____
_____

材料题

阅读下面的文字，完成后面的题目。

---

① 〔挟天子以令诸侯〕语出西汉刘向《战国策·秦策一》，原文为"挟天子以令天下"。"挟天子以令诸侯"意思是挟制皇帝，号令诸侯，现泛指借用权威的名义发号施令。

材料一：

到了方家，老太太瞧柔嘉没有相片上美，暗暗失望，又嫌她衣服不够红，不像个新娘，尤其不赞成她脚上颜色不吉利的白皮鞋。二奶奶三奶奶打扮得淋漓尽致，天气热，出了汗，像半溶化的奶油喜字蛋糕。遯翁一团高兴，问长问短，笑说："以后鸿渐这孩子我跟他妈管不到他了，全交托给你了——"方老太太插口说："是呀！鸿渐从小不能干的，七岁还不会穿衣服。到现在看他穿衣服不知冷暖，东西甜的咸的乱吃，完全像个孩子。少奶奶，你要留心他。鸿渐，你不听我的话，娶了媳妇，她说的话，你总应该听了。"柔嘉道："他也不听我的话的——鸿渐，你听见没有？以后你不听我的话，我就告诉婆婆。"鸿渐傻笑。二奶奶和三奶奶偷偷做个鄙薄的眼色。遯翁听柔嘉要做事，就说："我有句话劝你。做事固然很好，不过夫妇俩同在外面做事，'家无主，扫帚倒竖'，乱七八糟，家庭就有名无实了。我并不是顽固的人，我总觉得女人的责任是管家。现在要你们孝顺我们，我没有这个梦想了，你们对你们的丈夫总要服侍得他们称心的。可惜我在此地是逃难的局面，房子挤得很，你们住不下，否则你可以跟你婆婆学学管家了。"柔嘉勉强点头。行礼的时候，祭桌前铺了红毯，显然要鸿渐夫妇向空中过往祖先灵魂下跪。柔嘉直挺挺踏上毯子，毫无下拜的趋势，鸿渐跟她并肩三鞠躬完事。旁观的人说不出心里的惊骇和反对，阿丑嘴快，问父亲母亲道："大伯伯大娘为什么不跪下去拜？"这句话像空房子里的电话铃响，无人接口。鸿渐窘得无地自容，亏得阿丑阿凶两人抢到红毯上去跪拜，险的打架，转移了大家的注意。方老太太满以为他们俩拜完了祖先，会向自己跟遯翁正式行跪见礼的。鸿渐全不知道这些仪节，他想一进门已经算见面了，不必多事。所以这顿饭吃得并不融洽。阿丑硬要坐在柔嘉旁边，叫大娘夹这样菜那样菜，差唤个不了。菜上到一半，柔嘉不耐烦敷衍这位讨厌侄儿，阿丑便跪在椅子上，伸长手臂，自己去夹菜。一不小心，他把柔嘉的酒杯碰翻，柔嘉"啊呀"一声，快起身躲，新衣服早染了一道酒痕。遯翁夫妇骂阿丑，柔嘉忙说没有关系。

下午柔嘉临走，二奶奶还满脸堆笑说："别走了，今天就住这儿罢——三妹妹，咱们把她扣下来——大哥，只有你，还会送她回家！你就不要留住她么？"方老太太因为儿子媳妇没对自己叩头，首饰也没给他们，送她出了门，回房向遯翁叽咕。遯翁道："孙柔嘉礼貌是不周到，这也难怪。学校里出来的人全野蛮不懂规矩，她家里我也不清楚，看来没有家教。"方老太太道："我十月怀胎养大了他，到现在娶了媳妇，受他们两个头都不该么？孙柔嘉就算不懂礼貌，老大应当教教她。我愈想愈气。"遯翁劝道："你不用气，回头老大回来，我会教训他。鸿渐真是糊涂虫，我看他将来要怕老婆的。不过孙柔嘉还像个明白懂道理的女人，我方才教她不要出去做事，你看她倒点头服从的。"

柔嘉出了门，就说："好好一件衣服，就算毁了，不知道洗得掉洗不掉。我从来没见过这种没管教的孩子。"鸿渐道："我也真讨厌他们，好在将来不会一起住。我知道今天这顿饭把你的胃口全吃倒了。说到孩子，我倒想起来了，好像你应该给他们见面钱的，还有两个用人的赏钱。"柔嘉顿足道："你为什么不早跟我说？我家里没有这一套，我自己刚脱离学校，全不知道这些奶奶经，麻烦死了，我不高兴做你们方家的媳妇了！"鸿渐安慰道："没有关系，我去买几个红封套，替你给他们得了。"柔嘉道："随你去办罢，反正我不会讨你家好的。你那两位弟媳妇，都不好对付。你父亲说的话也离奇；我孙柔嘉一个大学毕业生到你们方家来当不付工钱的老妈子！哼！你们家里没有那么阔呢。"鸿渐忍不住回护逊翁道："他也没有叫你当老妈子，他不过劝你不必出去做事。"柔嘉道："在家里享福，谁不愿意？我并不喜欢出去做事呀！我问你，你赚多少钱一个月可以把我供在家里？还是你方家有祖传的家当？你自己下半年的职业，八字还未见一撇呢！我挣我的钱，还不好么？倒说风凉话！"鸿渐生气道："这是另一件事。他的话也有点道理。"柔嘉冷笑道："你跟你父亲的头脑都是几千年前的古董，亏你还是个留学生。"鸿渐也冷笑道："你懂什么古董不古董！我告诉你，我父亲的意见在外国时髦得很呢，你吃亏的就是没留过学。"柔嘉道："我不要听，随你去说。不过我今天才知道，你是位孝子，对你父亲的话这样听从——"这吵架没变严重，因为不能到孙家去吵，不能回方家去吵，不宜在路上吵，所以舌剑唇枪无用武之地。

(选自钱锺书《围城》①，有删节)

材料二：

在长老权力下，传统的形式是不准反对的，但是只要表面上承认这形式，内容却可以经注释而改变。结果不免是口是心非。在中国旧式家庭中生长的人都明白家长的意志怎样在表面的无违下，事实上被歪曲的。虚伪在这种情境中不但是无可避免而且是必需的。不能反对而又不切实用的教条或命令只有加以歪曲，只留一个面子。面子就是表面的无违。名实之间的距离跟着社会变迁速率而增加。在一个完全固定的社会结构里不会发生这距离的，但是事实上完全固定的社会并不存在。在变得很慢的社会中发生了长老权力，这种统治不能容忍反对，社会如果加速地变动时，注释式歪曲原意的办法也就免不了。挟天子以令诸侯的结果，位与权，名与实，言与行，话与事，理论与现实，全趋向于分离了。

(选自费孝通《乡土中国·名实的分离》，有删节)

---

① 〔《围城》〕钱锺书著，页300-303，人民文学出版社，1991年。

1. 方家老太太对儿媳妇孙柔嘉的态度先后有哪些变化?

   _____
   _____
   _____

2. 孙柔嘉不愿意成为一个在家里享福不做事的人,为什么却对方遯翁的劝说"点头服从"?她的做法与材料二的哪些说法一致?

   _____
   _____
   _____
   _____

写作宝库

语段一:

在新旧交替之际,不免有一个惶惑、无所适从的时期,在这个时期,心理上充满着紧张、犹豫和不安。这里发生了"文化英雄",他提得出办法,有能力组织新的实验,能获得别人的信任。这种人可以支配跟从他的群众,发生了一种权力。

【应用话题】英雄的产生　抓住时机　能力的施展需要环境

【写作示例】

在条件恶劣的社会中,人们需要有办法的人才,于是人们在呼唤英雄。在错综复杂的战争中,人们渴望有人可以带领他们从一个胜利走向另一个胜利,也会呼唤英雄。在现代社会,由于日新月异,变迁激烈,人们也会呼唤英雄。一个落后的国家要走向强大,同样需要英雄。

语段二:

在长老权力下,传统的形式是不准反对的,但是只要表面上承认这形式,内容却可以经注释而改变。结果不免是口是心非。在中国旧式家庭中生长的人都明白家长的意志怎样在表面的无违下,事实上被歪曲的。虚伪在这种情境中不但是无可避免而且是必需的。

【应用话题】面子与里子的关系　和谐共生　对立统一

【写作示例】

汉语中有个词语,很让在其他文化中浸润成长的人难以理解:面子。

第十三章　名实的分离

在漫长的社会发展过程中，在乡土中国，长辈需要维持旧有的长老权力。但社会又是在变动中的，新的力量即年轻的一辈渴望发出自己的声音。长老权力维持旧势力，不准别人发出反对的声音。于是年轻人只能表面上承认旧有的权力，实质上却在努力改变，这就出现了口是心非的情况。

在中国旧式家庭中，家长的意志貌似不可更改，作为子女也不能旗帜鲜明地加以反对，于是就产生了表面无违而事实上命令被歪曲的情况。人们说的虚伪，在这种情境中是无可避免的，也是必需的。人和人之间，只留下一个大家都很看重的"面子"。

第十四章
从欲望到需要

思维导图

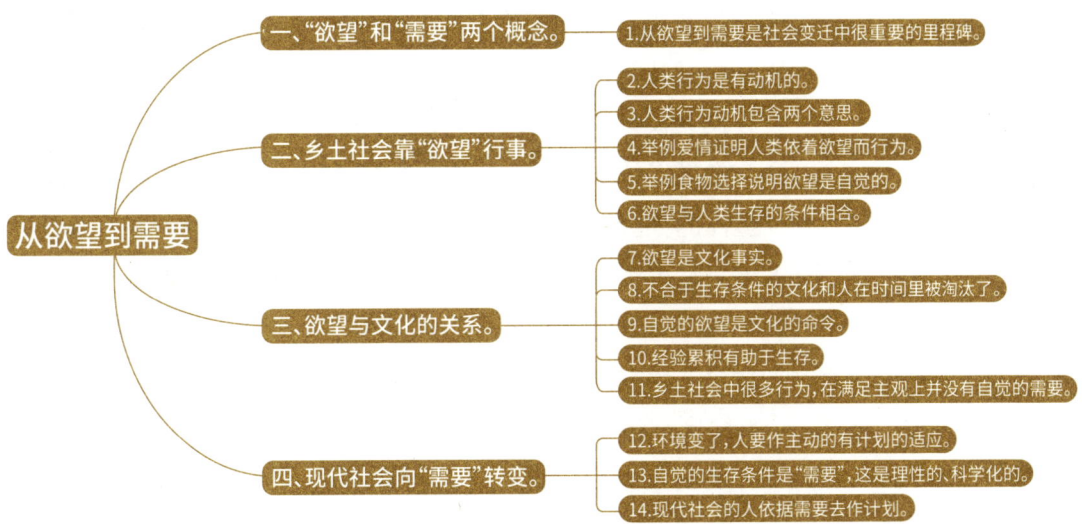

学习任务

1. 对比"双十一购物"与"传统赶集"背后的行为逻辑差异。
2. 设计海报：呼吁理性消费如何回应费孝通的"欲望-需要"理论？

关键词

生物本能、理性计划、社会工程

基本概念

1. 欲望：本能驱动的自发行为（如"饿了想吃"）。

2.需要：理性规划的目标行为（如"营养配餐"）。

内容摘要

乡土社会的行为由"欲望-文化"共同引导，现代社会则需通过科学分析将欲望转化为计划性需要；这种转变要求个体从"传统人"变为"理性人"。

阅读点拨

[1] 人们有了计划，有了"需要"，也意味着社会的变迁。

提起了时势权力使我又想到关于社会变迁的另一问题，也就是现在我们常常听到的社会计划，甚至社会工程等一套说法。很明显的，这套名字是现代的，不是乡土社会中所熟习的。这里其实包含着一个重要的变化，如果我们要明白时势权力和长老权力的差别，我们还得在这方面加以探讨。人类发现社会也可以计划，是一个重大的发现，也就是说人类已走出了乡土性的社会了。在乡土社会里是没有这想法的。在乡土社会人可以靠欲望去行事，而在现代社会中欲望并不能做人们行为的指导了，发生"需要"，因之有"计划"[1]。从欲望到需要是社会变迁中一个很重要的里程碑，让我先把欲望和需要这两个概念区别一下。

观察人类行为，我们常可以看到人类并不是为行为而行为，为活动而活动的，行为或是活动都是手段，是有所为而为的。不但你自己可以默察自己，一举一动，都有个目的，要吃饭才拿起筷子来，要肚子饿了才吃饭……总是有个"要"在领导自己的活动；你也可问别人："为什么你来呢？有什么事呢？"我们也总可以从这问题上得到别人对于他们的行为的解释。于是我们说人类行为有动机的。

说人类行为有动机的包含着两个意思，一是人类对于自己的行为是可以控制的，要这样做就这样做，不要这样做就不这样做，也就是所谓意志；一是人类在取舍之间有所根据，这根据就是欲望。欲望规定了人类行为的方向，就是上面所说要这样要那样的"要"。这个"要"是先于行为的，要得了，也就是欲望满足了，我们会因之觉得愉快，欲望不满足，要而得不到，周身不舒服。在英文里欲望和要都是want，同时want也作缺乏解。缺乏不只是一种状态的描写,而是含有动的意思,这里有股劲,由不舒服而引起的劲,他推动了人类机体有所动作,这个劲也被称作"紧张状态",表示这状态是不能持久,必须发泄的,发泄而成行为,获得满足。欲望——紧张——动作——满足——愉快,那就是人类行为的过程。

欲望如果要能通过意志对行为有所控制,它必须是行为者所自觉的。自觉是说行为者知道自己要的是什么。在欲望一层上说这是不错的,可是这里却发生了一个问题,人类依着欲望而行为,他们的行为是否必然有利于个体的健全发展,和有利于社会间各个人的融洽配合,社会的完整和持续?这问题在这里提出来并不是想考虑性善性恶,而是从人类生存的事实上发生的。如果我们走出人类的范围,远远地站着,像看其他生物一般地看人类,我们可以看见人类有着相当久的历史了,他们做了很多事,这些事使人类能生存和绵续下去,好像个人的健全发展和社会的完整是他们的目的。但是逼近一看,拉了那些人问一问,他们却说出了很多和这些目的毫不相关的欲望来了[1]。你在远处看男女相接近,生了孩子,男女合作,抚养孩子,这一套行为是社会完整所必需的,如果没有孩子出生,没有人领孩子,人类一个个死去,社会不是会乱了,人类不是断绝了么?你于是很得意去问这些人,他们却对你说:"我们是为了爱情,我们不要孩子,孩子却来了。"他们会笑你迂阔,天下找不到有维持人类种族的欲望的人,谁在找女朋友时想得着这种书本上的大问题?

同样的,你在远处看,每天人都在吃淀粉、脂肪,吃维他命A、维他命C,一篇很长的单子,你又回去在实验室研究了一下,发现一点不错,淀粉供给热料,维他命A给人这个那个——合于营养,用以维持生命。但是你去找一个不住在现代都市的乡下佬问他,为什么吃辣子、大蒜,他会回答你:"这才好吃,下饭的呀。"

爱情,好吃,是欲望,那是自觉的。直接决定我们行为的确是这些欲望。这些欲望所引导出来的行为是不是总和人类生存的条件相合的呢?这问题曾引起过很多学者的讨究。我们如果从上面这段话看去,不免觉得人类的欲望确乎有点微妙,他

阅读点拨

[1] 主观认识和客观实际脱节有时到了可笑的地步。

[1] 欲望被需要取代，意味着社会文化事实的变化。而文化事实的变化，则是社会的根本变化。

[2] 比如人们经常引用的名言"生命诚可贵，爱情价更高"。

们尽管要这个要那个，结果却常常正合于他生存的条件。欲望是什么呢？食色性也①，那是深入生物基础的特性。这里似乎有一种巧妙的安排，为了种族绵续，人会有两性之爱；为了营养，人会有五味之好。因之，在十九世纪发生了一种理论说，每个人只要能"自私"，那就是充分地满足我们本性里带来的欲望，社会就会形成一个最好、最融洽的秩序。亚当·斯密②说，"冥冥中那只看不见的手"会安排个社会秩序给每个为自己打算的人们去好好生活。

这种理论所根据的其实并非现代社会而是乡土社会，因为在乡土社会中，这种理论多少是可以说正确的，正确的原因并不是真是有个"冥冥中"的那只手，而是在乡土社会中个人的欲望常是合于人类生存条件的。两者所以合，那是因为欲望并非生物事实，而是文化事实。我说它是文化事实，意思是人造下来教人这样想的。譬如说，北方人有吃大蒜的欲望，并不是遗传的，而是从小养成的。所谓"自私"，为自己打算，怎样打算法却还是由社会上学来的。问题不是在要的本身，而是在要什么的内容。这内容是文化所决定的[1]。

我说欲望是文化事实，这句话并没有保证说一切文化事实都是合于人类生存条件的。文化中有很多与人类生存条件无关甚至有害的。就是以吃一项来说，如果文化所允许我们入口的东西样样都是合于营养原则的，我们也不至有所谓毒物一类的东西了。就是不谈毒物，普通的食品，还是可以助证"病从口入"的说法。再说得远一些，我常觉得把"生存"作为人类最终的价值是不太确切的。人类如果和其他动植物有些不同的地方，最重要的，在我看来，就在人在生存之外找到了若干价值标准，所谓真善美之类。我也常喜欢以"人是生物中唯一能自杀的种类"来说明人之异于禽兽的"几希③"。——但是，人类主观上尽管有比生存更重要的价值[2]，文化尽管有一部分可以

---

① 〔食色性也〕语出《孟子·告子上》，意思是吃喝以及性，是人的本性。

② 〔亚当·斯密（1723—1790）〕英国经济学家、哲学家，代表作《国富论》。

③ 〔几希〕语出《孟子·离娄下》，原文为"人之所以异于禽兽者几希

无关及无益于人类的生存，这些不合于生存的条件的文化以及接受不合于生存条件的文化的人，却在时间里被淘汰了。他们不存在了。淘汰作用的力量并不限于文化之内，也有在文化之外的，是自然的力量。这力量并不关心于价值问题；美丑，善恶，真伪，对它是无关的，它只列下若干条件，不合则去，合则留。我们可以觉得病西施是美，但是自然却并不因她美而保留她，病的还是要死的，康健才是生存的条件。自然并不禁止人自杀，但是没有力量可以使自杀了的还能存在。

于是另外一种说法发生了。孙末楠①在他的名著Folkways开章明义就说：人类先有行为，后有思想。决定行为的是从实验与错误的公式中累积出来的经验，思想只有保留这些经验的作用，自觉的欲望是文化的命令。

在一个乡土社会中，这也是正确的，那是因为乡土社会是个传统社会，传统就是经验的累积，能累积就是说经得起自然选择的，各种"错误"——不合于生存条件的行为——被淘汰之后留下的那一套生活方式。不论行为者对于这套方式怎样说法，它们必然是有助于生存的。

在这里更可以提到的是，在乡土社会中有很多行为我们自以为是用来达到某种欲望或目的，而在客观的检讨中，我们可以看到这些行为却在满足主观上并没有自觉的需要，而且行为和所说的目的之间毫无实在的关联。巫术是这种行为最明显的例子。譬如驱鬼，实际上却是驱除了心理上的恐惧。鬼有没有是不紧要的，恐惧却得驱除。

在乡土社会中欲望经了文化的陶冶可以作为行为的指导，结果是印合于生存的条件。但是这种印合并不是自觉的，并不是计划的，乡土文化中微妙的配搭可以说是天工，而非人力，虽则文化是人为的。这种不自觉的印合，有它的弊病，那就是如果环境变了，人并不能作主动的有计划的适应，只能如孙末楠所说的盲目的经过错误与实验的公式来找新的办法。乡土社会环境不很变，因之文化变迁的速率也慢，人们有时间可以从

---

① 〔孙末楠（1840—1910）〕美国民俗学家和社会学家，代表作《民俗学》（Folkways）。

> **阅读点拨**
>
> [1] 简而言之，"欲望"与文化紧密相关，"需要"与计划密不可分。

容地作盲目的实验，错误所引起的损失不会是致命的。在工业革命的早期，思想家还可以把社会秩序交给"冥冥中那只看不见的手"，其实一直到目前，像美国那样发达的文化里，那样复杂的社会里，居然还有这样大的势力在反对计划经济。凡是这时候要维持乡土社会中所养成的精神是有危险的了。出起乱子来，却非同小可了。

社会变动得快，原来的文化并不能有效地带来生活上的满足时，人类不能不推求行为和目的之间的关系了。这时发现了欲望并不是最后的动机，而是为了达到生存条件所造下的动机。于是人开始注意到生存条件的本身了——在社会学里发生了一个新的概念——"功能"。功能是从客观地位去看一项行为对于个人生存和社会完整上所发生的作用。

功能并不一定是行为者所自觉的，而是分析的结果，是营养而不是味觉。这里我们把生存的条件变成了自觉，自觉的生存条件是"需要"，用以别于"欲望"[1]。现代社会里的人开始为了营养选择他们的食料，这是理性的时代，理性是指人依了已知道的手段和目的的关系去计划他的行为，所以也可以说是科学化的。

在现代社会里知识即是权力，因为在这种社会里生活的人要依他们的需要去作计划。从知识里得来的权力是我在上文中所称的时势权力；乡土社会是靠经验的，他们不必计划，因为时间过程中，自然替他们选择出一个足以依赖的传统的生活方案。各人依着欲望去活动就得了。

理解与思考

1. 根据文章内容，写出下列概念的含义。

   文化事实_____

   _____

   _____

2. 如何理解"欲望是文化事实"？

   _____

3.过年的时候，家长给孩子穿上红色的新衣服。这种做法是属于文中的"欲望"还是"需要"？

材料题

阅读下面的文字，完成后面的题目。

材料一：

春耕已经开始，所有的家庭都忙成了一团。哈呀，多年来大家都是在一块劳动，现在一家一户出山，人们感到又陌生又新奇，同时也很激动。从今往后，自己的命运就要靠自己掌握啰，哪个人再敢耍奸溜滑不好好劳动？谁也没心思再管旁人的闲事，而一头扎在自己的土地上拼起了命；村中所有的"闲话中心"都自动关闭了……

双水村开始了新的生活。

孙玉厚一家有三个强壮劳力。在现时的农村，这是一个很大的资本，让双水村的人羡慕不已。村民们更羡慕的是，孙少安去年秋冬间在原西城里包工拉砖，赚了一笔大钱——据传说有好几千元哩！啊呀，时势一转变，曾经是村里最烂包的人家，眼看就要发达起来了！

情况的确如此。孙玉厚父子们眼下的腰杆确实硬了许多。只要这政策不变。他们有信心在几年中把光景日月变个样子。尤其是孙少安，他现在手里破天荒有了一大笔积蓄。去年拉砖除过运输费、房租和牲口草料钱，净赚了两千元。另外，铁青骡子卖了一千六百元，还了贷款、贷款利息和常有林的四百元借款，这头牲畜干赚了五百元。两千五百块钱哪！对于一个常常手无分文的庄稼汉来说，这一大笔钱揣在怀里，不免叫人有点惊恐！

是呀，这笔钱如何使用，现在倒成了个问题。

孙玉厚老汉早已表明了态度，他对儿子说："这钱是你赚的，怎个花法，你看着办吧！爸爸不管你……"

秀莲一门心思要拿这钱箍几孔新窑洞。

她央求丈夫说："咱结婚几年了,又有了娃娃,一直和牲畜住在一起……自己没个家怎行呢?我已经受够了,我再也不愿钻在这烂窑里!现在趁手头有几个钱,咱排排场场箍几孔石窑洞。箍成窑,这就是一辈子的家当;要不,这一大家人,几年就把这钱零拉完了……你总不能让虎子长大娶媳妇也像你一样……"秀莲说着便委屈地哭了。

其实,少安原来也打算拿这钱箍窑,只是包产到户以后,他心里才有了另外的主意。

他想拿这钱作资金,开办一个烧砖窑。

孙少安在城里拉砖的时候,就看见现在到处搞建筑,砖瓦一直是紧缺材料,有多少能卖多少。他当时就想过,要是能开个烧砖窑,一年下来肯定能赚不少钱。他当时打算回来给大队领导建议开办个砖瓦厂……现在既然集体分成了一家一户,人就更自由了。为什么自己不能办呢?没力量办大点的砖厂,开一个烧砖窑看来还是可以的——像他们家,男女好几个劳动力,侍候一个烧砖窑也误不了种庄稼!

主意拿定后,他先征求了父亲的意见。父亲仍然是老话:你赚的钱你看着办!

接着,孙少安又用了三个晚上,七七八八给秀莲说好话,讲道理,打比方,好不容易才把箍窑入迷的妻子说通。不过,秀莲让步的附加条件是,烧砖只要一赚下钱,首先就要修建窑洞。

少安答应了她。

清明前后,地已经全部消通,孙少安就在村后公路边属于他们家承包的一块地盘上,开始修建烧砖窑了。他,他父亲,少平,秀莲和他妈一齐上手,用了近半个月的时间,终于修建起了一个烧砖窑。少安在城里拉砖时,已经把烧砖的整个过程和基本技术都学会了。烧砖窑建好后,他率领一家人开始打土坯——在这之前,他已经去了趟原西城,买回一些必需的工具。

第一窑砖坯很快装就绪。烧砖的炭也用县运输公司的包车拉来了。

这天晚上一直弄到大半夜,才把最后的一切细节都安排好——明天早晨就要点火呀!

鸡叫头遍的时候,少安和秀莲才回到一队的饲养院。现在,牲口都分给了个人,这院子一片寂静。

秀莲累得头一挨枕头就睡着了。

但孙少安怎么也合不住眼——明天一早,烧砖窑就要点火,年轻的庄稼人兴奋得睡不着觉啊!

在这静悄悄的夜晚,他的思绪像泛滥的春水一般。过去的,现在的,未来的,无数流逝的经历和漫无边际的想象在脑子里杂乱地搅混在一起。皎洁如雪的月光洒在窗户上，把秀莲春节时剪的窗花都清晰地映照了出来：一只卷尾巴的小狗，两只顶架的山羊，一双踏在梅花枝上的喜鹊……

天大明以后，仍然精神抖擞的孙少安，就吆喝起一家人，来到了他的烧砖窑前。

在亲人们的注视下，他用微微发抖的手划着一根火柴，庄严地点燃了那团希望的火焰。

清晨，在双水村上空，升起了一片浓重的烟雾……

（选自路遥《平凡的世界》[①]第二部第十一章，有删节）

材料二：

社会变动得快，原来的文化并不能有效地带来生活上的满足时，人类不能不推求行为和目的之间的关系了。这时发现了欲望并不是最后的动机，而是为了达到生存条件所造下的动机。于是人开始注意到生存条件的本身了——在社会学里发生了一个新的概念——"功能"。功能是从客观地位去看一项行为对于个人生存和社会完整上所发生的作用。

功能并不一定是行为者所自觉的，而是分析的结果，是营养而不是味觉。这里我们把生存的条件变成了自觉，自觉的生存条件是"需要"，用以别于"欲望"。现代社会里的人开始为了营养选择他们的食料，这是理性的时代，理性是指人依了已知道的手段和目的的关系去计划他的行为，所以也可以说是科学化的。

在现代社会里知识即是权力，因为在这种社会里生活的人要依他们的需要去作计划。从知识里得来的权力是我在上文中所称的时势权力；乡土社会是靠经验的，他们不必计划，因为时间过程中，自然替他们选择出一个足以依赖的传统的生活方案。各人依着欲望去活动就得了。

（选自费孝通《乡土中国·从欲望到需要》，有删节）

1. 结合材料的内容赏析文中画线的句子。

皎洁如雪的月光洒在窗户上，把秀莲春节时剪的窗花都清晰地映照了出来：一只卷尾巴的小狗，两只顶架的山羊，一双踏在梅花枝上的喜鹊……

_____

_____

_____

[①]〔《平凡的世界》〕路遥著，第二部，页494–498，北京十月文艺出版社，2017年。

2.材料二中的"需要"具有怎样的特点?孙少安开办烧砖窑的哪些具体做法合乎"需要"的特点?

_____

_____

_____

写作宝库

  如果我们走出人类的范围,远远地站着,像看其他生物一般地看人类,我们可以看见人类有着相当久的历史了,他们做了很多事,这些事使人类能生存和绵续下去,好像个人的健全发展和社会的完整是他们的目的。但是逼近一看,拉了那些人问一问,他们却说出了很多和这些目的毫不相关的欲望来了。你在远处看男女相接近,生了孩子,男女合作,抚养孩子,这一套行为是社会完整所必需的,如果没有孩子出生,没有人领孩子,人类一个个死去,社会不是会乱了,人类不是断绝了么?你于是很得意去问这些人,他们却对你说:"我们是为了爱情,我们不要孩子,孩子却来了。"他们会笑你迂阔,天下找不到有维持人类种族的欲望的人,谁在找女朋友时想得着这种书本上的大问题?

  【应用话题】审视人类自身 远观与近看 透过现象看本质

  【写作示例】

  总体审视人类自身,人总是依着欲望而行为,让我们冷静地思考一下:他们的行为是否必然有利于个体的健全发展呢?他们的行为是否必然有利于社会成员的融洽配合和社会的完整和持续呢?

  答案未必是肯定的。

  举一个饮食的例子,我们知道饮食的种类是丰富的,各大菜系具体菜品不知道有多少。你回去在实验室研究一下,发现很多饮食合于营养,可以维持生命。你以为发现了规律,但是你去找一个乡村的老人问他,为什么吃辣椒和大蒜,他可能会回答你:"因为好吃。"

  所以,饮食,爱情,是欲望,直接决定我们行为。而我们考虑一下这些欲望所引导出来的行为,可能会发现,它不一定是我们想象的那样,也未必是我们所看到那样。

后记

这集子里所收的十四篇论文是从我过去一年所讲"乡村社会学"的课程中所整理出来的一部分。我这门课程已讲过好几遍,最初我采用美国的教本作参考,觉得不很惬意,又曾用我自己调查的材料讲,而那时我正注意中国乡村经济一方面的问题,学生们虽觉得有兴趣,但是在"乡村社会学"中讲经济问题未免太偏,而且同时学校有"土地经济学"和"比较经济制度"等课程,未免重复太多。过去一年我决定另起炉灶,甚至暂时撇开经济问题,专从社会结构本身来发挥。初次试验离成熟之境还远,但这也算是我个人的一种企图。

以我个人在社会学门内的工作说,这是我所努力的第二期。第一期的工作是实地的社区研究。我离开清华大学研究院之后就选择了这方面。二十四年的夏天,我和前妻王同惠女士一同到广西瑶山去研究当地瑶民的生活。那年冬天在山里遭遇了不幸,前妻未获生回,我亦负伤,一直在广州医院度过了春天才北返。在养病期间,我整理了前妻的遗稿,写成了《花蓝瑶社会组织》。二十五年夏天我到自己家乡调查了一个村子,秋天到英国,整理材料,在老师Malinowski教授指导之下,写成了 *Peasant Life in China* 一书,在二十七年返国前付印,二十八年出版。返国时抗战已进入第二年,所以我只能从安南入云南,住下了,得到中英庚款的资助,在云南开始实地研究工作,写出了一本《禄村农田》。后来得到农民银行的资助,成立了一

[1] 研究是在艰苦的环境中展开的，更加可贵。

[2] 一期社会的实地研究与二期的理论总结，二者缺一不可。

个小规模的研究室，附设于云南大学，系云大和燕京大学合作机关。我那时的工作是帮忙年轻朋友们一起下乡调查，而且因为昆明轰炸频繁，所以在二十九年冬迁到呈贡古城村的魁星阁[1]。这个研究室从此得到了"魁阁"这个绰号。我们进行的工作有好几个计划，前后参加的也有十多人。有结果的是：张子毅先生的《易村手工业》《玉村农业与商业》《洱村小农经济》，史国衡先生的《昆厂劳工》《个旧矿工》，谷苞先生的《化城镇的基层行政》，田汝康先生的《芒市边民的摆》《内地女工》，胡庆钧先生的《呈贡基层权力结构》。其中有若干业已出版。我是魁阁的总助手，帮着大家讨论和写作，甚至抄钢笔板和油印。三十二年我到美国去了一年，把《禄村农田》《易村手工业》和《玉村农业与商业》改写成英文，成为 Earthbound China 一书，《昆厂劳工》改写成 China Enters the Machine Age。三十三年回国，我一方面依旧继续做魁阁的研究工作，同时在云大和联大兼课，开始我的第二期工作。第二期工作是社会结构的分析，偏于通论性质，在理论上总结并开导实地研究。《生育制度》是这方面的第一本著作，这本《乡土中国》可以说是第二本。我在这两期的研究工作中虽则各有偏重，但在性质上是连贯的[2]。为了要说明我选择这些方向来发展中国的社会学的理由，我不能不在这里一述我所认识的现代社会学的趋势。

社会学在社会科学中是最年轻的一门。孔德（Comte）在他《实证哲学教程》里采取这个名字到现在还不过近一百年，而孔德用这名词来预言的那门研究社会现象的科学应当相等于现在我们所谓"社会科学"的统称。斯宾塞（Spencer）也是这样，他所谓"社会学"是研究社会现象的总论。把社会学降为和政治学、经济学、法律学等社会科学并列的一门学问，并非创立这名称的早年学者所意想得到的。

社会学能不能成为一门特殊的社会科学其实还是一个没有解决的问题。这里牵涉到了社会科学领域的划分。如果我们承认政治学、经济学有它们特殊的领域，我们也承认了社会科学可以依社会制度加以划分：政治学研究政治制度，经济学研究经济制度等。社会现象能分多少制度也就可以成立多少门社会科学。现在的社会学，从这种立场上说来，只是个没有长成的社会科学的老家。一旦长成了，羽毛丰满，就可以闹分家，独立门户去了[1]。这个譬喻确实说明了现代社会学中的一个趋势。

讥笑社会学的朋友曾为它造下了个"剩余社会科学"的绰号。早年的学者像孟德斯鸠，像亚当·斯密，如果被称作"社会学家"并非过分，像《法意》，像《原富》一类的名著，包罗万象，单说是政治学和经济学未免偏重。但是不久他们的门徒们把这些大师们的余绪①发挥引申，蔚成家数②都以独立门户为荣，有时甚至讨厌老家的渊源。政治学、经济学既已独立，留在"社会学"领域里的只剩了些不太受人问津的、虽则并非不重要的社会制度，好像包括家庭、婚姻、教育等的生育制度，以及宗教制度，等等。有一个时期，社会学抱残守缺地只能安于"次要制度"的研究里。这样，它还是守不住这老家的，没有长成的还是会长成的。在最近十多年来，这"剩余领域"又开始分化了。

在这次大战之前的几年里，一时风起云涌地产生了各种专门性质的社会学，好像孟汉（Karl Mannheim）的知识社会学，Joachim Wach的宗教社会学，叶林（Eugen Ehrlich）的法律社会学，甚至人类学家斐司（Raymond Firth）称他 *We the Tikopia* 的调查报告作"亲属社会学"。按这种趋势发展下去，都可以独立成为知识学、宗教学、法律学和亲属学的。它们还愿意拖着社会学的牌子，其实并不是看得起老家，比政治学和经济学心肠软一些，而是因为如果直称知识学或宗教学就不易和已经占领着这些领域的旧学问相混。知识学和知识论字面上太近似，宗教学和神学又使人不易一见就分得清楚。拖着个"社会学"的名词表示是"以科学方法研究该项制度"的意思。"社会学"这名词在这潮流里表面上是热闹了，但是实际上却连"剩余社会科学"的绰号都不够资格了，所剩的几乎等于零了。

让我们重回到早期的情形看一看。在孔德和斯宾塞之后有

---

① 〔余绪〕留传给后世的部分。
② 〔蔚成家数〕在某种技艺或学问上，形成了自己独特的风格或流派。

[1] 将理论知识用形象的语言表述出来，深入浅出，这是费孝通先生本书的一个表述特点。我们在写作中也要学习并掌握这种技能。

一个时期许多别的科学受了社会学的启发，展开了"社会现象和其他现象交互关系"的研究，我们不妨称作"边缘科学"。这种研究在中国社会学中曾占很重要的地位。我记得在十五年左右以前，世界书局曾出过一套"社会学丛书"，其中主要的是：社会的地理基础、心理基础、生物基础、文化基础等的题目。孔德早已指出宇宙现象的级层，凡是在上级的必然以下级为基础，因之也可以用下级来"解释"上级。社会现象正处于顶峰，所以从任何其他现象都可以用来解释它的。从解释进而成为"决定论"，就是说社会现象决定于其他现象。这样引诱了很多在其他科学里训练出来的学者进入社会学里来讨论社会现象，因而就从社会学里引出了许多派别：机械学派、生物学派、地理学派、文化学派。苏洛金（Sorokin）曾写了一本《当代社会学学说》来介绍这许多派别。这书已有中译本（黄凌霜译，商务印书馆出版），我在这里不必赘述。

虽则苏洛金对于各家学说的偏见很有批评，但是我们得承认"边缘科学"的性质是不能不"片面"的。着眼于社会现象和地理接触边缘的，自不能希望他会顾到别的边缘。至于后来很多学者一定要比较哪一个边缘为"重要"因而发生争论，实在是多余的。从边缘说，关系是众多的，也可以是多边的，偏见的形成是执一废百的结果。社会学本身从这些"边缘科学"所得的益处，除了若干多余的争论外还有多少，很难下断语，但是对于其他科学却引起了很多新的发展，好像人文生物学、人文地理等等，在本世纪（20世纪）的前期有了重要的进步，不能不说是受了社会学的影响。

社会现象有它的基础，那是无从否认的；其他现象对社会现象发生影响，也是事实；但是社会学不能被"基础论"所独占，或自足于各种"决定论"，那也是自明的道理。社会学躲到这边际上来是和我上述的社会科学分家趋势相关的。堂奥①既被各个特殊社会科学占领了去，社会学也只能退到门限上，站在门口还要互争谁是大门，怎能不说是可怜相？

社会学也许只有走综合的路线，但是怎样综合呢？苏洛

---

① 〔堂奥〕房屋的深处，和下文的"门限"（门槛）相对。

金在批评了各派的偏见之后,提出了个X+1的公式,他的意思是尽管各派偏重各派的边缘,总有一个全周①。其实他的公式是"综合"不如说是"总和"。"总"是把各边缘加起来,"和"是调解偏见。可是加起来有什么新的贡献呢?和事佬的地位也不够作为一门科学的基础,社会学的特色岂能只是面面周到呢?

社会现象在内容上固然可以分成各个制度,但是这些制度并不是孤立的。如果社会学要成为综合性的科学,从边缘入手自不如从堂奥入手。以社会现象本身来看,如果社会学不成为各种社会科学的总称,满足于保存一个空洞的名词,容许各门特殊的社会科学对各个社会制度做专门的研究,它可以从两层上进行综合的工作:一是从各制度的关系上去探讨。譬如某一种政治制度的形式常和某一种经济制度的形式相配合,又譬如在宗教制度中发生了某种变动会在政治或经济制度引起某种影响。从各制度的相互关系上着眼,我们可以看到全盘社会结构的格式。社会学在这里可以得到各个特殊的社会科学所留下的,也是它们无法包括的园地。

以全盘社会结构的格式作为研究对象,这对象并不能是概然性的,必须是具体的社区,因为联系着各个社会制度的是人们的生活,人们的生活有时空的坐落,这就是社区。每一个社区有它一套社会结构,各制度配合的方式。因之,现代社会学的一个趋势就是社区研究[1],也称作社区分析。

社区分析的初步工作是在一定时空坐落中去描画出一地方人民所赖以生活的社会结构。在这一层上可以说是和历史学的工作相通的。社区分析在目前虽则常以当前的社区作研究对象,但这只是为了方便的原因,如果历史材料充分的话,任何时代的社区都同样可作分析对象[2]。

社区分析的第二步是比较研究,在比较不同社区的社会结构时,常发现了每个社会结构有它配合的原则,原则不同,表现出来结构的形式也不一样。于是产生了"格式"的概念。在英美人类学中这种研究的趋势已经十分明显,好像Pattern、

---

① 〔全周〕全面,综合。

阅读点拨

[1] 我们要真正理解本书的内容,也要进行社区研究,尽管我们不是社会学的专业的研究者。

[2] 分析以前时代的社区,需要借助大量的历史材料。

[1]通过这几段文字可以看出，对社会学的研究，费孝通先生参考了大量的已有成果。

Configuration、Integration一类名词都是针对着这种结构方面的研究，我们不妨称之作"结构论"（Structuralism），是"功能论"（Functionalism）的延续。但是在什么决定"格式"的问题上却还没有一致的意见。在这里不免又卷起"边缘科学"的余波，有些注重地理因素，有些注重心理因素。但这余波和早年分派互讦的情形不完全相同，因为社区结构研究中对象是具体的；有这个综合的中心，各种影响这中心的因素都不致成为抽象的理论，而是可以观察、衡量的作用。

在社区分析这方面，现代社会学却和人类学的一部分通了家。人类学原是一门包罗极广的科学，和社会学一般经历了分化过程，研究文化的一部分也发生了社区研究的趋势。所以这两门学问在这一点上辐辏^①会合。譬如林德（Lynd）的 *Middletown* 和马林诺斯基（Malinowski）在Trobriad岛上的调查报告，性质上是相同的。嗣后人类学者开始研究文明人的社区，如槐南（Warner）的 *Yankee City Series*，艾勃里（Embree）的《须惠村》（日本农村）以及拙作 *Peasant Life in China* 和 *Earthbound China*，更不易分辨是人类学或社会学的作品了。美国社会学大师派克（Park）先生很早就说：社会学和人类学应当并家。他所主持的芝加哥都市研究就是应用人类学的方法，也就是我在上面所说的"社区分析"。英国人类学先驱布朗（Radcliffe-Brown）先生在芝加哥大学讲学时就用"比较社会学"来称他的课程。

以上所说的只是社会学维持其综合性的一条路线。另一条路线却不是从具体的研究对象上求综合，而是从社会现象的共相上着手[1]。社会制度是从社会活动的功能上分出来的单位：政治、经济、宗教等，是指这些活动所满足人们不同的需要。政治活动和经济活动，如果抽去了它们的功能来看，原是相同的，都是人和人之间的相互行为。这些行为又可以从它们的形式上去分类，好像合作、冲突、调和、分离等不同的过程。很早在德国就有形式社会学的发生，席木尔（Simmel）是这

---

① 〔辐辏（còu）〕形容人或物聚集像车辐集中于车毂。辐，辐条；辏，辐条的内端集中到毂上。

一派学者的代表。冯维瑞（Von Wiese）的系统社会学经贝干（Becker）的介绍在美国社会学里也有很大的影响。派克和盘吉斯（Park and Burgess）的《社会学导论》也充分表明这种被称为"纯粹社会学"的立场。

纯粹社会学是超越于各种特殊社会科学之上的，但是从社会行为作为对象，撇开功能立场，而从形式入手研究，又不免进入心理学的范围。这里又使我们回想到孔德在建立他的科学级层论时对于心理学地位的犹豫了。他不知道应当把心理现象放在社会现象之下，还是之上。他这种犹豫是起于心理现象的二元性：其一是现在所谓生理心理学，其二是现在所谓社会心理学。这两种其实并不隶属于一个层次，而是两片夹着社会现象的面包。纯粹社会学可以说是以最上层的一片为对象的。

总起来说，现代社会学还没有达到一个为所有被称为社会学者共同接受的明白领域。但在发展的趋势上看去，可以说的是社会学很不容易和政治学、经济学等在一个平面上去分得一个独立的范围。它只有从另外一个层次上去得到一个研究社会现象的综合立场。我在这里指出了两条路线，指向两个方向。很可能是再从这两个方向分成两门学问：把社区分析让给新兴的社会人类学，而由"社会学"去发挥社会行为形式的研究。名称固然是并不重要的，但是社会学内容的常变和复杂确是引起许多误会的原因。

***

依我这种对社会学趋势的认识来说，《生育制度》可以代表以社会学方法研究某一制度的尝试，而这《乡土中国》却是属于社区分析第二步的比较研究的范围。在比较研究中，先得确立若干可以比较的类型，那就是依不同结构的原则分别确定它所形成的格式。去年春天我曾根据Mead女士的 *The American Character* 一书写成一本《美国人的性格》，并在这书的后记里讨论过所谓文化格式的意思。在这里我不再复述了。这两本书可以合着看，因为我在这书里是以中国的事实来说明乡土社会的特性，和Mead女士根据美国的事实说明移民社会的特性在方法上是相通的。

我已经很久想整理这些在"乡村社会学"课上所讲的材

料，但是总觉得还没有成熟，所以迟迟不敢下笔。去年暑假里，张纯明先生约我为《世纪评论》长期撰稿，盛情难却，才决定在这学期中，随讲随写，随写随寄，随寄随发表，一共已有十几篇。储安平先生约我在观察丛书里加入一份，才决定重新编了一下，有好几篇重写了，又大体上修正了一遍。不是他们的督促和鼓励，我是不会写出这本书的，但也是因为他们限期限日地催稿，使我不能等很多概念成熟之后才发表，其中有很多地方是还值得推考[1]。这算不得是定稿，也不能说是完稿，只是一段尝试的记录罢了。

三十七年二月十四日于清华胜因院

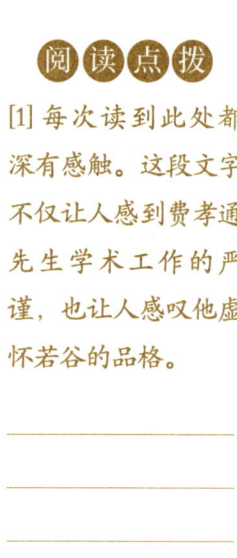

阅读点拨

[1] 每次读到此处都深有感触。这段文字不仅让人感到费孝通先生学术工作的严谨，也让人感叹他虚怀若谷的品格。

第三部分 真题测评

真题测评

一、判断正误（每小题2分，共20分）

1. 背井离乡，指离开家乡到外地。井，古的井田制，八家为井，四周是私田，中间是公田，各家一起耕种，引申为乡里。（   ）

2. "我们大家是熟人，打个招呼就是了，还用得着多说吗？"——这类的话证明了乡土社会对契约的重视。（   ）

3. 在差序格局中，社会关系是逐渐从一个一个人推出去的，是私人联系的增加，社会范围是一根根私人联系所构成的网络。（   ）

4. 家庭里有家法，在夫妇间得相敬，女子有着三从四德的标准，亲子间讲究负责和服从，这些都是事业社群里的特色。（   ）

5. 阿波罗式的文化认定宇宙的安排有一个完善的秩序，人不过是去接受它，安于其位，维持它。乡土社会属于浮士德式的文化。（   ）

6. 文化不稳定，传统的办法并不足以应付当前的问题时，教化权力必然跟着扩大，缩进亲子关系、师生关系。

7. 在中国旧式家庭中生长的人都明白家长的意志怎样在表面的无违下，事实上被歪曲的。虚伪在这种情境中不但是无可避免而且是必需的。（   ）

8. 在乡土社会人可以靠欲望去行事，而在现代社会中欲望并不能做人们行为的指导了，发生"需要"。（   ）

9. 乡土社会是靠经验的，人们不必计划，因为时间过程中，自然替他们选择出一个足以依赖的传统的生活方案。（   ）

10. 《乡土中国》中讲的乡土中国，就是具体的中国社会的素描，是包含在具体的中国基层传统社会里的一种特具的体系，支配着社会生活的各个方面。（   ）

二、基础内容选择（每小题3分，共36分）

1.关于"乡土社会"，下列说法正确的一项是（　　）

A.作者说乡下人土气，这个"土"字带着藐视的意味，说明他看不起乡下人。

B.在乡下，"土"是农民的命根。农民最畏惧的占着最高地位的神，就是土地神。

C.虽然会有一部分农民背井离乡，以农为生的人，迁移是常态，世代定居是变态。

D.村和村之间是孤立、隔膜的关系，人口的流动率小，社区间的往来也必然疏少。

2.中国农民聚村而居的原因，下列说法不正确的一项是（　　）

A.种地需要水利，农民有合作的需要，在一起居住，合作起来就比较方便。

B.人多力量大，除了生产需要人多，保障安全也是如此，人多了容易保卫。

C.兄弟分别继承祖上的遗业，人口在不同地方逐步地积起来，成为大村落。

D.每家所耕的面积小，所以聚在一起住，住宅和农场就不会距离得过分远。

3.在乡土社会中，文字是多余的，原因是（　　）

A.在熟人中，话自然就少了，人们可以"眉目传情"，也可以"指石相证"。

B.乡土社会中的文盲，不是由于乡土社会的本质，而是出于乡下人的"愚"。

C.乡土社会里，只有文字才可以传递世代间的经验，可以帮人解决问题。

D.生活是定型的，长期停留在这种生活里中的人们，会愚到字都不认得。

4.下列事例，不具有差序格局特点的一项是（　　）

A.苏秦潦倒归来，"妻不以为夫，嫂不以为叔"，即"妻子不把我当丈夫,嫂子不把我当小叔"。

B.有一位朋友将要"带了他的家庭"一起来看你，他知道一同来的是哪几个人，家庭是界限分明的团体。

C.生了孩子要送红蛋，送的对象不是一个固定的团体，而是一个范围，范围的大小要依着势力厚薄而定。

D.贾家的大观园里，凡是拉得上亲戚的，都包容得下，可是势力一变，树倒猢狲散，缩成一小团。

5.杨朱"拔一毛而利天下不为"，下列说法不属于杨朱特点的一项是（　　）

A.忽略了自我主义的相对性和伸缩性。

B.太死心眼，一口咬住了自己不放。

C.会推己及人，但中心还是在自己。

D.以小己来应付一切情境。

6.关于团体格局的社会特点，下列说法正确的一项是（   ）

A.团体道德的缺乏，在公私的冲突里会更加看得清楚。

B.道德和法律，都得看所施的对象和"自己"的关系而加以伸缩。

C.普遍的标准并不发生作用，一定要问清对方和自己是什么关系。

D.在同一团体的人是"兼善"的，就是"相同"的。

7.在乡土社会中，家的特点是（   ）

A.夫妇是主轴，夫妇共同经营生育事务。

B.家的主轴是在父子之间，在婆媳之间。

C.两性感情发展，家庭是获取生活安慰的中心。

D.子女在家中是配角，他们长成了就离开家。

8.下列哪项说法不属于费孝通先生的"男女有别"的含义（   ）

A.两性间不需要矜持，应在表面上流露。

B.传统的感情定向偏于向同性方面去发展。

C.男女不向对方希望心理上的契洽。

D.男女间不必求同，在生活上需加以隔离。

9.关于"礼治社会"，下列说法不正确的一项是（   ）

A.礼治社会不是指文质彬彬的君子国一般的社会。

B.礼也可以杀人，可以很"野蛮"。

C.礼不需要有形的权力机构来维持，维持礼的是传统。

D.残酷的做法，不合乎礼；文明的做法，合乎礼。

10.关于现行的司法制度和原有的礼治秩序之间的矛盾，下列说法正确的一项是（   ）

A.现行的司法制度任何情况下都不会和原有的礼治秩序产生矛盾。

B.制定若干法律条文和设立若干法庭就可以完成法治秩序的建立。

C.法治秩序的建立需要在社会结构和思想观念上先有一番改革。

D.单把法律和法庭推行下乡，不会破坏礼治秩序。

11.到农村做"乡土中国"特点调查，需要设计调查问题，下列哪个问题与"无讼"的内容相关（   ）

A.村里有哪些本村村民才懂得的特殊"行话"？

B.这里是否出现过历史文化名人？主要事迹是什么？

C.最近五十年，家族亲属关系发生了哪些变化？

D.村里发生过哪些冲突？这些冲突最终是如何解决的？

12.下列哪一项说法不具有《乡土中国》一书中"乡土性"的特点（   ）

A.三人行，必有可以教给我怎样去应付问题的人。
B."出则悌"，逢着年长的人都得恭敬、顺服于这种权力。
C.人们相互对待的态度是根据长幼之序。
D.一个孩子用小名来称呼他的父亲，不会引起父亲的呵责。

三、语言运用（共18分）

1.在文段甲乙丙丁空白处填写句子，顺序恰当的一项是（　　　）（3分）

在变化很少的社会里，文化是稳定的，很少新的问题，生活是一套传统的办法。如果我们能想象一个完全由传统所规定下的社会生活，这社会可以说是没有政治的，有的只是教化。事实上固然并没有这种社会，但是乡土社会却是靠近这种标准的社会。"为政不在多言""甲＿＿＿＿＿"都是描写政治活动的单纯。也是这种社会，人的行为有着传统的礼管来着。儒家很有意思思形成一个建筑在教化权力上的王者；他们从没有热心于横暴权力所维持的秩序。"乙＿＿＿＿＿"的政是横暴性的，"丙＿＿＿＿＿"的政是教化性的。"丁＿＿＿＿＿"是爸爸式权力的意思。

①苛政猛于虎　②为民父母　③为政以德　④无为而治

A.①②③④　B.③④②①　C.④①③②　D.④①②③

2.依次填入横线上的句子，衔接恰当的一组是（　　　）（3分）

血缘是稳定的力量。在稳定的社会中，地缘不过是血缘的投影，不分离的。"生于斯，死于斯"把人和地的因缘固定了。生，也就是血，决定了他的地。世代间人口的繁殖，像一个根上长出的树苗，在地域上靠近在一伙。地域上的靠近可以说是血缘上亲疏的一种反映，区位是社会化了的空间。＿＿＿＿＿＿＿。

①这也告诉我们"地"的关联派生于社会关系。

②空间本身是浑然的，但是我们却用了血缘的坐标把空间划分了方向和位置。

③当我们用"地位"两字来描写一个人在社会中所占的据点时，这个原是指"空间"的名词却有了社会价值的意义。

④我们在方向上分出尊卑：左尊于右，南尊于北，这是血缘的坐标。

A.③①②④　B.④②③①　C.④①③②　D.③④①②

3.在下列文段的括号中填上合适的成语。（6分）

在一个每代的生活等于开映同一部影片的社会中，历史也是多余的，有的只是"传奇"。一说到来历就得从"（　　　　）"说起；不从这开始，下文不是只有"寻常"的当前了么？都市社会里有新闻；在乡土社会，"新闻"是稀奇古怪、（　　　　）的意思。在都市社会里有名人，乡土社会里是"人怕出名猪怕壮"。不为人先，不为人后，做人就得（　　　　）。这种社会用不上常态曲线，而是一个模子里印出来的一套。

4.下列文段有3处错误，请写出序号并改正。（6分）

①乡土社会是安土重迁的，生于斯、死于斯、长于斯的社会。②不但是人口流动很小，而且人们所取给资源的土地也很少变动。在这种不分秦汉，代代如是的环境里，③不但个人可以信任自己的经验，而且同样可以信任若祖若父的经验。④一个在乡土社会里种田的老农所遇着的只是四季的转换，而不是时代变更。一年一度，周而复始。⑤前人所用来解决生活问题的方案，尽可抄袭来作自己生活的指南。⑥愈是经过前代生活中证明有效的，也愈值得保守。⑦于是"言必尧舜"，好古是生活的保护了。

四、现代文阅读（共24分）

（一）

选文一：

不但在我们传统道德系统中没有一个像基督教里那种"爱"的观念——不分差序的兼爱；而且我们也很不容易找到个人对于团体的道德要素。在西洋团体格局的社会中，公务，履行义务，是一个清楚明白的行为规范。而在中国传统中是没有的。现在我们有时把"忠"字抬出来放在这位置里，但是忠字的意义，在论语中并不如此。我在上面所引"为人谋而不忠乎"一句中的忠，是"忠恕"的注解，是"对人之诚"。"主忠信"的忠，可以和衷字相通，是由衷之意。

团体道德的缺乏，在公私的冲突里更看得清楚。就是负有政治责任的君王，也得先完成他私人间的道德。

一个差序格局的社会，是由无数私人关系搭成的网络。这网络的每一个结附着一种道德要素，因之，传统的道德里不另找出一个笼统性的道德观念来，所有的价值标准也不能超脱于差序的人伦而存在了。

中国的道德和法律，都因之得看所施的对象和"自己"的关系而加以程度上的伸缩。我见过不少痛骂贪污的朋友，遇到他的父亲贪污时，不但不骂，而且代他讳隐。更甚的，他还可以向父亲要贪污得来的钱，同时骂别人贪污。等到自己贪污时，还可以"能干"两字来自解。这在差序社会里可以不觉得是矛盾；因为在这种社会中，一切普遍的标准并不发生作用，一定要问清了，对象是谁，和自己是什么关系之后，才能决定拿出什么标准来。

（节选自《乡土中国·系维着私人的道德》，有删节）

选文二：

惩罚孝文的举动又一次震撼了白鹿原。惩罚的方式和格局如同前次，施刑之前重温乡约族规的程序由孝文的弟弟孝武来执行。

白孝武的出现恰当其时。他穿一件青色棉袍，挺直的腰板和他爸腰折以前一样笔挺，体魄雄壮魁伟，肩膀宽厚臀部丰满，比瘦削细俏的孝文气派得多沉稳多了。白嘉轩仍然在台阶上安一把椅子坐着，孝武归来及时替代了不争气的孝文的位置，也及时填充了他心中的虚空。孝武领诵完乡约和族规的有关条款，走到父亲跟前请示开始执行族规。白嘉轩从椅子上下来，跷下台阶，从族人让出的夹道里走过去，双手背抄在佝偻着的腰背上。白嘉轩谁也不瞅，端直走到槐树下，从地上抓起扎捆成束的一把酸枣棵子刺刷，这当儿有三四个人在他面前扑通扑通跪倒了，白嘉轩知道他们跪下想弄啥，毫不理睬，转过身就把刺刷扬起来抽过去。孝文一声惨叫接一声惨叫，鲜血顿时漫染了脸颊。白嘉轩下手特狠，比上次抽打小娥和狗蛋还要狠过几成。这个儿子丢了他的脸亏了他的心辜负了他对他的期望，他为他丧气败兴的程度远远超过了被土匪打断腰杆的劫难，他用刺刷抽击这个孽种是泄恨是真打而不是在族人面前摆摆架式。白嘉轩咬着牙再次扬起刺刷，忘记了每人只能打一下的戒律，他的胳膊被人捉住了，一看竟是鹿子霖。

鹿子霖是那三四个下跪求情者中的一个。这个向族长跪谏的行动其实就是鹿子霖策划的。他听到孝武给他传述的白嘉轩要惩罚孝文的决定以后，郑重其事地找到白家，大声吵着要白嘉轩取消这次施刑的举动："我敢说这根本不怪孝文！你也招不住这个折腾喀！"白嘉轩冷着脸心决如铁："锣都敲了你还说这话做啥！你后晌能到祠堂来，就算给老哥赏光了。"鹿子霖后晌去祠堂里在村巷里痛心狠气地抱怨几个老汉："你几个老者难道都是石头心眼？嘉轩要整孝文你们能忍心叫他整？为啥不劝他不阻挡他？这孝文比不得旁人咋能随便用刷子打？"那几个老汉被他热诚的斥责弄得感动又愧悔，便策划了这出跪谏的插曲。

鹿子霖从白嘉轩手里夺下刺刷又扑通跪下了，说："嘉轩哥！你不饶孝文我不起来！"白嘉轩冷着脸说："我不受你的跪拜。谁的跪拜我今日都不受。谁爱跪谁就跪。孝武，往下行——"说罢，用手撩着袍杈儿走过人窝儿，重新在祠堂台阶的椅子上坐下来。白孝武从执刑具者手里接过刺刷，照哥哥孝文赤裸的胸脯抽击了一下，血流顺着胸脯一条条拉下来……

如同祠堂院子里的争执在白家庭院里也刚刚发生过。老娘白赵氏白吴氏以及两个媳妇结成同盟，坚决反对白嘉轩惩罚孝文的毒刑，白赵氏劝不下儿子就骂起来："你害死孝文你哪像个老子？你要把孝文捆到树上我就脱光站到孝文前头，你先用刺刷刷死我再刷死孝文！"仙草则用哭谏，两个儿媳一齐求情。白嘉轩对谁也不松口，连一句话也不说，一任她们骂呀哭呀乞求呀绝不动心。直到第三天孝武和鹿三从山里回来，白嘉轩把全体家庭成员叫到上房正厅，在祭桌前发焚香，然后征求大家的意见："有话对着先人的面说。"白赵氏白吴氏和孝文孝武的媳妇陈述了早已表明的态度，轮到至关重要的一个人白孝武了。白孝武站在祭桌前一字一板地说："按族规办。"奶奶白赵氏正愣着神儿，母亲白吴氏的耳光已经抽到他脸上了。孝武瞅了一眼母亲不恼也不愧。仍然面色不改。白嘉轩用恼怒的眼色制止了妻子白吴氏的轻举妄动，转过脸问孝武："为啥？你说为啥？"白孝武沉稳他说："这是白家的立身纲纪。爸你说的我不敢忘……"白嘉轩迫急地一拳砸在桌子上，说："着！<u>忘了立家立身的纲纪，毁的不是一个孝文，白家都要毁了——</u>"

白嘉轩听到孝武的话，心里卷起一汪热流，激动得热泪盈眶，此时此地正需要听到这个话。白赵氏不甘心地反诘："<u>先人们都是通人性的好先人，谁也没有你这样心硬！</u>"白嘉轩沉静地说："先人们里头没出过这号瞎事。"孝文无可挽回地被推进祠堂捆到槐树上了。

（节选自陈忠实《白鹿原》第十七章，有删节）

1.白孝武为什么主张惩罚他的哥哥白孝文？（6分）

2.画横线的句子，表面上显示了白嘉轩和白赵氏对惩罚儿子的不同态度，实际上两人的态度却又是一致的。请结合《乡土中国·系维着私人的道德》一文中的相关内容加以分析。（6分）

(二)

选文一：

中国的家是一个事业组织，家的大小是依着事业的大小而决定。如果事业小，夫妇两人的合作已够应付，这个家也可以小得等于家庭；如果事业大，超过了夫妇两人所能担负时，兄弟伯叔全可以集合在一个大家里。这说明了我们乡土社会中家的大小变异可以很甚。但不论大小上差别到什么程度，结构原则上却是一贯的、单系的差序格局。

以生育社群来担负其他很多的功能，使这社群中各分子的关系的内容也发生了变化。在西洋家庭团体中，夫妇是主轴，夫妇共同经营生育事务，子女在这团体中是配角，他们长成了就离开这团体。在他们，政治、经济、宗教等功能有其他团体来担负，不在家庭的分内。夫妇成为主轴，两性之间的感情是凝合的力量。两性感情的发展，使他们的家庭成了获取生活上安慰的中心。

在我们的乡土社会中，家的性质在这方面有着显著的差别。我们的家既是个绵续性的事业社群，它的主轴是在父子之间，在婆媳之间，是纵的，不是横的。夫妇成了配轴。配轴虽则和主轴一样并不是临时性的，但是这两轴却都被事业的需要而排斥了普通的感情。我所谓普通的感情是和纪律相对照的。一切事业都不能脱离效率的考虑。求效率就得讲纪律；纪律排斥私情的宽容。在中国的家庭里有家法，在夫妇间得相敬，女子有着三从四德的标准，亲子间讲究负责和服从。这些都是事业社群里的特色。

不但在大户人家，书香门第，男女有着阃内阃外的隔离，就是在乡村里，夫妇之间感情的淡漠也是日常可见的现象。我在乡间调查时特别注意过这问题，后来我又因疏散下乡，和农家住在一所房子里很久，更使我认识了这事实。我所知道的乡下夫妇大多是"用不着多说话的"，"实在没有什么话可说的"。一早起各人忙着各人的事，没有工夫说闲话。出了门，各做各的。中国人在感情上，尤其是在两性间的矜持和保留意见，不肯像西洋人一般地在表面上流露，也是在这种社会圜局中养成的性格。

（节选自《乡土中国·家族》，有删节）

选文二：

孙少平回家以后才知道，父亲是因为分家的事才写信让他回来的。

比起他想象的其它灾祸，这件事看来并不特别严重。《红楼梦》里的凤姐说，没有不散的筵席。弟兄分家，或者父子分家，在农村已经是一件很自然的事。和其他人家相比，大哥和嫂子结婚几年都和他们一块过光景，这也就不容易了。现在他们要单另立家。不论从哪方面说都无可非议。

少平看出，大哥心里很难过。少平理解他的心情。

他去烧砖窑转的时候，大哥把他引到下面的沟道里，想和他单独说说话。

弟兄俩坐在东拉河边，一时都不知该从何说起。

少平给少安抽出一根纸烟。少安说他抽不惯，仍然用纸片给自己卷了一支旱烟棒。

"大哥，分家的事，你也不要过多地想什么。爸爸的考虑是对的，你和我嫂现在应该单另过光景了……"少平先开口劝慰少安。

少安沉默了好长时间以后，才说："那你们怎么办？一大家人，老的老，小的小……""有我和爸爸两个人哩！家里实际上没几口人了！我和爸爸两个完全可以维持！"少平说。

少安又沉思了一会，然后抬起头看着弟弟，说："那这样行不行？分开家后，你到烧砖窑来，咱两个一块经营，红利二一添作五，一人一半！"

"那还等于没分家！"少平笑了笑。"既然单另过光景，咱们就不要一块粘了。虽然是兄弟，便要分就分得汤清水利，这样往后就少些不必要的麻烦。分开家过光景，你的家就不是你一个人，还有我嫂子哩！"

少安惊讶地盯着弟弟的脸看了半天。他想不到少平已经变得这么大人气——这未免有点生硬。他说："弟兄之间怎能分得这么清哩？"

"分清了好。俗话说，好朋友清算帐。弟兄们一辈子要处理好关系，我认为首先是朋友，然后是弟兄才有可能。否则，说不定互相把关系弄得比两旁世人都要糟糕哩！"

这"理论"少安无法接受，但他认识到，少平已不再是过去的少平。他奇怪：弟弟在什么时候学会了高谈阔论？

不过，少安感到多少日子来由于分家而给他造成的巨大精神压力，似乎减轻了一些。少平的这种态度刺激了他，使他不由自主地想：既然你后生口大气粗，已经这么能行了，那咱们倒也不妨试试看。

他问弟弟："那你准备怎么办？"

"我准备把户口迁到黄原城边的农村去。"

"什么？"少安吃惊得几乎要跳起。"说了半天，你还是要屁股一拍远走高飞呀？怪不得你把分家说得这么自在！你走了老人怎么办？如果是这样，家就不能分！"

"哥，你先别躁。我迁到黄原，又不是自顾自图轻快去呀！我出去难道就会白白呆着？我不会劳动？我赚下的钱不会养活老人？再说，我在那里闹好了，说不定将来把父母亲也能搬迁过去哩!"

"这真是说笑话哩!老人年纪那么大了,还跟你上天去呀!"少安已经生气地挖苦起了少平。

少平知道,少安无法理解他。他沉默了一会,说:"哥哥,不管怎样,咱还是按爸爸的意思来,先把家分开再说。你不要太为我们担心。我出去要是不行了,我就会很快回双水村的。往出办户口不容易,要是往回迁户口,双水村不会拒绝接受我吧?你叫我出去先闯一闯,头碰破了,那是我活该。你不是也在闯吗?你为什么不一心种庄稼,而开办个烧砖窑呢?还不是谋个大出展吗?我为什么就不能有我的一点打算呢?"少安倒被弟弟的这番话说得无言对答。

两天以后,在孙玉厚的主持下,这个多年的大家庭就一分为二了。

分家其实很简单,只是宣布今后他们将在经济上实行"独立核算",原来的家产少安什么也没要,只是秀莲到新修建起的地方另起炉灶过日月罢了。实际上,这个家永远不会象少平说的那样"汤清水利"。首先虎子就分不开。小家伙名义上分过去了。但他不会离开爷爷和奶奶;孙玉厚老两口也离不开这个宝贝孙子。

家总算这样"分"开了。

分家以后,少平立刻就和父亲谈他自己的出路。孙玉厚老汉豁达地对儿子说:"你走你的!这两年爸爸还康健,能种了这点庄稼。只要你能在外面闯出个世事来,爸爸不拉你的后腿!你出门爸爸放心着哩,不会闯出大乱子来……""只要我能在黄原扎下根,将来就把你们都迁过去!"少平非常感激父亲如此慷慨放他出门。

玉厚老汉苦笑了一下,说:"先不要想那么远的事。再说,我和你妈一辈子就是这双水村的人了,不会把老骨头撂到外地去的。你只管闹你的世事去!你到了外面,可要你自己操心哩!爸爸盼你这辈子不要像爸爸一样,活得蜷胳膊曲腿的……"少平心里陡然间生出一种悲壮的情绪来。他想,为了父母亲对他的热爱和希望,他也要好好活一辈子人!

(节选自路遥《平凡的世界》第二部第二十一章,有删节)

1.按照费孝通《乡土中国·家族》中的观点来看,孙玉厚老汉的家具有"小家族"的哪些特点?(6分)

2.孙家分家，除了为了孙少安过上好日子外，还有哪些主客观的原因？（6分）

五、微写作（每小题26分，共52分）

（一）

费孝通先生说："在我们社会的急速变迁中，从乡土社会进入现代社会的过程中，我们在乡土社会中所养成的生活方式处处产生了流弊。陌生人所组成的现代社会是无法用乡土社会的习俗来应付的。"

如何理解"乡土社会"的优点和弊端？请写一篇300字左右的文章阐述你的想法。

（二）

关于处理不同的文化关系，费孝通先生总结出了"各美其美，美人之美，美美与共，天下大同"的说法。根据费孝通先生的上述说法，应该如何处理乡土中国的"差序格局"与西方的"团体格局"的关系呢？请写一篇300字左右的文章阐述你的想法。

第四部分 参考答案

/参考答案/

第一章 乡土本色

理解与思考

1.（1）礼俗社会——一种并没有具体目的，只是因为在一起生长而发生的社会。

（2）法理社会——一种为了要完成一件任务而结合的社会。

2.①每家所耕的面积小，所谓小农经营，所以聚在一起住，住宅和农场不会距离得过分远。

②需要水利的地方，他们有合作的需要，在一起住，合作起来比较方便。

③为了安全，人多了容易保卫。

④土地平等继承的原则下，兄弟分别继承祖上的遗业，使人口在一地方一代一代地积起来，成为相当大的村落。

3.①生产和生活离不开泥土，同时受到土的束缚。

②文化心理上含有对故土的依恋。

③人和空间的关系为不流动，世代定居是常态，迁移是变态。

④人与人之间空间上的排列关系是以村落为单位孤立和隔膜，生活富于"地方性"。

⑤形成生于斯、死于斯的"熟悉"型社会。村落内的人与人之间熟悉，人与物之间也熟悉。

材料题

1.①乡土本色的退化与转型。乡村习俗的"乡土本色"随着农民工代际传递逐渐褪色；另一方面，农民工从城市带回城市文明，对乡村习俗进行渗透和改造，加速了乡村习俗现代变迁，向"城市本色"转型。

②乡土本色的融合与新生。农民回到乡村，把现代城市文明渗透进入传统习俗，促进乡村习俗与城市文明加速融合。一部分接受城市文明的农民工，加速对乡村传统习俗的现代改造与扬弃，使乡土本色与城市本色有机结合，形成新时代的乡村习俗，推动了乡村习俗的城乡融合和新生。

③乡土本色的分化与多元化。不断变迁的乡村文化已具有了后乡土性的特征，乡土社会无论制度体系，还是经济与社会结构，乃至文化价值观念，都发生了很大的变化，改变或冲淡了"乡土本色"。乡村习俗观念不再是一元的，而是被分化了的多元综合性习俗。

2.①时代在发展，城镇文化与乡村文化交流碰撞，使得乡土社会传统习俗发生转变，这是社会历史发展的必然。

②这种转变在一定程度上对中国乡土社会传统习俗造成冲击，例如因熟悉而建立起来的信任逐渐被契约取代，人情味淡退。

③这种转变也给予乡村习俗新的生命力，使其与城市现代文明相融合，带动乡村生活方式加快向现代性改变，实现乡村习俗的多元创新。

④这种转变对乡村来说有利有弊，总体来说利大于弊。

第二章　文字下乡

理解与思考

1.（1）面对面的社群——社会学上被称为Face-to-face Group，直译是"面对面的社群"，即由在生活上互相合作、天天见面的人组成的社群。

（2）行话——在同一个社群中，因个人间的需要而发生在许多少数人间的特殊语言，属于同行人中的话。外行人因为缺少这种共同的经验，不会懂的。

2.①作者认为，在乡土社会传情达意的象征体系中，包含了社群中的共同语言、特殊语言（行话）、表情、动作等多种"原料"。

②文字虽然可以突破时间和空间的阻隔，发挥表达和传递信息的作用，但更适

用于间接的说话情境。在乡土社会这样面对面的熟人社群中，文字并不能完全确切地表情达意，反而容易走样。

③无论语言还是特殊语言（行话）都对社群成员的共同经验有所要求，语言具有社会通用的既定含义，所以极其个人化的独特情意就难免受其束缚，难以恰切地表情达意。

④表情动作，在面对面的情境中，有时比声音更容易传情达意，可以与语言密切配合，表达更准确的意思。因此在由熟人组成的乡土社会中，面对面交流的机会多，可以通过表情、动作等更直接地"会意"。

3.①举例论证和对比论证。作者通过对比乡下人对汽车喇叭反应迟钝和城里仕女不会辨认庄稼，以及乡下孩子识字不如教授子女，而教授子女捉蚱蜢不及乡下孩子的事实，得出识字不等于智力水平高，乡下人不识字不等于"愚"的论断，引出对乡土社会中文字用处的论述。

②道理论证。点明乡土社会中"面对面社群"的特点，指出文字在熟人社会面对面交流中传情达意的局限性，文字是适用于间接说话、不太完善的工具。

材料题

1.①熟人社会。在小村里，合村都同姓，是本家，全部都是熟人，而且有密切的血缘关系。所以一家的客，几乎也就是公共的。

②面对面的社群，几乎用不到文字。作为一个不足三十户人家的小村，村民百分之九十九不识字，文字和稍微"高级"一点的语言在这里都几乎不发挥作用。

③有传统的规矩礼俗，年年都有春赛，演社戏。

2.①"我"作为镇上学童，在读书识字方面超过平桥村的小朋友，看似"有文化"，但我不懂得如何放牛，不敢靠近牛，这在以放牛为日常生活内容的小朋友们看来十分迂腐可笑。

②我所会念的"秩秩斯干"其实在平桥村这样的乡土社会中没有多少价值和意义，并不能引发小朋友真心的敬畏。

第三章　再论文字下乡

理解与思考

1. （1）学习——所谓学就是在出生之后以一套人为的行为方式作模型，把本能的那一套方式加以改造的过程。学的方法是"习"。习是指反复地做，靠时间中的磨练，使一个人惯于一种新的做法。

    （2）文化——文化是社会共同的经验的累积，是依赖象征体系和个人的记忆而维护着的社会共同经验。

2. ①文字是用眼睛可以看得到的符号。

    ②词不一定是刻出来或写出来的符号，也可以是用声音说出来的符号——语言。

3. ①在乡土社会这样习惯面对面交流的熟人社会中，生活安定，民众关系稳定，个别的经验就等于群体的经验、世代的经验，无论在空间还是时间上都几乎没有阻隔，仅使用声音说出来的"语言"就足可以满足个体之间、代际之间的经验文化传递。用眼看的"文字"是多余的。

    ②中国的文字并不是在乡村这样的基层上发生，最早的文字就是庙堂性的，它不属于乡村，乡村不具备产生文字的背景。

材料题

1. 小城并不怎样繁华，街道排列简单，店铺经营稳定，这个熟人社会中人和物都缺少变动，人们凭借长久以来的记忆熟悉各个店铺的功能，并依照传统的经验作出选择，无需广告介绍和招引。

2. ①呼兰河的人们熟悉十字街上各家店铺，记忆的是"词"，而不是"字"，所以不需要广告招引，可以支撑"一切文化中不能没有'词'，可是不一定有'文字'"。

    ②作者描述人们进店铺买东西，不看广告，自己走进去就会买，不需要的，不管挂了多大的牌子，也不去买，可以支撑"注意的对象由我们选择，选择的根据是我们生活的需要。对于我们生活无关的，我们不关心，熟视无睹"。

    ③人们不太敢尝试让洋医生拔牙，即使有人牙痛，也绝不请牙医拔牙，"也还是"到李永春药店买二两黄连回家含着，说明这里的人们按照长久以来的经验应对生活，牙痛去中药店买黄连，就是同一方式的反复重演，可以支撑"时间的悠久是从谱系上说的，从每个人可能得到的经验说，却是同一方式的反复重演"。

第四章　差序格局

理解与思考

1.（1）团体格局——西洋社会的人与人关系像捆柴，单位是团体，界限内外清楚，团体内部关系相同，事先规定组别或等级分别的社会结构。

（2）差序格局——中国乡土社会的一种以个人为中心，按亲属关系和地缘关系形成，具有伸缩性的同心圆水波纹性质的社会结构。

（3）伦——从自己推出去的和自己发生社会关系的那一群人里所发生的一轮轮波纹的差序。

2.①两者对个人权利的处理态度不同。

个人主义一方面秉持平等观念，在同一团体中各分子的地位相等，个人不能侵犯大家的权利；一方面秉持宪法观念，即团体不能抹杀个人，只能在个人所愿意交出的一分权利上控制个人。

自我主义，一切价值以"己"作为中心。

②两者产生的社会结构形式不同。个人主义产生于团体格局，自我主义产生于差序格局。

3.①可大可小的伸缩性：在家庭关系、亲属关系、地缘关系等方面都体现出同心圆波纹的性质，范围大小以中心势力的厚薄变化而定，具有伸缩能力。

②亲疏远近的差等性、次第性：以"己"为中心的社会关系像水的波纹一般，愈推愈远，愈推愈薄。

③自我主义：差序格局的网络里，随时随地有一个"己"作中心。

④公私界限的相对性：群己的界限具有相对性，模棱两可。"公"和"私"是相对而言的。

⑤权利义务的模糊性：在乡土社会里，国家的界限模糊不清，只是差序推浪中的一圈，具体的只有己，克己成了社会生活中最重要的德性。

材料题

1.①人们虽然知道应当抵制东洋货，支持国货，但还是悄悄地将东洋货当作国货买下，个人利益与国家利益产生冲突时，仍然选择为小家牺牲大家。这体现差序格局里公与私的相对性。

②上海的收账客人坚持催账，拒绝宽限时日，理由是自己也是依仗别人吃饭，自己动身的时间不能耽误。这体现差序格局以"己"为中心的特征。

③钱庄经理给林先生透露信息，理由是大家算是老主顾，有交情。但他拒绝帮助林先生，理由是要在钱庄东家面前好交代。在钱庄经理看来，林先生和钱庄东家于自身而言的亲疏远近还是很分明的。这体现差序格局中关系的差等性。

④林先生在被多人拒绝以后，才明白原来远在上海的打仗也要影响到他的小铺子了，这体现差序格局的伸缩性。

2.①中国乡土社会的"差序格局"有其益处。

"差序格局"以"己"为中心的格局有利于人与人之间相处时"推己及人""将心比心"，这是人际关系的润滑剂；有助于亲友宗族之间的相互关爱和帮助，稳定人伦关系，营造和谐的人际关系；有利于维持社会秩序的稳定，从而营造稳定的政治局面，使社会在稳定中实现发展；有利于家国情怀的培育，中华文明的长久延续。

②"差序格局"的社会结构也存在一些负面影响。

例如公与私的利益产生冲突时，公共利益有可能受损，损害公德；人与人之间崇尚攀关系、讲交情，易出现不公平、不平等现象；连带产生的腐败现象妨碍公平正义，不利于社会民主和法治建设。

③要发展"差序格局"的优势，防范其弊端。

"差序格局"是伴随中国社会发展而产生的，历史悠久，深入人心，我们无法完全消除它的影响，但可以通过制度建设与社会公德的培养，借它的优势实现稳步发展，防范其弊端的产生。

第五章 系围着私人的道德

理解与思考

1.（1）团体道德：指西方社会团体格局中的道德体系。①其道德基本观念建筑在团体和个人的关系上；②遵守个人在团体前的平等，和团体对个人的公道；③由牧师、政府等"代理者"执行团体意志或权力；④发生了权利、宪法、公务等观念，公私权利义务分明。

（2）私人道德：指中国乡土社会差序格局中的道德体系。①以"克己复礼"等从己向外推的私人联系为出发点；②道德的推行有亲属和朋友两个基本路线，与之相配的道德要素分别是孝悌和忠信；③缺乏笼罩性的道德观念，缺乏个人对于团体的道德要素，缺乏超乎私人关系的团体道德，缺乏超脱于差序人伦而存在的、固定的道德价值标准。

（3）代理者：代理者是西洋团体社会格局中，作为神或国家团体的代理人，执行上帝意志的牧师，及执行国家团体意志、行使团体权力的政府官吏。

2.①缺乏笼罩性的道德观念。使用道理论证，指出乡土社会中"仁"只是逻辑上的总和，其观念并不清晰，而"天下"的观念也要退回到具体的私人伦常关系中才能清晰。②缺乏个人对于团体的道德要素。使用对比论证和引用《论语》，指出在西方团体格局中，履行义务是一个清楚明白的行为规范，而在中国传统中是没有的，就算是忠君依旧是臣与君私人之间的关系。③缺乏超乎私人关系的团体道德，经常发生公私冲突。举例、引用论证：《孟子·尽心上篇》中舜父犯法，舜窃负而逃，想公私两全，君王也得先完成私人间的道德。④缺乏固定的道德价值标准，道德和法律都看所施的对象和自己的关系而加以程度上的伸缩，所有的价值标准不能超脱于差序的人伦而存在。举例、引用论证：乡土社会中，舜对胞弟象的处理，在他人诛之，在弟则封之，道德标准不同。

3.①首先，墨子提倡"兼相爱"，即普遍的仁爱，主张爱人无分差别等级，不分厚薄亲疏、贵贱远近、尊卑上下，应消除社会等级和家族观念，追求平等和人道主义。而儒家孟子则主张"爱有等差"、"亲亲有术"，认为君父为天，人们应该以家庭为基础，通过孝顺父母和尊敬君王来建立和谐的社会秩序。
②其次，墨子提出"交相利"，更加注重理性和实用主义，主张以互相得利为导向，实现人们物质利益方面的平等互利，表现出对功利的重视。而孟子强调君主的道德责任和权力合法性。他认为君主是天命之人，担负着保护人民和治理国家的重任，君子更应淡泊名利积极进取。
③总之，二者相反，"非儒即墨"。孟子认为墨子过于强调普遍的仁爱和平等，忽视了家庭和君主的重要性，不照顾"父""君"的人伦秩序，他认为墨子的观点会破坏社会秩序和权威，无法维护社会的稳定和人民的幸福，所以骂他"无君无父"。

材料题

1.①中国乡土社会差序格局中，是系维着私人的道德，缺乏笼统性的团体道德，常有公私冲突。如：贾雨村本想秉公执法，但当涉及自己的仕途发展时，他审时度势、权衡利弊，最终选择了放弃真相与正义，漠视甄家的恩德，而偏袒薛家逢迎权贵——自己亲手把恩人的女儿推入无底痛苦的深渊。对见风使舵的门子，贾雨村又暂时利用，办案前对其恭敬有礼，大功告成时却过河拆桥，远远充发了门子。可见乡土社会中一切以"自我"为中心，是私人优先的道德，自我利益是根本利益。

②中国乡土社会差序格局中的道德和法律，缺乏统一的普遍性的道德价值标准，大都得看所施的对象和自己的关系而加以程度上的伸缩。如：贾雨村本可严格执法，但为了自身仕途，他徇情枉法，胡乱判断了此案，还将此事回报给贾政邀功。

③中国差序格局的乡土社会，是由无数私人关系搭成的网络。如：文中"护官符"的出现，体现出乡土社会中各大家族"皆连络有亲，一损俱损，一荣俱荣"的错综复杂、盘根错节的私人网络关系。

2.①西洋"团体格局"中，道德的基本观念建筑在团体和个人的关系上，注重个人在团体前的平等，和团体对每个人的公道。在西洋团体格局中，个人只是团体的代理者，是国家意志的执行者，如果公权私用，极大地损害团体道德的平等和公道，进而损害宪法和权力的公正，就必须进行批评和抨击，甚至使其失去代理者的资格。②中国乡土社会的"差序格局"中，是系维于私人的道德，建立在以"己"为中心的私人关系上。孟子认为，大舜虽身为负有政治责任的君王，但他"先私而公"，先完成他私人间的道德，对父亲孝顺，对弟弟友爱，是可以理解的。为求公私两顾，孟子认为舜可以逃到海滨不受法律所及的地方去，这样就两全其美了。

第六章 家族

理解与思考

1.（1）家庭：特指西方团体格局中的"家庭"，是由亲子所构成的生育社群组织，属于团体性社群。①结构简单，只包含亲子两代，即父母双方和限于配偶所生出的未成年的孩子；②主要功能是生育，是短期、临时性的，其他功能经营事务受很大限制；③团体界限严格明确；④夫妇是主轴，子女是配轴，子女成年后要独立出去；⑤两性情感是凝合家庭的力量，夫妇间感情融洽，在表面情感流露。

（2）家族：是由许多家庭以婚姻和血缘关系为纽带所组成的社会群体，是一个社群的社群。分为小家族和大家族，二者在结构原则上是相同的，不相同是在数量、在大小上。家族包括家庭，家庭可发展为家族。

（3）小家族：规模较小的家族，文中特指中国乡土社会差序格局中的

"家",是根据父系单系的亲属原则所组成的基本社群、事业组织。①结构复杂,内部具有多代伦理关系,家的大小依着事业的大小而决定,结构上属于一贯的、父系单系的差序格局;②具备生育、政治、经济、宗教、教育等多种功能,具有长期可延续性;

2.社群:指一切有组织的人群。中西方的社群有所不同,具体体现在:

(1)西方团体社会格局的社群是"团体",这里所指的"团体"是狭义的,仅指由团体格局所形成的内外界限严格明确的社群,不同于通常所说的"有共同目的和志趣的人所组成的集体"这类普通的团体。

(2)中国乡土社会差序格局所形成的社群是"社会圈子",是指以个人为中心,通过差序关系层层外推,越推越薄,像水波纹一样一圈圈推出去而形成的相互交错、相互影响的同心圆社会结构,社会圈子内外界限模糊,具有伸缩性,其大小和影响力取决于个人的社会地位和影响力。

3.(1)作者想从结构性原则出发,去说明中西社会里"家"的区别。家庭大小的差别不在社群所包括的人数上,而是在结构上。西方团体格局"小家庭",成员数目虽多,但结构简单,只有亲子两代,结构上是父母亲子双系原则;乡土社会差序格局的"小家族",成员数目虽少,但大多包括公婆儿媳,结构复杂,有多代伦理关系,结构上遵循父系单系的差序格局原则。

(2)从功能特点上讲,中国乡土社会的"家"功能广泛,具备生育、政治、经济、宗教、教育等多种功能,经营事务繁琐,具有长期绵续性,且没有严格的团体界限,可以依需要,沿父系单系亲属差序向外扩大,如五世同堂。这种根据父系单系亲属原则所组成的社群,具有了氏族的性质,所以作者称之为"小家族"。

材料题

1.(1)中国乡土社会的"家",是根据父系单系的亲属伦常原则去组合的氏族性的"小家族"。如:材料一中贾家祭祖男性均为贾姓子孙,结构复杂,内部具有多代血缘辈分关系,是采用差序格局的家族社群。

(2)中国乡土社会的"家",具备生育、政治、经济、宗教、教育等多种功能。如:贾氏宗族子孙昌盛,生育功能显著;作为功勋贵胄、仕宦名门,其政治、经济等功能卓越;除夕全体恭祭宗祠,又按照长幼之序互相礼敬问候,更体现出贾氏一族世家子弟的教养和德育功能。

(3)中国乡土社会的"家",具有长期绵续性。如:祭祀前传菜一节,自仪门第五代末贾荇贾芷等,按次传至长房贾敬、嫡长孙贾蓉,由少及长传给各代女眷,最后传至贾母,捧放桌上。"传疏人"是为子孙有德"薪火相传",正有宗庙血食传承、绵延不绝之意,体现了儒家的人伦秩序和乡土中国层层推进的差序格局。

(4)中国乡土社会的"家",是一个界限模糊的事业组织,家的大小是依着事业的大小而决定的,遵循父系单系差序格局内外伸缩。如:材料一开头,贾府"文、玉、草"三辈分昭穆排班立定,各有职守,为了要经营"除夕祭祖"这项复杂的事业,家的结构不限于亲子的小组合,而是扩大至兄弟伯叔全部集合在一个大家里的"家族"。

(5)中国乡土社会的"家",父子、婆媳为主轴,是纵向的,夫妇为配轴,主配轴都是长期性的。如:材料一贾府祭祀中,大房长子贾敬"主祭",大房长孙贾珍献爵,二房贾赦、贾琏、贾琮三父子分别陪祭、献帛,均体现父子为主轴;在宁府众女眷侍奉贾母,以婆婆贾母为中心,儿媳、孙媳等侍立左右,可体现出婆媳为主轴的特点。

(6)中国乡土社会的"家",被事业的需要而排斥普通的感情,男女有着阃内阃外的隔离,夫妇之间感情淡漠、矜持、保留、疏离,同性间情感交流通畅。如:祭祀时诸人挨次列站,槛外方是贾敬、贾赦等家族男性,槛内是各女眷及地位尊贵、予以特别呵护的长房嫡长孙贾蓉,以示尊祖传承。荣府合欢宴上也是保持距离,"男东女西归坐"。文中毫无各夫妇间的单独交流,但在宁府各女眷同性间却有说有笑,有情有意。

(以上答案写出三条即可。)

2.同意作者观点。

(1)中国的家是个绵续性的事业社群组织。结构原则上是一贯的、单系的差序格局。与西洋家庭相比,中国的家除生育功能外,还具备政治、经济、宗教等功能,在生育、政治、经济、宗教等功能上具有长期绵续性。

(2)中国的家主轴在纵向的父子之间、婆媳之间,夫妇是配轴,均具有长期性。为了完成家族繁琐的事业功能,中国的家讲求效率及纪律,排斥私情的宽容。主、配两轴都被事业的需要而排斥了普通的感情。所以,中国的家族有家法,夫妇间相敬如宾,女子三从四德,亲子间讲究负责和服从,这些都是事业社群里的特色。

综上,所以中国人一般不流露两性间的感情,乡土社会夫妇之间感情的淡漠是日常可见的现象,这正是因为把生育之外的许多功能拉入家庭社群所引起的结果。

第七章　男女有别

理解与思考

1．（1）感情定向：指文化所规定的、由个人向外发展其感情的方向，即每个人的感情发展轨迹，简称感情定向。

（2）感情：是破坏社会结构稳定的一种力量。①从心理方面说，感情是一种体内的行为，导发外表的行为；是内脏的变化，形成了动作的趋势，呈一种紧张状态，是发动行为的力量。感情常发生在新反应的尝试和旧反应的受阻情形中。②从社会关系上说，感情相当于激动，动了情，动了火，具有运动的态势和紧张的状态，感情具有破坏和创造作用，感情的激动改变原有稳定的社会关系，不能维持固定的社会关系，纪律排斥感情。

（3）了解：是一种稳定社会关系的力量，指乡土社会中人们接受着同一的意义体系，受到同样的刺激会引起同样的反应。是乡土社会中人们相互之间的熟习所引起的亲密感觉，是契洽的、无言的，是发生持续稳定社会关系作用的一种力量。

（4）男女有别：①指乡土社会中追求稳定而采取的一种阿波罗式的、男女间的关系安排原则。②它使男女之间不发生激动性的感情，认定男女间不必求同，在生活上加以有形的隔离，所谓男女授受不亲；在心理上施以隔离，男女只在行为上按着一定的规则经营分工合作的经济和生育的事业，他们不向对方希望心理上的契洽。③"男女有别"的界限，使中国传统的感情定向偏于向同性方面去发展，维持着乡土社会的稳定和秩序。

2．乡土社会是阿波罗式，二者关联如下：

（1）乡土社会：①有秩序。社会靠亲密和长期的共同生活来配合各个人的相互行为，社会的联系是长成的，熟习的，到某种程度使人感觉到是自动的。②可维持。社会是亲密的群体，人与人之间以高度的、充分的了解，来配合人们相互的行为，维持秩序。③有安排。社会关系是生下来就决定的，男女间的关系有一种既定的安排，即男女有别的原则。④很稳定。家族是以同性为主，异性为辅的单系组合，男女有别，维持着乡土社会的高度稳定。

（2）阿波罗式文化：认定宇宙的安排有一个完善的、超于人力创造的秩序，人类安于其位，接受并维持这个秩序。如同太阳神阿波罗，维持天空光明，稳定而有秩序。

由此可见，乡土社会结构相对稳定，人们接受并维持既定的安排，生活和行为都遵循一定的规则和秩序，与阿波罗式文化模式相呼应，故乡土社会是阿波罗式。

3.现代社会是浮士德式，二者关联如下：

（1）现代社会：①不断地变化。现代社会中的文化强调冲突、变化和创造，将生命视为不断克服障碍的过程。在相异的基础上去求充分了解，不断地在创造中求统一，是浮士德式无穷止的企图，使社会关系不能稳定，破坏社会事业使其不能顺利经营。②要过程而非结果。现代社会中两性统一永远不会完成，只不过是一个求同的过程。两性之间的关系更源于感情的激动，恋爱不是一种生育的手段，而是一项探险，是对未来的探知，而不是以实用为目的，不是经济的生产，不是个事业。

（2）浮士德式文化：浮士德是感情的象征，把感情的激动、不断的变，作为生命的主脉。把冲突看作存在的基础，生命就是不断克服障碍的过程，生命意义在于阻碍。把前途看成无尽的创造过程，不断变化。浮士德式的恋爱是一项探险，其持续依赖于不断推陈出新，发现新的阻碍，最终追求的是这个过程，而不是结果。

由此可见，现代社会强调冲突和创造、变革和创新，认为生命的意义在于不断克服阻碍和追求新的目标，变化和发展是永恒的主题，与浮士德不断追求、永不满足、但求过程、不问结果的求变精神相符合，所以称现代社会为浮士德式。

4.传统社会强调男女有别的主要原因是维持社会稳定和秩序。

（1）乡土社会所求的是阿波罗式的稳定。感情激动会改变原有的社会关系，不利于乡土社会的稳定，不利于作为长期绵续性事业社群的乡土社会家庭发展。而感情淡漠能稳定社会关系。

（2）因此，乡土社会采取男女有别的原则，使男女间的关系有一种既定的安排，使他们之间不发生激动性的感情，认定男女间不必求同，并在生活上、心理上加以隔离，男女授受不亲，只在行为上按着一定的规则经营分工合作的经济和生育的事业，不向对方希望心理上的契洽。遏制异性间的亲密感情和交往，使感情定向偏向于同性交往，同性原则大于异性原则，家族代替了家庭，家族是以同性为主，异性为辅的单系组合。

由此，男女有别的原则维护了乡土社会的长期性和绵续性，维持着社会的稳定和秩序。

材料题

1.（1）感情即所谓激动，指动了情，动了火，是属于浮士德式的，具有运动的趋势和紧张的状态，主线充满冲突和阻碍，且不断变化。如：繁漪向抛弃和背叛自己的恋人周萍倾诉感情，她自始至终处于一种紧张、"半疯狂"的状态，不顾自己作为母亲的身份，当着儿子周冲的面，就威胁周萍，妄图以暴露奸情来留住周萍。

（2）从社会关系上说，感情具有破坏和创造作用，感情的激动会改变原有的社会关系。如：繁漪对周萍动了感情，破坏了原有的继母继子关系，产生乱伦；周萍和周冲都对四凤动了感情，破坏了原有的兄妹、姐弟关系，继而乱伦；周朴园与侍萍互动感情，破坏了原有的主仆关系，生子后而成孽债。

（3）乡土社会中在感情定向上，是阿波罗式的，认定宇宙的安排有一个完善的、超于人力创造的秩序，人们需要接受这个秩序，安于其位，并维持它；一旦人连维持它的力量都没有，那么整个社会环境将会崩溃。如：周朴园引以为傲的是自己认为"最圆满、最有秩序"的家庭：周公馆宅第豪华，建筑完美配套齐全，主人们衣食无忧，地位尊贵，生活趣味悠闲舒缓……总体遵循着既定的安排，人们维持秩序，各安其位。但是随着家庭内部繁漪等人动了感情，浮士德式的不断变化与紧张趋势，侵蚀着看似圆满的周宅大院，终于在雷雨之夜，所有人都卷进了这场家庭悲剧，最终多人死去和疯傻，彻底摧毁了周公馆这个看似高贵而温情的大家庭。

2.（1）乡土社会中夫妻之间的感情往往是淡漠的，夫妻之间不发生激动性的感情，"实在没有什么话可说"。因为浮士德式的男女激情会破坏社会关系的稳定，只有淡漠的感情才能维持固有的、稳定的夫妻关系。如繁漪在爱上周萍之前，对周朴园厌恶而恐惧，感情淡漠而疏离，但为了家庭稳定，她"忍了多少年了，在这个死地方，监狱似的周公馆，陪着一个阎王十八年了"。

（2）乡土社会中，夫妻关系遵循"男女有别"的原则，有着心理上的隔离，只在行为上按着一定的规则经营分工合作的经济和生育的事业，他们不向对方希望心理上的契洽。男女的结合是为了生育、家族经营，靠彼此"了解"来稳定夫妻关系，不需要有感情。如：繁漪与周朴园是属于家族经济联姻，成为夫妻靠的是父母之命、媒妁之言，平时关系靠繁漪"三从四德"等"礼"来维系，夫妇间各司其职，以求合作顺利。

（3）乡土社会中，夫妻关系如果被感情破坏掉，就会影响家族事业的完成。因为家族在中国的乡土社会是一个事业社群，凡是做事业的社群，纪律必须维持，而纪律排斥私情，一切足以引起破坏秩序的要素都要被遏制。如繁漪在爱上周萍以后，就想与其私奔，不再顾忌与周朴园的夫妻关系，最终家庭尽毁，无法再以夫妻形象来完成周氏家族在政治、经济、教育等多方面的事业。

综上，乡土社会夫妻之间是阿波罗式的，是感情淡漠、男女有别、追求稳定、共做事业的关系。

第八章　礼治秩序

理解与思考

1. （1）法治：指社会上人和人的关系和社会秩序根据法律来维持。

　　（2）人治：指有权力的人任凭一己之好恶来规定社会上人和人的关系。

　　（3）礼治：是人们行为不受规律拘束而自动形成的秩序，是对社会公认的合式的行为规范的主动服膺。

　　（4）礼：是社会公认的合式的行为规范，是按着规定的方法即仪式去做，是合式的路子，是经教化过程养成了个人对传统的敬畏之感，而成为主动性的服膺于传统的习惯。

2. 根据《礼治秩序》，法治、人治、礼治三者异同如下：

　　（1）相同之处：

　　①都离不开人的因素。法治还是"人依法而治"，还得靠人来执行，并非没有人的因素；人治完全依靠人来进行治理；礼治更是人对礼的主动服膺。

　　②都有各自所根据的规范，都需要力量来维持自己的统治秩序。

　　（2）不同之处：三者维持秩序时所用的力量和所根据的规范的性质不同。

　　①法治：以法为治，以法律为基础，根据的规范是法律，人和人的关系和秩序依靠国家法律来维持，靠国家的政治权力来推行。

　　②人治：以人为治，以权力为基础，根据的规范是执政者的个人权力和一己之好恶，有权力之人凭一己好恶以治天下，依靠执政者的个人贤明、治理国家的治国方式和理论主张来维持秩序。

　　③礼治：依礼而治，以人心为基础，根据的规范是礼，是对社会公认的合式的行为规范的主动服膺，维持礼治不需要有形的、外在的权力机构，维持礼治规范的是传统，是人们从教化中养成了个人对传统的敬畏，对传统规则的主动的服膺。

3. 在费孝通的《乡土中国·礼治秩序》中，作者认为礼与道德、法律之间的区别如下：

（1）维持规范的力量不同。①维持礼这种规范的是传统；②维持道德靠社会舆论；③维持法律是依靠国家权力来推行。

（2）对人的约束方式不同。①礼，具有主动性，人服礼是主动的服膺；②道德，是用社会舆论所维持的；③法律，是从外部限制人的，具有强制性。

（3）违背规则的处罚方式不同。①违背礼法，会受到自己内心的谴责乃至礼治秩序的野蛮摧毁。如果失礼，那就是不好、不对、不合、不成，出于经教化过程而养成的个人对传统的敬畏之感，一旦失礼，即使是在没有人的地方，也无法逃脱内心的惩罚，必须改正。②违背道德，会见不得人，受人唾弃，是不好的，为耻，内心有羞辱感。③违背法律，要受到国家执法机关的惩罚，不守法所得到的惩罚是由特定的权力所加之于个人的；也有可能逃避法律的制裁，逃后还可以自己骄傲、得意，没有心理负担。

4.乡土社会中"礼"的本质、形成、特点及"礼治"特征总结如下：

（1）"礼"的本质："礼"可能野蛮和残酷，是乡土社会公认合式的行为规范。

（2）"礼"的形成："礼"基于传统，维持礼这种规范的是传统。①传统是社会所累积的经验，能帮助人们完成社会任务，满足生活需要；②乡土社会里传统更具重要性，效力更大；③传统在乡土社会中是生活保障，令人敬畏；④如果传统按着仪式做，就升华为"礼"。

（3）"礼"的特点：①礼从教化中养成个人敬畏之感，使人服膺；②人服礼是主动性的。所以，礼是合式的路子，是经教化过程而成为主动性的服膺于传统的习惯。

（4）"礼治"特征：①是人们主动服从社会成规而形成的秩序；②以传统可以有效地应付生活问题为前提；③"礼治"是乡土社会的特色。

材料题

1.在体现乡土社会中"礼"的特点这方面，这两则材料有如下相互照应的地方：

①材料二：礼是传统，是整个社会历史在维持这种秩序。礼治社会是并不能在变迁很快的时代中出现的，这是乡土社会的特色。

材料一：乡土中国的文化特征是用"礼"来维持固有的规则和社会秩序，在某种程度上远远超越了法律的威力。

②材料二：礼治社会并不是指文质彬彬，"礼"也可以杀人，可以很野蛮、很残酷。

材料一：礼治吃人，封建礼教和道德规范给人民带来无尽的悲苦和无奈，不仅是对人的肉体的摧残，更是"咀嚼人的灵魂"，无论是底层的知识分子，还是农民，他们的悲剧命运都揭示封建传统礼治秩序的"吃人"本质。

③材料二：维持"礼"这种规范的是传统。在乡土社会中，传统是生活的保障，传统的重要性和效力更大，人们对于传统有敬畏之感。

材料一：悲剧的主人公是在传统的伦理关系和道德秩序中受到压抑和戕害，丧失了自己主宰命运的权利。

④材料二：人服"礼"具有主动性。人们从教化中养成了个人对"礼"的敬畏之感，主动按着仪式做。礼是合式的路子，是经教化过程而成为主动性的服膺于传统的习惯，主动地服于成规。

材料一："礼治"所确定的人伦关系网络取代个体独立追求，人们的主体性和个体性在任人驱使中消融殆尽，只能听由命运的安排，安心地支持"被吃"，把个人的全部追求都主动纳入到封建伦理秩序为其规定的人生模式中，唯一"个性"便是对那一时代为之规定的普遍性人生模式的追求，成为尊卑贵贱的差序格局中等级关系的隶属品，顺从和接受封建宗法制度和传统等级观念对自己的安排甚至毒害。

（说出两条即可。）

2.鲁迅笔下的《呐喊》与《彷徨》中，封建礼教的反抗者们，无一例外都没有脱离这种礼治秩序，仍然受着封建礼教的压迫、束缚与荼毒。举例分析如下：

①《狂人日记》中的狂人是一个具有现代意识的封建社会叛逆者形象，他敢于对传统进行大胆的怀疑和批判。"我翻开历史一查，这历史没有年代，歪歪斜斜的每页上都写着'仁义道德'几个字，我横竖睡不着，仔细看了半夜，才从字缝里看出字来，满本都写着两个字：'吃人！'"对几千年来封建制度吃人本质发出最坚决和最彻底的否定。但封建家长大哥的强大存在，周围一股股附和势力织就了一张密不可破的网，使他只能在挣扎中发出"救救孩子"的呼告。

②《在酒楼上》中的吕纬甫曾是一名"敏捷精悍"敢作敢为的知识青年，他甚至"到城隍庙里去拔掉神像的胡子"。十年之后，在强大的封建传统压力下，判若两人。他感叹："那时预想的事可有一件如意？"为了混日子，他便给人教点"子曰诗云"。他坦言自己的道路就像一只被驱赶的蜂子或蝇子，飞了一个小圈子，便又回来停在原地点，在颓唐消沉中无幸消磨着生命。

③《孤独者》中的魏连殳也在挣扎奋斗之后屈服了。他直言不讳地承认自己"已经躬行我先前所憎恶所反对的一切，拒斥我先前所崇仰所主张的一切了"。

④《彷徨》中的祥林嫂，"逃婚""撞香炉""捐门槛""问地狱之有无"等，都表现了她对命运的抗争和生活的追求，然而也正是这头破血流的反抗和精疲力尽的追求，恰恰隐含着对封建伦理秩序的承认：对改嫁的反抗中包含着她对夫权和从一而

终观念的承认，对阴司的疑问则建立在她对这种秩序的恐惧之上。祥林嫂最终被吞噬了，包括肉体和灵魂。

⑤《离婚》中的爱姑，以其独特的命运轨迹，成为一位鲜明的"戴着镣铐的前进者"。她是土乡绅庄木三的爱女，具有"母夜叉"的性格，大胆，撒野，泼辣，所以她受不得别人的钳制，对婆家的不公正待遇进行了强烈的反抗。她一开始就在七大人面前历数丈夫和婆婆的不是，但七大人装腔作势的一番话让爱姑如梦初醒，并忍让屈服了。在强大而坚固的封建主义面前，从敢于闹事到妥协，爱姑这条不安分的鱼，只能在水池中掀起几点浪花，最终还是摆脱不了被吃的命运。她想凭自己个人的力量，去冲破用几千年时间织成的强大的封建罗网，那只能是天真幼稚的妄想，最终只能自吞失败的苦果。爱姑表现出来的行为，说明她灵魂深处还是被封建伦理道德中的"从一而终"的观念牢牢地统治着。从这一角度看，尽管她反抗激烈，其意义是有限的。爱姑的悲剧，充分说明了处在社会中层的妇女，同样逃脱不了遭人践踏的悲惨命运，最终没有摆脱封建的精神枷锁。（举出两例即可。）

第九章　无讼

理解与思考

1. （1）无讼：传统乡土社会中基于社会成员对传统规则的服膺，以教化调解为主要手段，害怕打官司，不致力于维护个体的权利，目的在于维护社会稳定有序的治理理念。

   （2）调解：就是评理，由乡土社会中有一定地位一定威信的人采用教训、讲道理的方式，对矛盾双方进行教育，最终促使其和解的过程。

2. 乡土社会认为打官司是一件可耻的事情。因为乡土社会中每个社会成员应当对礼制非常熟悉，不能做出逾越礼制的举动，要求每个社会成员都要注重修身克己，每个社会成员的父亲甚至教师都承担着教化的责任，如果有人做出了违反礼制的事情，一方面是个人修养不够，另一方面也表明父亲、教师的教化不够，要承担一定的责任。

3. 乡土社会不是没有诉讼。而是指人们在发生纠纷时不主张利用诉讼法律来解决问题，而是利用传统的礼治秩序通过教化调解的方式来协调，它不注重维护个体的权利，目的是维护社会稳定符合礼治秩序。

材料题

1. ①乡土社会中每一名成员都对传统规则服膺、熟悉传统规则并认为是当然的。小说中《乡约》就是大家公认的传统规则，小说中赌钱、抽烟的行为包括被惩治的人在内的村里的人都认为是不务正业的行为，应该受到惩戒。②白嘉轩是族长，在村里有最高的社会地位，他对犯错的人按照《乡约》进行惩戒教化，是得到全村人的认可支持的。

2. ①白嘉轩惩治赌钱抽大烟的事情发生在20世纪二三十年代的农村，当时的白鹿原是典型的乡土社会，宗族观念严重，白鹿原是一个典型的无讼社会，白嘉轩的做法在当时是普遍的，甚至有着悠久的传统。②今天的农村法治观念已经被大多数农民接受，法治的观念深入人心，人们维护自身权利的意识大大增强。现在农村已经基本完成了从传统社会到现代社会的蜕变，白嘉轩的行为已经不被今天的农民接受。但是无讼的理念在农村还有较大的影响，村里一些有社会地位有威望的人还是能起到教化调解的作用，只是已经不能像白嘉轩那样侵犯个人的人身权利。

第十章 无为政治

理解与思考

1. （1）横暴权力：为解决社会冲突，处于上位的团体和阶层按照自己的意志发号施令支配处于下位的团体和阶层行动的权力。

（2）同意权力：处于不同分工的每个人都有义务受到别人干涉也都有权利去干涉别人以保障所有人都遵守社会分工的权力。

（3）无为政治：在乡土社会中，为了维持皇权，受经济条件的限制，政府尽量减少对乡土社会中人民切身公事的干预，让乡土社会按照社会分工去分配资源、维持秩序的管理模式。

2. ①这句话体现了乡土社会中无为政治的理想，皇权在乡土社会人民的实际生活中是松弛和微弱的，是无为的。②由于受经济条件的制约，为了皇权自身的维持，皇权代表的横暴权力让给乡土社会中的同意权力。③政府尽量减少对乡土社会中人民切身公事的干预，更多地由乡土社会中的同意权力去分配资源，维持秩序。

3. ①横暴权力与经济利益密切相关，农业社会的经济缺乏储蓄，比较虚弱，支配强大横暴权力的基础不足。②"有为"的君主往往开疆辟土，筑城修河，花费巨大，农业经济承受不住这些费用，老百姓往往怨声载道，揭竿而起。

材料题

1.不会。①横暴权力在乡村的管理是松弛和微弱的，更多的是让同意权力去活动。②七斤处于天高皇帝远的乡下，他没有辫子不会影响到横暴权力的活动，加之张勋刚刚复辟，根本不可能管理到辫子这样的事情，大兵抓七斤只能是赵七爷的幻想。

2.①天高皇帝远的乡村，受到经济条件的制约，横暴权力是松弛的，微弱的，规范人民行为的是各种礼俗，人们按照各种礼俗按部就班地生活，因此旧中国乡土社会可以说是一种礼治秩序。

②象征"皇权"的县衙，除非发生颠覆其统治的事情或者遇上了特别残暴的统治者，一般不会干涉社会事务。乡土社会发生了矛盾，一般不会通过县衙打官司，而是由当地有社会地位的族长或乡绅，进行教化或惩戒，目的是维持乡村的稳定与秩序，而不是厘清个体的合法权利。

第十一章　长老统治

理解与思考

1.（1）教化权力

在稳定的文化中，长辈或权威代替社会将社会新成员陶炼成合于在一定的文化方式中经营群体生活的分子的权力。

（2）社会继替

指社会成员新陈代谢或者社会分工世代交替的过程。

（3）长老统治

在乡土社会中，为了保证社会继替的有序，由长辈或权威对社会新成员实施教化的社会基层的权力组织形式。

2.①教化权力的实施需要稳定的文化，传统的乡土社会文化十分稳定，年轻人按照长辈的经验去做就能应付生活中的大多数问题，于是每一个年长的人都握有强制年幼的人的教化权力，教化权力遵从的是长幼有序的原则。②现在社会，文化越来越不稳定，传统的经验无法应付新的问题，教化权力的影响萎缩，只保留在师生关系、亲子关系中，且时间较短，乡土社会也随之由长老统治变为精英管理。

3.①中国传统社会是文化非常稳定的乡土社会，年长的人一定经历过年幼的人遇到的问题，年长的人可以凭借自己的经验给予年幼的人有效的指导。②在传统的乡土社会里，每一个年长的人都握有强制年幼的人的教化权力，年轻的人遇到年长的人都得恭敬、顺服权力。③乡土社会生活中形成了长幼原则，长幼原则的重要体现了教化权力的重要。

材料题

1.①傅雷先生是基于自己的生活经验对儿子傅聪进行教导，他行使的是教化权力。②傅雷先生教导傅聪是希望儿子人生少走弯路，帮助他排解人生的困惑，目的是希望儿子更好地适应社会，取得更大的成就。③傅雷先生的教导一方面是为了儿子，另一方面也为社会培养人才。

2.①傅雷先生是傅聪的父亲，父亲的地位，丰富的人生阅历，使他自然拥有了对儿子的教化权力。

②傅聪生活中遇到的问题与傅雷遇到的问题有许多相同之处，傅雷先生可以依据自己的生活经验对儿子进行教导，并且这种教导是有效的。③傅雷先生是著名的翻译家、作家、美术评论家，对艺术有自己独到的见解，在专业方面有一定权威，从而获得了教化权力。

第十二章　血缘和地缘

理解与思考

1.（1）血缘

在中国乡土社会中，血缘是指人和人的权利和义务根据亲属关系来决定。血缘社会是稳定的，缺乏变动。血缘社会用生物上的新陈代谢——生育，去维持社会结构的稳定。血缘所决定的社会地位不容个人选择。血缘是稳定的力量，在稳定的社会中，地缘和血缘不分离。

（2）地缘

地缘是从商业里发展出来的社会关系，地缘是契约社会的基础。如果没有血缘关系的人能结成一个地方社群，他们之间的联系可以是纯粹的地缘，这样血缘和地缘才能分离。

2. ①"钱上往来"就是当场算清的往来，是生意经，或是商业。②乡土社会中，要维持亲属间的亲密，必须避免太重叠的人情，社会关系中权利和义务必须有相当的平衡。如果人情太重，社会关系也难以维持。③解决这个问题需要减轻社会关系上的负担，生意上就需要当场结清。④"钱上往来最好不要牵涉亲戚"，这句话实质就是在减轻社会关系上的负担。在亲密的血缘社会中，商业是不能存在的。

3. ①从血缘结合转变到地缘结合是社会性质的转变。②血缘结合意味着社会的稳定，地缘是从商业里发展出来的社会关系。亲密的血缘社会制约着商业的发展，转变为地缘结合，促进了商业的发展。③血缘结合转变为地缘结合，意味着商业的巨大发展，也意味着社会的巨大变革。

材料题

1. ①在亲密的血缘社会中商业是不能存在的。这种社会发生交易，是以人情来维持的，是相互馈赠的方式。②假如白嘉轩和白孝文父子之间没有矛盾，白嘉轩依然不会借给儿子粮食，白孝文也不会将土地卖给其父。因为他们的血缘关系无法产生商业来往，白嘉轩只能送给儿子粮食，也不会用钱买儿子的土地。③小说中描写白嘉轩要买儿子的土地，意在阻止儿子将土地卖给家人之外的没有血缘关系的人。

2. ①尽管鹿子霖和白孝文没有血缘关系，但他们住在白鹿原里，地域上的靠近可以说是血缘上亲近的一种反映。见了白嘉轩，鹿子霖会有"不好说话的"感觉。②鹿子霖的这些话，同时也是得意内心的一种反映，他为占得了白家的便宜暂时战胜了白家而得意。

第十三章 名实的分离

理解与思考

1. 时势权力：在社会新旧交替之际，人们心理上充满着紧张、犹豫和不安。这时会出现"英雄"，提出办法，获得别人的信任，支配跟从他的群众，从而发生了一种权力。这种权力是时势所造成的，就叫时势权力。

2.

权力的名称	权力的出处	与"反对"的关系	特点
横暴权力	在社会冲突中发生	没有"反对"	建立在剥削关系之上
同意权力	在社会合作中发生	发生"反对"	由社会授权
长老权力	在社会继替中发生	不发生"反对"	根据传统来确定
时势权力	发生在激烈的社会变迁中	发生"反对"	由时势造成

3.①社会在加速地变动，社会结构不固定。②教条或命令不切实用，但人们又不能反对，此时往往对其加以歪曲，给家长或者其他命令的发出者一个面子，达到表面的无违。③这时候名与实已经发生了分离，名实之间的距离会随着社会变迁的速率而增加。

材料题

1.①孙柔嘉进门的时候，老太太看到她没有相片上美，内心失望，又嫌她衣服不够红，尤其不赞成她脚上的白皮鞋，认为颜色不吉利。②孙柔嘉行礼时，没有向老人叩头，方老太太就没有给她事先准备好的首饰。③孙柔嘉走了以后，老太太向方遯翁抱怨孙柔嘉不懂礼貌，内心很生气。

2.①方遯翁是长辈，孙柔嘉又是初次登门，尽管方遯翁教导的话，孙柔嘉内心里很不赞同，但还是勉强点了头。②孙柔嘉懂得对家长的意志至少要做到表面的无违，对不能反对而又不切实用的教条或命令，也要留一个面子。③孙柔嘉的做法和材料二中乡土社会里的长老权力，不容许晚辈的反对，只要表面上承认长老权力，内心里可以坚持自己的想法，因此会出现口是心非的情况等说法一致。

第十四章 从欲望到需要

理解与思考

1.文化事实

与生物事实相对，意思是周围环境、文化等因素影响人去思考去做事。这种思考和做事的习惯不是遗传的，而是从小养成的，是由社会上学来的。一个人

"要"的内容，是由文化来决定的。这就是文化事实。

2.①乡土社会中，人们的欲望，不是遗传的，而是周围的环境使然。②比如北方人吃大蒜的欲望，是从小养成的，是周围的人都有这种生活习惯，从而影响了小孩子也有这种习惯。再比如自私，也是从环境中或者说社会上学来的。③欲望，也就是人们要的内容，是由文化来决定的。所以说，欲望是一种文化事实。

3.①过年的时候，大人们给小孩子穿红色的衣服，因为红色的衣服意味着喜庆，意味着红红火火。②这种习俗是祖祖辈辈留传下来的，每个人都受到这种习俗的影响。③上述的过年穿红色新衣服的意蕴，有着文化的色彩。环境的影响，代表着文化的影响。④这种做法不需要理性的分析，也不需要计划，是依靠经验与约定俗成。所以说，过年的这个做法，属于欲望而不属于需要。

材料题

1.①月光、窗花的描写，表现了少安内心的兴奋和对未来美好生活的憧憬。②句子使用比喻和排比的手法，形象地写出了月光下的景象。③承接了上文烧砖窑的内容，表现了小说描绘的时代巨变以及人们对生活充满希望的主题。

2.①和"欲望"不同，自觉的生存条件是"需要"。人们依据已知的手段和目的的关系去计划他的行为。也就是说，在现代社会里，人要依他们的需要去作计划。

②少安赚了"一笔大钱"后，没有想着按照常规去改变自己的生活条件，也没有打算按照妻子秀莲想的那样去箍几孔新窑洞。他认为开个烧砖窑，肯定能赚不少钱。目的明确了，手段清楚了，他就按照自己的计划去做，先是征求父亲的意见，后又说通了妻子，并做好了技术、工具等方面的准备。③少安烧砖窑的做法，具有典型的"需要"的特点，是"需要"在社会转型期的具体体现。

真题测评

一、判断正误

1.正确。

2.错误。这类的话是熟人社会说的话，无法证明乡土社会对契约的重视。

2.正确。

4.正确。

5.错误。乡土社会是阿波罗式的。

6.错误。文化不稳定，传统的办法并不足以应付当前的问题时，教化权力必然跟着缩小。

7.正确。

8.正确。

9.正确。

10.错误。《乡土中国》中讲的乡土中国，并不是具体的中国社会的素描。

二、基础内容选择

1.D

A."土"字没有藐视的意味，也不是看不起乡下人。

B."农民最畏惧土地神"于文无据。

C.世代定居是常态，迁移是变态。

故选D。

2.C

C.人口在同一地方逐步地积起来。

故选C。

3.A

B.不是出于乡下人的"愚"，而是由于乡土社会的本质。

C.乡土社会里，语言可以传递世代间的经验。

D.不是由于愚而不认得字。

故选A。

4.B

家庭在西洋社会里是一种界限分明的团体，不具有差序格局的特点。

故选B。

5. C

C项是孔子的观点。

故选C。

6.D

其余都是差序格局的特点。

故选D。

7.B

其余选项都是西洋家庭团体的特点。

故选B。

8. A

A是属于西洋社会夫妻间的特点，不具有乡土社会"男女有别"的特点。

故选A。

9.D

D残酷与否并非合礼与否的问题。

故选D。

10.C

根据费孝通先生的观点，现行的司法制度在乡间会破坏原有的礼治秩序，但并不能有效地建立起法治秩序。法治秩序的建立不能单靠制定若干法律条文和设立若干法庭，重要的还得看人民怎样去应用这些设备。法治秩序的建立在社会结构和思想观念上还得先有一番改革。如果在这些方面不加以改革，单把法律和法庭推行下乡，结果法治秩序的好处未得，而破坏礼治秩序的弊病却已先发生了。

故选C。

11.D

村里发生过的冲突以及冲突如何解决，与"无讼"有关。

故选D。

12.D

D项一个孩子用小名来称呼他的父亲，不但不会引起父亲的呵责，反而是一种亲热的表示，这种社会离乡土性也远了。

故选D。

三、语言运用

1.C ④"无为而治"描写政治活动的单纯，①"苛政猛于虎"的政是横暴性的，③"为政以德"的政是教化性的，②"为民父母"是爸爸式权力的意思。

2.B ④②③①

3.开天辟地\荒诞不经\循规蹈矩

4.①语序不当，应为：乡土社会是安土重迁的，生于斯、长于斯、死于斯的社会。③主语与关联词语顺序不当，应为：个人不但可以信任自己的经验，而且同样可以信任若祖若父的经验。⑦搭配不当，应为：好古是生活的保障了。

四、现代文阅读

（一）

1.一方面，族规是白家的"立身纲纪"，白孝武的做法是维护家族的基本道德要求；另一方面，白孝文做了败坏白家名声的事情，会影响白家作为族长的威望，惩罚白孝文也是为了维护白嘉轩的威望。

2.①表面上看，白嘉轩主张惩罚白孝文，而白赵氏主张顾人情，放过白孝文。实际上，两人的说法都体现了费孝通先生的观点。②白嘉轩惩罚儿子，最终是要保全白家，使得白家的孩子走正道，他的做法体现出道德被私人关系维系着的特点。在公私的冲突中，首先考虑的还是私人间的道德。③白赵氏赞扬先人"通人性"，不"心硬"，更是直接显示出乡土社会中，道德与法律都得看所施对象与自己的关系，涉及自己的家人，就该"心软"。④所以，尽管两人的说法不一，本质上都体现出了差序格局中道德体系的特点。

（二）

1.①公婆儿媳孙子三代人，结构复杂。②家扩大的路线是单系的，只包括父系这一方面。分家这件大事，孙玉厚先后和儿子少安少平都商量了，没有和儿媳妇秀莲商量，也没有和上学的女儿孙兰香商量。③家是一个事业组织，家的大小依着事业的大小而决定。孙少安的砖窑发展地很好，孙玉厚老汉希望儿子过上"年轻人的日子"。④夫妻之间感情不在表面流露，当弟弟孙少平说"你和我嫂现在应该单另过光景了"，孙少安并没有谈夫妻间的矛盾和感情，而是先去问弟弟和父亲怎么生活。

2.①"大家庭"原本是需要较多人种地合作才能生存，随着农村的改革与变化，生活光景好了，囤里有粮，心里不慌，就不再是几代人一起才能维持生存。②孙少安不再一心种庄稼，办个烧砖窑，是希望有新的较大的发展。③小儿子孙少平准备把户口迁到黄原城边，不想像老一辈人一样一辈子守在双水村，有出去闯荡的决心。总之，农村的巨大的时代变革，使得每个人的生活也面临着巨大的改变，时代的改变给包括孙玉厚在内的每个人都带来新的想法。

五、微写作（略）